国家自然科学基金重大项目

高端装备智能制造工程管理丛书

新兴信息技术环境下的智能工厂运营管理

乔 非 陆剑峰 戴毅茹 马玉敏 刘 敏 著

科学出版社

北 京

内 容 简 介

智能工厂的运营管理面临着要素复杂多变、创新知识密集、制造过程不确定、服务价值需求迫切等特点。依托当今蓬勃发展的新兴信息技术环境，本书从智能工厂运营管理体系出发，分别从智能工厂的建模理论与方法、基于工业大数据分析的知识发现和知识管理、面向不确定环境的适应性调度与闭环优化、制造服务化模式下的运维服务管理几个方面，探讨智能工厂运营管理理论和方法，并以航空发动机制造为背景加以综合案例分析，以期为推进我国制造企业的智能制造转型升级提供运营管理理论指导和方法支撑。

本书适合从事智能工厂运营管理、高端装备制造应用管理等相关领域研究的科研人员，系统工程、工业工程、工程管理等专业大专院校学生和教师参考阅读。

图书在版编目（CIP）数据

新兴信息技术环境下的智能工厂运营管理 / 乔非等著. —北京：科学出版社，2023.1

（高端装备智能制造工程管理丛书）

ISBN 978-7-03-071263-9

Ⅰ. ①新… Ⅱ. ①乔… Ⅲ. ①智能制造系统–制造工业–工业企业管理–研究 Ⅳ. ①F407.4

中国版本图书馆 CIP 数据核字（2021）第 277636 号

责任编辑：魏如萍 / 责任校对：贾娜娜
责任印制：张 伟 / 封面设计：无极书装

科学出版社 出版
北京东黄城根北街 16 号
邮政编码：100717
http://www.sciencep.com

北京虎彩文化传播有限公司 印刷
科学出版社发行 各地新华书店经销

*

2023 年 1 月第 一 版 开本：720×1000 1/16
2023 年 1 月第一次印刷 印张：19 1/2
字数：390 000

定价：210.00 元
（如有印装质量问题，我社负责调换）

丛书编委会名单

目　　录

第1章 新兴信息技术环境下的智能工厂概述

1.1 新兴信息技术的发展

1.1.1 信息经济的发展

信息技术的出现可以上溯到人类起源之时，当今所说的信息技术则主要从计算机出现之后算起，其发展大致经历了图 1.1 所示的数据处理时代、个人计算机（personal computer）时代、互联网（Internet）时代、移动互联网（mobile Internet）时代和智能互联（connected intelligence）时代等五个阶段，每个阶段分为启动、扩散、控制和集成等发展过程。

第一阶段开始于第二次世界大战期间，军事工业发展的需要促使电子技术的研究与开发异常活跃。美国陆军支持大学研发电子计算机，于 1946 年诞生了第一台电子计算机；贝尔实验室于 1958 年成功研制出集成电路；1971 年出现了单片微处理机，之后在美国诞生了超大规模集成电路，电子计算机进入以超大规模集成电路为标志的第四代。其中，1969 年美国莫迪康（Modicon）公司诞生了第一台可编程逻辑控制器（programmable logic controller，PLC），PLC 把智能融入机器和过程自动化，广泛应用于工业、基础设施和建筑业。

第二阶段技术上的特征源于 1981 年 IBM（International Business Machines Corporation，国际商业机器公司）的第一台桌上型个人计算机的出现与发展，从而使信息处理技术发生了革命性变化，但是处理的范围还局限于单机，而且所能处理的信息也很简单，主要是文字和二维图形。

第三阶段技术上的特征是网络和通信技术的发展使得信息跨地域地迅速流通和共享得以实现（1995 年 10 月 Netscape 上市，标志着互联网时代的出现）。在该阶段信息主要通过门户网站、搜索引擎和社区进行单向传播。随着各国互联网的建设，进入了信息化进程的网络时代，信息处理等能力大大增强，可以处理包括图形、图像、声音等多媒体信息。

第四阶段开始于 2004 年，以 Web 2.0 为标记，2009 年智能手机的出现标志着移动互联网进入快速发展阶段。该阶段信息连接方式以 Wi-Fi、2G、3G、4G 为主，信息传

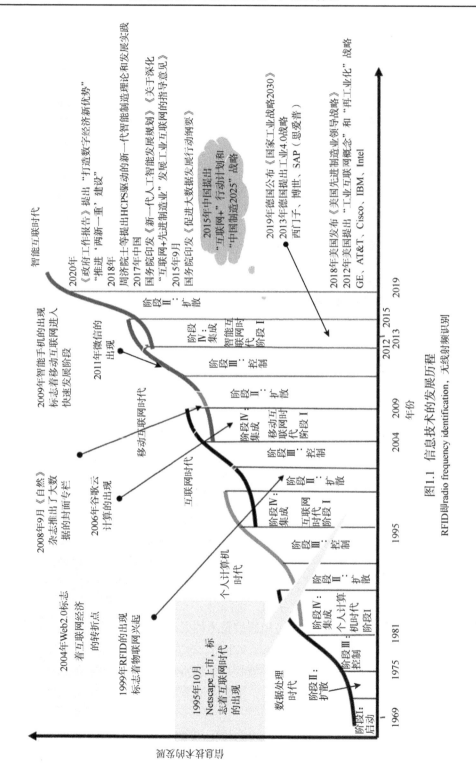

图1.1　信息技术的发展历程

RFID即radio frequency identification，无线射频识别

播主要通过社交网络平台、APP（application，应用程序）、自媒体等实现双向互动。

第五阶段开始于 2012 年美国通用电气公司（简称通用电气）提出的"工业互联网"（industrial Internet）概念，随着 2012 年美国"再工业化"战略、2013 年德国工业 4.0（Industry 4.0）战略、"中国制造 2025"战略的推出，信息技术的发展进入智能互联时代。该阶段的连接方式主要有移动 Wi-Fi 和 4G 等，并以物联网（internet of things，IoT）、大数据（big data）、云计算（cloud computing）、机器人、智能硬件和人工智能（artificial intelligence，AI）等新兴信息技术为手段，以智能设备为中心出发点实现整个网络世界之间的全方位智能互联和互动。随着智能互联时代的到来，人们能够很容易地通过各种途径得到海量的各类信息，但其中有用信息的比例也随之减小了。信息的智能化技术虽然使得计算机真正成为人类智力的延伸，但是如何有效地利用信息也成了亟待解决的问题。

1.1.2　智能互联时代

新一轮科技革命，特别是移动互联网、大数据、人工智能、物联网、云计算等新兴信息技术的普及，带动了几乎所有领域发生了以绿色、智能、服务化、网络化为特征的群体性技术革命。新一代信息技术与制造业深度融合，孕育了智能制造的新理念。

2012 年以来，随着美国"工业互联网"、德国工业 4.0、"中国制造 2025"等各国家智能制造战略的提出，工业社会开始进入以大数据感知、传输、分析与应用为基础的智能互联时代（图 1.1 中信息技术发展的第五阶段）。在智能互联时代，设备与设备、人与设备之间基于物联网和移动互联网实现互联，基于大数据分析预测与人工智能实现智能化，标志着以智能互联为特征的第四次工业革命的到来（图 1.2）。

图 1.2　智能互联社会[1]

　　智能互联是以物联网技术为基础，以平台型智能硬件为载体，按照约定的通信协议和数据交互标准，结合云计算、大数据与人工智能应用，在智能终端、人、云端服务之间，进行信息采集、处理、分析、应用的智能化网络，具有高速移动、大数据分析和挖掘、智能感应与应用的综合能力，能够向传统行业渗透融合，提升传统行业的服务能力，连接百行百业，进行线上、线下跨界全营销。智能互联时代，在结构、业务、商业模式、基本理念上都发生了重大变化，而它产生的影响力远非传统互联网所能想象。

　　智能互联颠覆了传统互联网，重构了人与人、人与物之间的关系，包括人与服务、服务与服务、人与媒体、虚拟与现实、人与互联网等生态之间的高度重构，是从产品层面和营销层面对传统企业全面的数字化的重构。智能硬件涉及云计算、大数据、传感器、通信等多个领域，是智能互联时代的终端入口，可以根据实际的场景与用户进行智能、场景化的互动，让智能硬件为生活赋能，成为用户工作、出行等场景不可或缺的一部分。

　　利用工业互联网进行数据传输，将物、服务、人、设备等联网，促进了更多、更有价值的智能应用被开发和推广。随着互联网系统的范围和规模不断增大，传感器从物理世界采集的数据通过网络可向所有的领域提供有用的信息。基于双方约定的通信关系或工业数据传输标准，移动的物、人、机器可以相互交流。其发展的推动力有两点：一是利用智能网络和相关信息建立最优的价值流，二是创造新的商业模型。通过组件、系统和解决方案的逻辑升级，可以创造全新的互操作概念并彻底简化设计与操作流程。互联网的广泛应用带来了大量的新产品，也改变了很多产品的使用方式，这些改变甚至跨越了领域的界限。

　　智能互联不是创造和形成一个新的行业，它一定是渗透到传统行业中，提升传统行业的服务和营销能力，改变传统行业的推广和传播能力，令传统行业的能力更加强大。

1.1.3　信息技术对制造业的影响

　　在智能互联时代，新兴信息技术与制造业深度融合，已经开始孕育着一种全新的制造业的理念——智能制造，进而推动新的生产方式、产业形态、商业模式和经济增长点的形成：①3D（three dimension，三维）打印、移动互联网、大数据、人工智能、云计算、生物工程、新能源、新材料等领域取得新突破；②基于信息物理系统（cyber physical system，CPS）的智能装备、智能工厂（smart factory）等智能制造正在引领制造方式变革；③网络众包、协同设计、大规模个性化定制、精准供应链管理（supply chain management，SCM）、全生命周期管理、电子商务等正在重塑产业价值链体系；④可穿戴的智能产品、智能家电、智能汽车等智能终端产品不断拓展制造业新领域。

在智能制造环境中，产品和制造技术更加复杂，传统的生产模式、产品模式、商业模式以及价值链发生了根本性变革。生产模式（生产组织方式）转变为运用知识的智能制造模式，新兴信息技术环境下的企业拥有着丰富的大数据信息，包括：设备实时运行状态、运营环境状态、业务运作状态、人员状态、社交网络数据以及客户反馈数据等。通过对这些大数据信息的分析和挖掘可以了解问题产生的过程、造成的影响和解决的方式。这些信息被抽象化建模后转化成知识，再利用知识去认识、解决和避免问题，实现预测性生产与决策，如订单和成本预测等。这样，知识成为企业运作的基础，数据作为产生知识的主要途径，成为企业的核心资产。产品模式向智能产品与服务系统演变[2]，以智能产品为载体，融合全流程的服务管理和全生命周期的数据管理，为客户提供硬件、网络和软件服务的整体或个性化解决方案，如租赁服务。商业模式向服务型制造演变，可以由制造企业之间分工合作完成制造过程，相互之间提供制造服务，如外包等；也可将制造环节的生产性服务独立出来，建立以生产性服务为经营核心的企业，在产品生命周期内为制造企业和最终消费者提供服务，如运营、维护服务等。在产品和服务的全球化开发、生产、运营和维护过程中多主体紧密协作，价值链从企业为客户提供产品向提供个性化服务和能力转变[3]，在提供服务过程中以自组织方式有效整合企业内部、合作伙伴、用户、领域专家、云平台服务商、竞争企业等各类服务资源和智慧要素，协同为客户创造价值。

1.2　制　造　模　式

1.2.1　制造模式概念

制造企业需要不断增强对消费者和市场做出快速响应的能力，以保持企业在全球的竞争力，这个响应来自三个方面：产品设计、制造系统以及商业模式。

（1）产品设计：根据细分市场，开发具有创新性、客户可定制的产品和功能（服务）。

（2）制造系统：建立适应性的制造系统，产品的产量和功能能够快速适应市场需求的变化。

（3）商业模式：应能响应变化莫测的市场和客户。

制造系统、商业模式和产品结构（来自产品设计）的集成就产生了一种制造模式[4]，每一种新制造模式的驱动力都是市场和社会需求（图 1.3）。社会需求或许来自有更多可供选择的产品，以满足个人的品味和喜好，或来自降低产品价格，或来自与环境有关的需求。

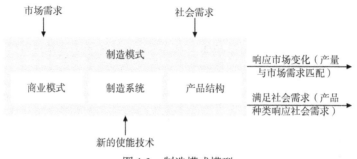

图 1.3　制造模式模型

每一种制造模式通常由市场行情、社会的新需求以及这些需求的变化来驱动。随着新的技术使能器（如计算机、新兴信息技术等）的引入，并在新型制造系统中应用，新的制造模式成为可能。对应每一种新的制造模式就有一种新型的制造系统被开发出来，并通过一种基于新的技术使能器的应用使其成为可能。例如，柔性制造系统的出现使大规模定制模式成为可能。产品结构也随着模式的变化而改变。随着产品种类的进一步扩展，产品结构越来越模块化。每一种制造模式都有自己的商业模式，来适应制造模式的特性，并满足制造模式的需要——社会需求或市场需求。

每一种制造模式都重点涉及三个基本要素：①设计，设计产品及其功能以满足特定的社会需求；②制造，通过能够快速响应市场需求和基于工艺及制造系统来制造产品；③销售，向客户销售目标明确、有针对性的产品来使企业获利。每一种制造模式的商业模式都是唯一的，这一商业模式决定着设计—生产—销售的顺序。

1. 商业模式

商业模式是在提升消费者产品价值的同时，利用企业的竞争优势为企业创造经济价值的一种战略方法，指企业与企业之间、企业的部门之间，乃至与顾客之间、与渠道之间都存在各种各样的交易关系和联结方式。商业模式也就是企业所有资源和经济关系的有机组合，与企业战略并称为企业顶层设计的核心内容。

根据企业生命周期理论，企业会有不同发展阶段。无论是互联网新兴企业还是传统企业，无论是制造企业还是专业服务公司，在开始时必须设计企业的商业模式。小型企业要在创业时期设计好商业模式，中型企业在转型升级时必须重塑商业模式，大型及巨型企业必须根据多元业务进行不同业务链企业的商业模式改造。

2. 制造系统

制造系统是人、机器与装备以及物料流和信息流的一个组合体。国际著名制造系统工程专家、日本东京大学的人见胜人教授指出：制造系统可从三个方面来定义。①制造系统的结构方面：制造系统是一个包含人员、生产设施、物料加工设备和其他附属装置等各种硬件的统一整体。②制造系统的转变方面：制造系统可定义为生产要素的转变过程，特别是将原材料以最大生产率转变成为产品。③制造系统的过程方面：制造系统可定义为生产的运行过程，包括计划、实施和控制。

综合而言，制造系统是制造过程及其所涉及的硬件、软件和人员所组成的一个将制造资源转变为产品或半成品的输入/输出系统，涉及产品全生命周期（包括市场分析、产品设计、工艺规划、加工过程、装配、运输、产品销售、售后服务及回收处理等）的全过程或部分环节。其中，硬件包括厂房、生产设备、工具、刀具、计算机及网络等；软件包括制造理论、制造技术（制造工艺和制造方法等）、管理方法、制造信息及其有关的软件系统等；制造资源包括狭义制造资源和广义制造资源，狭义制造资源主要指物能资源，包括原材料、坯件、半成品、能源等，广义制造资源还包括硬件、软件、人员等。

制造系统的目标是用远低于生产原型产品的成本来生产高质量的产品，使它们能够以畅销的价格进行销售。在全球化竞争环境中，设计一种具有成本效益的制造系统并有效地运作，是具有重要竞争力的挑战，特别是当竞争对手有大量劳动力优势时。

3. 产品结构

产品结构随着模式的变化而改变，随着产品种类的扩展，产品结构越来越模块化，而产品功能（服务）越来越多样化，逐渐形成了产品服务系统及平台。

1.2.2　制造模式的发展阶段

20 世纪后半叶，特别是 20 世纪 80 年代后期以来，生产需求朝多样化方向发展且市场竞争加剧。信息技术的进步，特别是互联网的出现，迫使产品生产朝多品种、变批量、短生产周期方向演变，传统的大批量生产正在被更先进的生产模式所代替，从而对制造模式的演变起到了巨大的推动作用。从美国学者于 20 世纪 80 年代末首次提出"先进制造"（advanced manufacturing）的概念开始，国内外专家学者先后总结出了一系列颇有成效和价值的制造模式，如精益制造（lean manufacturing）、柔性制造（flexible manufacturing）、计算机集成制造（computer-integrated manufacturing，CIM）、敏捷制造（agile manufacturing）、现代集成制造（contemporary integrated manufacturing）、虚拟制造（virtual manufacturing）、高效快速重组（lean agile flexible）、分散化网络制造（dispersed networked manufacturing）、成组技术（group technology）、绿色制造（green manufacturing）、智能制造（intelligent manufacturing）、大规模定制（mass customization）等，为制造业实现多品种、小批量、个性化定制生产奠定了相关的理论基础。

总的来说，制造模式总是与当时的生产发展水平及市场需求相联系的，至今，消费品制造经历了手工作坊制造、大规模制造、精益制造、柔性制造和计算机集成制造、敏捷制造和现代集成制造、智能制造等不同发展阶段[5]，智能制造也成为未来制造业的发展方向。每一种制造模式都具有一组不同的需求集合，既有来自社会的需求也有来自市场的需求，见表1.1。

表 1.1　制造模式的特点及驱动器

制造模式	手工作坊制造	大规模制造	精益制造	柔性制造和计算机集成制造	敏捷制造和现代集成制造	智能制造
开始时间	约1850年	约1913年	约1960年	约1980年	约2000年	约2012年
社会需求	独特产品	大批量、低成本产品	低成本、高质量产品	多品种、小批量、高质量产品	个性化产品/服务	智能产品/服务
市场力量	不稳定需求	稳定需求	稳定需求	稳定需求	波动需求	波动需求
模式目标	满足要求	降低成本	低成本、高质量	多品种、高质量	快速响应服务	智能服务
使能技术	电	可互换零件	精益生产	计算机数控	信息技术和互联网	新一代信息技术
制造系统	电动机床	专用制造系统（机床/装配线）	精益生产系统	柔性制造系统/计算机集成制造系统	可重构制造系统/现代集成制造系统	智能制造系统
产品结构	个性化	不变	模块化	模块化	高度模块化	智能化
商业模式	拉动式	推动式	拉动式	推动式	拉动式	拉动式

1.3　智能制造与智能工厂

1.3.1　智能制造

智能制造的研究起始于20世纪80年代人工智能在制造领域中的应用，随着20世纪90年代智能制造技术、智能制造系统的提出，Wright 和 Bourne[6]正式给出了智能制造（intelligent manufacturing）的概念，随着德国工业4.0战略的提出，智能制造的研究成熟于新一代信息技术条件下的"智能制造"（smart manufacturing）理念，智能制造2.0（intelligent manufacturing 2.0）使之向人–机–物融合方向进一步发展[7, 8]。

1. 20 世纪 80 年代：概念的提出

1988 年，Wright 和 Bourne[6]正式出版了智能制造研究领域的首本专著《制造智能》(*Manufacturing Intelligence*)，就智能制造的内涵与前景进行了系统描述，将智能制造定义为"通过集成知识工程、制造软件系统、机器人视觉和机器人控制来对制造技工们的技能与专家知识进行建模，以使智能机器能够在没有人工干预的情况下进行小批量生产"。在此基础上，英国 Williams（威廉斯）教授对上述定义做了更为广泛的补充，认为"集成范围还应包括贯穿制造组织内部的智能决策支持系统"。《麦格劳-希尔科技大词典》将智能制造界定为：采用自适应环境和工艺要求的生产技术，最大限度地减少监督和操作的制造物品的活动。

2. 20 世纪 90 年代：概念的发展

智能制造概念提出不久，其研究便获得了欧盟、美国、日本等工业化发达国家和地区的普遍重视，并围绕智能制造技术（intelligent manufacturing technology，IMT）与智能制造系统（intelligent manufacturing system，IMS）开展了国际合作研究。1991 年，日本、美国、欧盟共同发起实施的"智能制造国际合作研究计划"定义："智能制造系统是一种在整个制造过程中贯穿智能活动，并将这种智能活动与智能机器有机融合，将整个制造过程从订货、产品设计、生产到市场销售等各环节以柔性方式集成起来能发挥最大生产力的先进生产系统。"

3. 21 世纪以来：概念的深化

进入 21 世纪以来，随着移动互联网、人工智能、物联网、大数据、云计算等新一代信息技术的快速发展及应用，智能制造被赋予了新的内涵，即新兴信息技术条件下的智能制造。2010 年 9 月，美国在华盛顿举办的"21 世纪智能制造的研讨会"指出，智能制造是对先进智能系统的强化应用，使得新产品的迅速制造、产品需求的动态响应以及对工业生产和供应链网络的实时优化成为可能。2011 年 6 月，美国启动包括工业和机器人在内的"先进制造伙伴计划"。2012 年 2 月，美国出台《先进制造业国家战略计划》，提出建设智能制造技术平台以加快智能制造的技术创新。2012 年 11 月，美国通用电气提出"工业互联网"，将智能设备、人和数据连接起来，以智能的方式分析这些交换的数据，帮助人和设备做出更智慧的决策。其中，大数据被认为是物理与信息融合中的关键技术。2013 年 3 月，美国建立全美制造业创新网络，其中智能制造的框架和方法、数字化工厂、3D 打印等均被列入优先发展的重点领域。2014 年，AT&T、思科、通用电气、IBM 和英特尔在美国波士顿成立工业互联网联盟，以期打破技术壁垒，促进物理世界和数字世界的融合。表 1.2 汇总了全球主要国家智能制造战略。

表 1.2　全球主要国家智能制造战略汇总

年份	国家计划	战略内容	战略目的
2012 年	美国《先进制造业国家战略计划》	围绕中小企业、劳动力、伙伴关系、联邦投资以及研发投资等提出五大目标和具体建议	促进美国先进制造业的发展
2013 年	德国《工业 4.0 战略计划实施建议》	建设一个网络：CPS 网络。研究两大主题：智能工厂和智能生产。实现三项集成：横向集成、纵向集成与端对端的集成。实施八项保障计划	通过信息网络与物理生产系统的融合来改变当前的工业生产与服务，使德国成为先进智能制造技术的创造者和供应者
2013 年	法国"新工业法国"战略	解决能源、数字革命和经济生活三大问题，确定 34 个优先发展的工业项目，如新一代高速列车、电动飞机、节能建筑、智能纺织等	通过创新重塑工业实力，使法国处于全球工业竞争力第一梯队
2014 年	日本《制造业白皮书》	重点发展机器人、下一代清洁能源汽车、再生医疗以及 3D 打印	重振国内制造业，复苏日本经济
2015 年	《英国工业 2050 战略》	推进服务+再制造（以生产为中心的价值链）；致力于更快速、更敏锐地响应消费者需求，把握新的市场机遇，可持续发展，加大力度培养高素质劳动力	重振英国制造业，提升国际竞争力
2015 年	《中国制造 2025》	提出紧密围绕重点制造领域关键环节，开展新一代信息技术与制造装备融合的集成创新和工程应用。依托优势企业，紧扣关键工序智能化、关键岗位机器人替代、生产过程智能优化控制、供应链优化，建设重点领域智能工厂/数字化车间	实现制造强国的战略目标

2013 年 4 月德国正式推出工业 4.0 战略，意图在新一轮工业革命中抢占先机，奠定德国工业在国际上的领先地位。工业 4.0 通过利用 CPS 实现由集中式控制向分散式增强型控制的基本模式转变，建立高度灵活的个性化和数字化的产品与服务的生产模式，推动现有制造业向智能化方向转型。虽没明确提出智能制造概念，但包含了智能制造的内涵，即将企业的机器、存储系统和生产设施融入 CPS。在制造系统中，这些 CPS 包括智能机器、存储系统和生产设施，能够相互独立地自动交换信息、触发动作和控制。

为了利用新兴信息技术整合全球化的制造资源和智慧资源，实现预测型的智能制造与服务系统，2015 年我国政府提出了"中国制造 2025"战略和"互联网+"行动计划等一系列发展规划（表 1.3），提出了"加快推动新一代信息技术与制造技术融合发展，把智能制造作为两化深度融合的主攻方向；着力发展智能装备和智能产品，推进生产过程的智能化，培育新型生产方式，全面提升企业研发、生产、管理和服务的智能化水平"，力争实现由制造大国向制造强国的转变；其核心旨在通过制造业的技术创新、商业模式创新、生产组织方式创新及制度体系创新，以工业化与信息化深度融合为主线，驱动中国制造在生产模式上向智能制造演变，商业模式上向服务型制造演变，在资源与能源消耗上向绿色制造、环境优化转变，加快制造与服务的协同发展。其中，制造+互联网是关键，智能制造是主要内容。

表 1.3 我国政府在智能制造领域提出的一系列发展规划

颁布时间	颁布部门	政策名称	相关内容
2011 年 12 月	国务院	《工业转型升级规划（2011—2015 年）》	在重大智能制造装备方面，加快发展焊接、搬运、装配等工业机器人，以及安防、深海作业、救援、医疗等专用机器人；在发展信息化相关支撑技术及产品方面提出发展制造执行系统（manufacturing execution system, MES）等工业软件，加快重点领域推广应用
2012 年 3 月	科学技术部	《智能制造科技发展“十二五”专项规划》	指出要突破智能制造基础技术与部件、攻克一批智能化装备、研发制造过程自动化生产线；在研发制造过程智能化技术与装备方面，提出研发工业机器人及自动化柔性生产线，攻克飞机自动化柔性装配生产线和百万吨级乙烯成套工艺技术及关键装备；将制造过程智能化技术、装备与研究与开发确立为重点任务之一
2012 年 5 月	工业和信息化部	《高端装备制造业“十二五”发展规划》	加强对共性智能技术、算法、软件架构、软件平台、软件系统、嵌入式系统、大型复杂装备系统仿真软件的研发，为实现制造装备和制造过程的智能化提供技术支撑；开展基于机器人的自动化成形与加工装备生产线
2012 年 7 月	国务院	《国务院关于印发“十二五”国家战略性新兴产业发展规划的通知》	突破新型传感器与智能仪器仪表、自动控制系统、工业机器人等感知、控制装置及其伺服、执行、传动零部件等核心关键技术，提高成套系统集成能力，推进制造、使用过程的自动化、智能化和绿色化；提出了智能制造装备产业发展路线图并将智能制造装备工程列为二十项重大工程之一
2015 年 5 月	国务院	《中国制造 2025》	提出紧密围绕重点制造领域关键环节，开展新一代信息技术与制造装备融合的集成创新和工程应用。依托优势企业，紧扣关键工序智能化、关键岗位机器人替代、生产过程智能优化控制、供应链优化，建设重点领域智能工厂/数字化车间
2016 年 3 月	全国人大	《中华人民共和国国民经济和社会发展第十三个五年规划纲要》	实施高端装备创新发展工程，明显提升自主设计水平和系统集成能力。实施智能制造工程，加快发展智能制造关键技术装备，强化智能制造标准、工业电子设备、核心支撑软件等基础。培育推广新型智能制造模式，推动生产方式向柔性、智能、精细化转变

颁布时间	颁布部门	政策名称	相关内容
2016 年 12 月	工业和信息化部、财政部	《智能制造发展规划（2016—2020 年）》	创新产学研用合作模式，研发高档数控机床与工业机器人、增材制造装备、智能传感与控制装备、智能检测与装配装备、智能物流与仓储装备五类关键技术装备
2017 年 1 月	工业和信息化部	《信息产业发展指南》	提出积极以信息技术为手段推动再工业化进程，充分利用已有创新资源，在包括工业互联网在内的战略性核心领域布局建设若干创新中心，开展关键共性技术研发和产业化示范
2017 年 4 月	科学技术部	《"十三五"先进制造技术领域科技创新专项规划》	强化制造核心基础件和智能制造关键基础技术，在增材制造、激光制造、智能机器人、智能成套装备、新型电子制造装备等领域掌握一批具有自主知识产权的核心关键技术与装备产品，实现制造业由大变强的跨越
2017 年 11 月	国务院	《关于深化"互联网+先进制造业"发展工业互联网指导意见》	提出加快建设和发展工业互联网，推动互联网、大数据、人工智能和实体经济深度融合，发展先进制造业，支持传统产业优化升级
2018 年 3 月	国务院	《2018 年国务院政府工作报告》	提出实施"中国制造2025"，推进工业强基、智能制造、绿色制造等重大工程，先进制造业加快发展
2018 年 5 月	工业和信息化部	《工业互联网发展行动计划（2018—2020 年）》《工业互联网专项工作组 2018 年工作计划》	提升大型企业工业互联网创新和应用水平,实施底层网络化、智能化改造,支持构建跨工厂内外的工业互联网平台和工业 APP，打造互联工厂和全透明数字车间，形成智能化生产、网络化协同、个性化定制和服务化延伸等应用模式
2018 年 7 月	工业和信息化部、国家标准化管理委员会	《国家智能制造标准体系建设指南（2018 年版）》	针对智能制造标准跨行业、跨领域、跨专业的特点，立足国内需求，兼顾国际体系，建立涵盖基础共性、关键技术和行业应用等三类标准的国家智能制造标准体系。到 2019 年，累计制修订 300 项以上智能制造标准，全面覆盖基础共性标准和关键技术标准，逐步建立较为完善的智能制造标准体系。建设智能制造标准试验证平台，提升公共服务能力，提高标准应用水平和国际化水平
2018 年 11 月	工业和信息化部	《新一代人工智能产业创新重点任务揭榜工作方案》	征集并遴选一批掌握关键核心技术，具备较强创新能力的单位集中攻关，重点突破一批技术先进、性能优秀、应用效果好的人工智能标志性产品、平台和服务，为产业界创新发展树立标杆和方向，培育我国人工智能产业创新发展的主力军

　　人工智能利用机器（主要是计算机和软件）实现人的感知（机器视觉、力觉、触觉、听觉等）和判断（专家系统、人工神经网络、模糊推理、智能代理、自然

语言理解、机器学习等），随着大数据智能、群体智能、跨媒体智能、混合智能等新一代人工智能技术的快速发展，人工智能将深刻改变人类社会生活，改变世界。2016 年 10 月美国国家科学技术委员会连续发布了两个重要战略文件"Preparing for the future of artificial intelligence"（《为人工智能的未来做好准备》）和"The national artificial intelligence research and development strategic plan"（《国家人工智能研究与发展战略规划》），将人工智能上升到国家战略层面，为美国人工智能的发展制订了宏伟计划和发展蓝图。2016 年 12 月，美国白宫再次发布"Artificial intelligence，automation，and the economy"（《人工智能、自动化与经济》）报告，该报告认为：应对人工智能驱动的自动化经济是后续政府将要面临的重大政策挑战，下一届政府应制定政策，推动人工智能发展并释放企业和工人的创造潜力，确保美国在人工智能的创造和使用中的领导地位。为抢抓人工智能发展的重大战略机遇，构筑我国人工智能发展的先发优势，加快建设创新型国家和世界科技强国，2017 年 7 月，国务院印发了《新一代人工智能发展规划》。

综上所述，智能制造是指在制造工业的各个阶段，将移动互联网、物联网、大数据、人工智能（特别是新一代智能技术）、云计算等新兴信息技术与先进自动化技术、传感技术、控制技术、数字制造技术和管理技术相结合，以一种高度柔性与高度集成的方式，支持工厂和企业内部、企业之间及产品全生命周期（产品研发设计、生产加工、运营管理、维护服务到报废处理的全过程）的实时管理和优化。简而言之，智能制造是新兴信息技术在制造全生命周期的应用中所涉及的理论、方法、技术和应用。

1.3.2　智能工厂的概念

智能工厂作为智能制造重要的实践领域，已引起了制造企业的广泛关注和各级政府的高度重视。智能制造以智能工厂为载体，智能工厂的概念起源于早期的智慧工厂/数字化工厂模型。

1. 智慧工厂/数字化工厂的概念模型

智慧工厂/数字化工厂概念首先由美国 ARC 顾问集团于 2006 年提出。智慧工厂/数字化工厂实现了以制造为中心的数字制造、以设计为中心的数字制造和以管理为中心的数字制造，并考虑了原材料和能源供应、产品的销售供应，提出用工程（面向产品全生命周期的设计和技术支持）、生产制造（生产和经营）和供应链这三个维度来描述。图 1.4 全面展示了智慧工厂的协同生产与管理（collaborative production & management，CPM）活动和产品全生命周期管理（product lifecycle management，PLM）/设计/服务的理念。

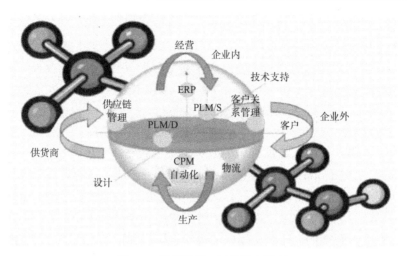

图 1.4　早期智慧工厂的概念模型

资料来源：美国 ARC 提出的智慧工厂/数字化工厂模型

PLM/D 即 product lifecycle management design，产品全生命周期管理设计；PLM/S 即 product lifecycle management service，产品全生命周期管理服务；ERP 即 enterprise resource planning，企业资源计划

数字工厂作为支撑工业 4.0 现有的最重要国际标准之一，是 IEC（International Electrotechnical Commission，国际电工委员会）/TC65（65 技术委员会：工业过程测量、控制和自动化）的重要议题。

2011 年 6 月，IEC/TC65 成立 WG16 "数字工厂"工作组，西门子、施耐德电气、罗克韦尔自动化、横河电机等国际自动化企业，以及我国机械工业仪器仪表综合技术经济研究所等研究机构，都参与了 IEC/TR 62794：2012 数字工厂标准的制定。为更好地指导国内企业开展数字工厂建设，全国工业过程测量控制和自动化标准化技术委员会（SAC/TC124）组织国内相关单位，将该标准等同转化为我国国家标准《工业过程测量、控制和自动化生产设施表示用参考模型（数字工厂）》（GB/Z 32235—2015，2015 年 12 月发布）。

IEC 词汇库给出的定义是：数字工厂是数字模型、方法和工具的综合网络（包括仿真和 3D 虚拟现实可视化），通过连续的没有中断的数据管理集成在一起。它是以产品全生命周期的相关数据为基础，在计算机虚拟环境中，对整个生产过程进行仿真、评估和优化，并进一步扩展到整个产品生命周期的新型生产组织方式。

IEC 数字工厂的概念模型分为图 1.5 所示的 3 个层次，底层是包含产品构件（如汽车车灯、发动机、轮胎等）和工厂生产资源（如传感器、控制器和执行器等）的实物层；第二层是虚拟层，对实物层的物理实体进行语义化描述，转化为可被计算机解析的"镜像"数据，同时建立数字产品资源库和数字车间/工厂资源库的联系；第三层是涉及产品全生命周期过程的工具应用层，包括设计、仿真、工厂工程应用、资产管理、物流等各个环节。

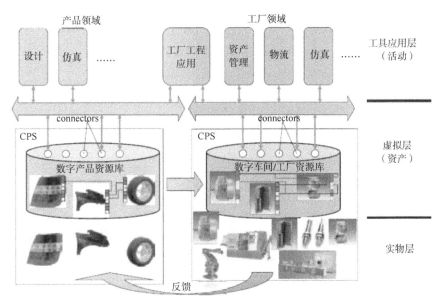

图 1.5　数字工厂概念的示意图

connectors 即连接器

数字工厂概念的最大贡献是实现虚拟（设计与仿真）到现实（资源分配与生产）的关联。通过连通产品组件与生产系统，将用户需求和产品设计通过语义描述输入资源库，再传递给生产要素资源库，制造信息也可以反馈给产品资源库，从而打通了产品设计和产品制造之间的"鸿沟"。更进一步，实现了全网络统筹优化生产过程的各项资源，在改进质量的同时减少设计时间，缩短产品开发周期。

2. 虚实结合的智能工厂概念模型

随着信息技术和数据库技术的发展，数字工厂的概念和功能有了很大扩展。

德国的专家和教授基于制造立国和制造强国的理念，把 CPS 运用于生产制造，提出了信息物理生产系统（cyber physical production system，CPPS），以 CPPS 为模型构建智能工厂或者数字化工厂。2013 年德国正式推出工业 4.0 战略，而且强调工业 4.0 的特征是工业自动化和信息的紧密结合，它建立在 CPS 的基础之上。这就为智能工厂的实现指明了一条具有现实可行性的途径。于是，德国为数众多的与制造相关的企业，从跨国超大型企业（西门子、SAP 等）到各类生产自动化产品的中小企业，都在酝酿如何应对这一发展的大趋势。

CPS 深度融合了 3C（计算、通信和控制）能力，在对物理设施深度感知的基础上，构建安全、可靠、高效、实时的工程系统。通过计算进程和物理进程实时相互反馈循环，实现信息世界和物理世界的完全融合，从而改变人类构建工程物理系统的方式。因此，智能工厂可以看作图 1.6 所示的物理工厂+虚拟工厂的结合体。

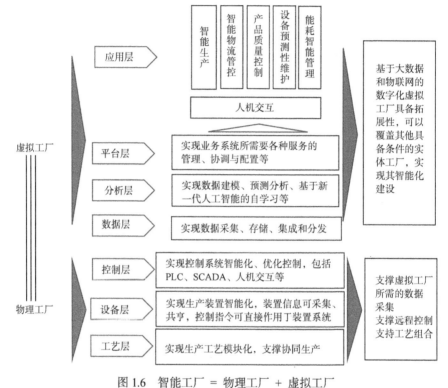

图 1.6　智能工厂 = 物理工厂 + 虚拟工厂

SCADA 即 supervisory control and data acquisition，监控与数据采集

在这个模型中，依靠自动化生产设备构建而成的物理工厂是智能制造的基础，也是绝大多数的中国制造工厂现阶段转型提升的重点和关键，即实现生产过程的自动化和数字化；在数字化的基础上，通过大数据分析及新一代人工智能技术，实现工厂的智能化分析和应用。

智能生产：当今市场瞬息万变，为了能够应对与日俱增的市场竞争压力，更好地满足市场需求，一方面，企业生产模式由以往的大规模生产向大规模定制和更高级的个性化定制转变，这就要求工厂的生产线具备模块组合能力；另一方面，在模块组合生产中，借助物联网技术，对生产模块中混线生产的个性化定制半成品、成品进行实时追踪与组合配置与调度，实现工厂的柔性化生产，并解决大规模生产向定制化生产转型带来的不确定性、多样性和复杂性问题。

产品质量控制：为更好地响应市场需求，追求成本最优，绝大多数公司会设立多家自有工厂或者使用代工厂。因此虽然是同样的制造工艺及生产流程，但不同的供应商存在原材料差异，且生产工艺易受气候、温度、湿度等众多因素影响，在这种情况下，如何在任何工厂中或在同一工厂的任何时间下，使按照同样生产工艺流程制造的产品保持同一、优质的产品特性，成为质量工程师和工艺工程师的一道难题。

设备预测性维护：为适应客户的不同需求，越来越多的制造业工厂同时拥有面向大批量生产的连续型流水线工艺设备、面向定制化需求的离散型多机台工艺设备，以及管线型动力设备、区域型值守物流设备等。对于不同的设备类型，如何建立差异化的运维与保障策略，实现对生产工艺、产品质量的有效保障，已经成为大型生产制造企业普遍面临的难题。

智能物流管控：车间物流以一台或多台计算机作为智能物流体系的大脑和神经中枢，对车间整体的物流活动进行全面监测与控制，实现智能化管理与控制。整个工厂除了设备日常维护人员外，几乎没有参与物料分拣、运输、搬运和派送的人员，不仅减少了人员成本的开支，还能通过 24h 不间断运行来提高物流运送分拣速度。

能耗智能管理：企业能源管理是构建智慧工厂的重要一环，优先对企业能源实现智能管理是智慧工厂建设的重要步骤。在分析智能工厂在不同的开启与关闭方式下的能源消耗量数据的基础上，精细化智能管理智慧车间在水电煤等方面的能源消耗。

3. 通用电气智慧工厂的概念模型

2015 年 2 月 14 日，通用电气在印度 Pune 建设的智慧工厂——炫工厂（Brilliant Factory）揭幕。区别于传统大型制造厂，这间工厂具备超强的灵活性，可以根据通用电气在全球不同地区的需要，在同一厂房内加工生产飞机发动机、风机、水处理设备、内燃机车组件等看似完全不相干的产品。

通用电气的智慧工厂结合工业互联网和先进制造技术，用数据主线打通设计、工艺、制造、供应链、分销渠道、售后服务，并形成一个内聚、连贯的智能系统。该工厂雇佣的 1500 名工人共同分享使用生产线，包括 3D 打印机和激光检测设备。在这里，工厂的设备和电脑相互沟通、共享信息，为保证质量和预防设备故障采取措施；工厂的生产线通过数字化的方式与供应商、服务商、物流系统相连接用来优化生产。

通用电气智慧工厂的理念基于两个概念：数字主线（digital thread）和数字孪生（digital twin），其理念是通过数字主线驱动智慧工厂（图 1.7），在企业各阶段实现经营目标[5]。

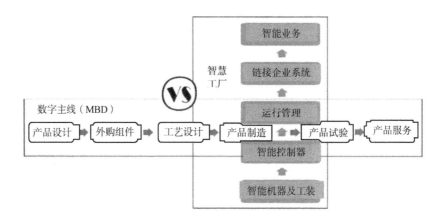

图 1.7　数字主线驱动的智慧工厂

MBD 即 model based design，基于模型的设计

（1）数字主线：描述一束连接（贯穿）着产品生命周期里各阶段过程的数据（图 1.8），如喷漆发动机的传感器连接着供应商。

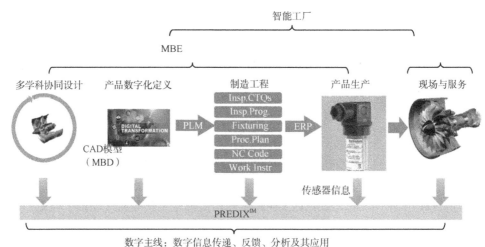

图 1.8　数字主线

MBE 即 model based enterprise，基于模型的企业；CAD 即 computer aided design，计算机辅助设计

洛克希德·马丁在 21 世纪初研制 F-35 时，为大幅度提高产品质量、缩短研制周期和降低成本，构建了集成产品和过程研发（integrated product and process development，IPPD）平台，提出了"数字主线"的概念，强调数字主线贯穿于产品全生命周期。因其在 F-35 研制中取得了很好的效果，此后被大家广泛认可。

2005 年 F-35 的评审中提到：整个 F-35 团队通过 IPPD 能共享数字工程模型，

其效果是非凡的，使我们能基于设计/工程/制造软件 CATIA 的计算机模型来制作产品部件。当部件交付时，我们满意地看到它们能够完美地匹配计算机模型。这种方法创造了奇迹，如澳大利亚制造的用于 F-35 自主物流项目的发动机输送车，可以精确地与发动机相匹配。

通用电气数字主线的核心框架（图 1.9）：将企业的运营数据转变为有效的客户化定制方案。

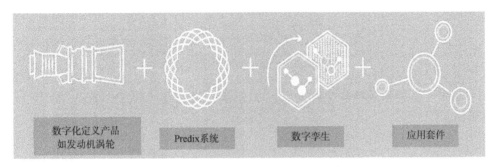

图 1.9 通用电气数字主线的核心框架

（2）数字孪生：是指每一件物质资产的数字模型（虚拟），包括设计和工程细节，描述其集合形状、材料、组件和行为，以及特定物理资产的制造和操作数据，最初由美国国防部高级研究计划局（Defense Advanced Research Projects Agency，DARPA）提出。图 1.10 示意了一个发动机的数字孪生模型。

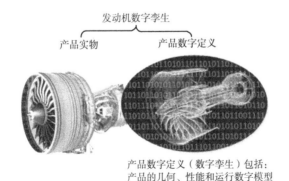

图 1.10 发动机的数字孪生模型

数字孪生的概念模型由三个主要部分构成：真实世界的实物产品（physical products in real space）、虚拟世界的虚拟产品（virtual products in virtual space）、虚拟和实物产品间关联的数据和信息连接。

数字孪生革新了工程模拟过程（图 1.11），可以帮助企业分析和优化产品在实际操作条件下的性能。

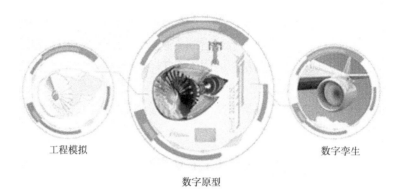

工程模拟　　　　　　　数字孪生

数字原型

图 1.11　工程模拟的数字孪生模型

数字孪生革新了产品生产过程，可以改进物理工厂的操作监控及资产管理（图 1.12）。

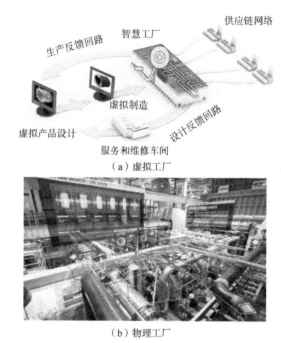

（a）虚拟工厂

（b）物理工厂

图 1.12　工厂的孪生模型（虚拟工厂和物理工厂）

数字孪生本质是根据物理工厂创建了一个资产的运营数字模型（虚拟工厂），因此，数字孪生成为工业 4.0 成功的关键技术。

通用电气智慧工厂的理念是将设计、工程、制造、供应链、分销和服务链到一个智能系统中，通过工业互联网连接企业的内外部，实现工程、制造与管理的协同。因此，智慧工厂就是从云到车间的智慧化生产过程。

1.4　本章小结

　　新兴信息技术与传统制造业融合，改变了传统制造业的生产模式、产品模式、商业模式以及价值链体系，孕育了智能制造的新模式。在新型的智能制造模式下，传统的制造工厂也发展成新型的数字化工厂、智慧工厂、虚实结合的数字孪生工厂等智能工厂。本书接下来将结合智能工厂的发展，详细探讨高端装备制造智能工厂运营管理体系、面向高端装备制造智能工厂的建模理论与方法、基于工业大数据分析的智能工厂知识管理、工业大数据驱动的智能工厂计划调度与优化、新兴信息技术环境下的智能工厂运维服务管理等理论方法和模型，最后以航空发动机智能制造为案例讨论了高端装备制造智能工厂运营优化理论。

参 考 文 献

[1] 森德勒 U. 工业4.0：即将来袭的第四次工业革命. 邓敏，李现民译. 北京：机械工业出版社，2014.

[2] Baines T，Lightfoot H. Made to Serve：How Manufacturers Can Compete Through Servitization and Product-Service Systems. New York：John Wiley & sons，2013.

[3] 杨善林. 互联网与大数据环境下的智能产品与智慧制造. 智能制造协同创新与发展论坛，2015.

[4] 科伦 Y. 全球化制造革命. 倪军，陈靖芯，等译. 北京：机械工业出版社，2015.

[5] 刘敏，严隽薇. 智能制造理念、系统与建模方法. 北京：清华大学出版社，2019.

[6] Wright P K，Bourne D A. Manufacturing Intelligence . New York：Addison-Wesley，1988.

[7] 路甬祥. 中国创新论坛之从制造到创造. 装备制造业振兴专家论坛，2009.

[8] 国家制造强国建设战略咨询委员会. 智能制造. 北京：电子工业出版社，2016.

第2章　高端装备制造智能工厂运营管理体系

2.1　智能工厂运营管理的需求特点

2.1.1　制造业运营管理

1. 制造业运营管理的概念

制造业生产运营活动简而言之就是一个"投入—转换—产出"的过程，企业投入人力、物料、设备、技术等资源，通过价值转换，最终输出有形产品或无形服务。输入、输出与转换共同构成了生产运营系统的有机整体，如图2.1所示。

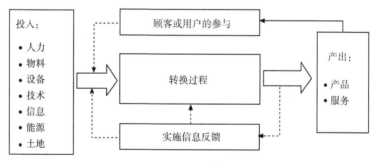

图 2.1　生产运营活动的转换关系

运营管理（operations management）是指为了实现企业经营目标，提高企业经济效益，对生产活动进行计划、组织和控制等一系列管理工作的总称[1]。生产运营活动体现为价值的增值过程，结果是把低价值体的生产要素转换为高价值体的产出，生产运营管理实际上是对生产运营系统的所有要素和投入、生产运营过程、产出和反馈等所有环节的全方位综合管理。

2. 运营管理在企业管理中的定位

从组织结构来看，企业均有三个既相互独立又相互联系的基本职能：生产运营、营销和财务，运营管理在企业管理中的定位如图2.2所示。

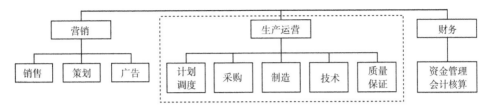

图 2.2　运营管理在企业管理中的定位

企业的三个基本职能分别完成不同但是又相互联系的活动：首先，在企业建立初期，企业需要先累积资金以获取生产所需的各项投入；其次，通过生产运营将投入转化成产品或服务；最后经过营销活动将产品或服务转化成资金，资金又被投入生产系统，如此形成一个反复循环的过程。生产运营活动是不能脱离营销和财务而独立进行的，没有财务活动对资金的筹措与合理调度，企业的生产和营销活动就无法正常开展，没有营销，生产运营就没有需求目标，其产出价值就无法实现，企业的三大基本职能是一个相互联系的整体。

企业之间的竞争主要体现在所生产的产品和提供的服务上，一般来说有三个基本要素，即价格、质量和可获得性。消费者总希望以最低的价格得到满足需求的产品和服务，或者希望以同样的价格满足更多的需求，价格高低的背后反映着企业的生产经营成本，也决定了企业的核心竞争力。质量是指产品或服务能满足顾客的规定和潜在需求的各种特性的总和，质量背后反映着企业的生产能力和水平。产品和服务的可获得性指的是顾客获取产品和服务的方便程度以及及时性，企业选择基于市场需求预测而进行的库存型生产的一个突出优点就是能使顾客有较好的产品可获得性。以上三点都反映了企业的生产运营管理水平的高低，生产运营管理的优异性是决定企业竞争力的主要因素之一。

3. 制造业运营管理的目标

制造业运营管理所追逐的基本目标是：多品种、高质量、高效率、短交货期、低成本、绿色环保地向顾客提供满意的产品或服务。也可以将目标简洁概括为：灵活、优质、高效、准时、低耗、清洁地提供顾客满意的产品或服务。

（1）多品种和灵活：以顾客为中心，适应顾客日益多样化、个性化的需求，可根据顾客需求差异去开发、生产、提供不同的品种及个性化定制产品或服务，能对市场需求变化、个性化需求和新机遇做出快速响应。

（2）高质量和优质：产品和服务恰当地满足顾客多方面的需求，有令顾客满意的质量，并具有质量上的比较优势。

（3）高效率和高效：合理配置和充分利用生产资源，提高产销率，用尽可能少的资源投入获得尽可能多的产出。

（4）短交货期和准时：对用户需求的响应周期要短，在用户要求的时间内，按用户要求的数量，提供所需的产品和服务。

（5）低成本和低耗：提供相同质量和数量的产品和服务时，所消耗的人力、财力、物力和时间最少，通过降低消耗和成本，才会有价格竞争优势。

（6）绿色环保和清洁：产品或服务具有健康安全性和环境友好性，并且在产品生产、运输、使用、报废处理或服务过程中，不存在健康安全问题并减少对环境的污染。

4. 制造业运营管理的内容

运营管理的职能范围主要包括产品（服务）开发设计的管理、运营系统设计的管理、运营系统运行的管理、运营系统维护和改进的管理。

（1）产品（服务）开发设计的管理：从总的原则方面解决"生产什么、生产多少和如何生产"的问题，包括产品或服务的选择，产品或服务开发方式和设计方法的选择，生产运作规模、工艺方案和生产运作流程的选择，以及产品或服务开发生产相关的一系列技术准备工作的组织与管理等。

（2）运营系统设计的管理：包括生产运作策略和生产运作组织方式的选择，运营系统功能和功能目标的选择，运营系统结构的选择与设计管理，运营系统的选址和设施布置，工作设计与工作环境设计，以及在运营系统的生命周期内所需进行的调整、更新或再造设计的管理等。

（3）运营系统运行的管理：主要包括对系统运行过程中生产运作活动的计划、组织和控制三个方面。

计划：要解决计划期内生产什么、生产多少、质量计划指标和何时出产等问题，明确包括产品品种、质量、产量等信息的生产任务和出产进度安排，进而将这些生产任务和出产进度安排进一步细化和具体化，规定各单位和各环节在每个周、日和班的作业任务，明确加工设备和操作人员。

组织：解决如何合理组织生产要素来落实执行计划，通过车间作业使计划得以实现，并使有限的资源得到充分的利用。

控制：监测运营系统的运行状况和生产执行情况，及时发现和处理可能出现和已经出现的各种问题和偏差，以保证按质量要求准时、准量地完成计划任务，包括接受订货控制、投料控制、进度控制、库存控制、质量控制和成本控制等。

（4）运营系统维护和改进的管理：主要包括生产运作设备的维修管理、质量管理、业务流程改进与优化、先进的运营方式和管理手段的应用等。

2.1.2　智能工厂运营管理的特征

智能工厂是在数字化工厂的基础上，利用互联网与大数据创新思维及各种先进技术，不断加强企业运营管理服务，实现生产过程数字化、生产要素网络化和生产决策智能化，综合体现为使生产系统具备自学习、自适应和自组织的能力。

1. 自学习

自学习指的是能在运营管理系统运行过程中通过评估已有行为的正确性或优良度，自动修改知识的结构或参数以改进自身品质，经学习而得到的改进可以保存并固定在知识结构之中。工业大数据技术通过海量数据的处理与分析，有助于促进制造系统增强学习能力，借助海量、多源的数据资源对制造系统的复杂演化机理、知识经验进行持续学习，使制造系统具备自学习、自优化、自调控能力，为制造系统赋予智能。

2. 自适应

复杂多变的生产环境对运营管理提出了更高的要求，不仅要能高效、可靠、优质地完成生产计划，而且在完成生产计划的同时要进行生产系统的自身建设，加强生产系统的柔性，使系统能够适应内外部环境的变化，对各类不确定事件迅速做出合理反应，并保持生产过程的平稳过渡和正常运行。这种自适应体现在产品或服务的全生命周期的各个环节，如设计、生产、销售、维护、报废等。生产的自适应指的是生产过程中，根据环境的变动，自动调整决策以适应环境扰动，从而获得最优的生产性能。

3. 自组织

协同学创始人 Haken[2]于 1976 年首次在科学意义上提出了"自组织"的概念，同时清晰地比较了"自组织"和"组织"概念的差别。他用一个通俗的例子解释了自组织和组织的区别：有一群工人，如果每一个工人都是在工头发出的外部指令下按照完全确定的方式行动，我们称之为组织，如果没有外部命令，而是靠某种相互之间的默契，工人们根据任务协同工作，各尽职责来生产产品，我们就把这种过程称为自组织。企业自组织指的是根据生产任务及生产环境、生产资源协同组织进行生产活动，在最小化生产成本、最大化生产效率的同时保证产品质量优良。制造企业的自组织包括企业间供应链自组织以及企业内部的物流系统、生产系统和信息系统自组织等。

2.2　智能工厂运营管理的使能技术

2.2.1　传统方法

1. 建模方法

传统的对于制造系统的建模和仿真的方法包括了离散事件系统仿真（discrete event system simulation，DESS）、系统动力学（system dynamics，SD）方法以及多智能体（multi-agent，MA）方法，一般而言，DESS 适合于生产线规模的生产系统建模，SD 方法适合于供应链等高层次生产系统的建模。智能体是一个带有一定自治权和独立决策能力的局部智能单元，具有很好的多尺度建模的能力，因此多智能体方法已经成为工业系统中建模方法的重要组成部分，并且也被用于智能工厂的建模中，例如，Kannengiesser 和 Müller 利用多智能体方法对智能工厂进行面向对象的建模[3]，Krückhans 等基于多智能体开发了互联生产线的仿真模型，将真实工厂数据与设计数据进行比较，并设计了资源最优的控制循环[4]。为了简化多智能体系统（multi-agent system，MAS）的内部结构，降低它的通信量，吕赛引进复杂适应性系统（complex adaptive systems，CAS）理论，以众包翻译平台为例，使用复杂适应性系统中的"主题"来模拟众包中各个角色，初步构建了众包平台中的主体模型[5]。此外，针对系统的复杂性问题，Ryu 等引入分形学思想，提出了分形公司的概念，分形几何的两条基本思想被转化成分形公司的两条基本性质：自相似和自组织[6]。在智能工厂这一级别的系统建模过程中，综合采用DESS、SD、MA 等建模方法是构建智能工厂多层次全流程系统模型的必要手段，但会导致模型规模的急剧扩大，因此，需要引入复杂适应性系统、分形学等复杂系统建模理论来降低整个模型的复杂性。

由于智能工厂的智能更多的是在软件层面体现，因此也有研究采用软件工程中的模型驱动方法实现对智能工厂的建模，但是由于工厂是一个信息流和物料流结合的地方，因此只是从软件层面构建模型是不全面的。作为德国工业 4.0 战略的主要基础技术，CPS 也被应用于智能工厂的建模当中。

2. 优化方法

运营优化问题研究初期，常采用基于经典运筹学理论的优化方法对生产中的优化目标进行定量分析，以求得精确最优解，如整数规划、动态规划、分支定界等方法。研究发现，约束简单的小规模优化问题，容易获取最优解。但是对于复杂制造系统，具有规模大、约束多等特点，加之不确定因素及动态环境的影响，使得求解其中的最优解较为困难。所以，在合理的计算复杂度内求解问题的近似最优解是近年来研究的一个方向。近似优化算法主要有：调度规则、智能搜索算法、人工智能算法等。

调度规则可以快速求解排序类优化问题，其本质是基于优先级的调度，即根据某种规则赋予每个作业一个优先级，系统根据优先级大小来确定加工序列，优先级越高的优先执行，如生产排程中的先进先出、最短加工时间等规则。

智能搜索算法是一类可以有效解决优化问题的通用算法。它的基本原理是从一个或若干个初始解出发，在算法参数控制下由当前状态的邻域中产生若干个候选解，并以某种策略在候选解中确定新的当前解。伴随控制参数的调节，重复执行上述搜索过程，直至满足算法终止准则，结束搜索过程并输出优化结果。

人工智能算法和大数据技术的引入，为运营优化问题提供了新的解决思路，通过采用人工智能的方法为生产运营提供知识支撑，以指导决策。传统人工智能算法基于专家手工构造的知识库来进行学习推理，如专家系统。由于难以构造较为全面的人类常识知识库，以及还存在不确定性知识，因此，依赖于知识库的人工智能方法在提升学习推理方法性能方面遇到了难以跨越的鸿沟。与基于规则、逻辑和知识的推理学习方法不同，机器学习方法从大数据出发，去洞悉海量数据中隐藏的调度知识，包括归纳学习（inductive learning）、神经网络（neural networks，NN）、案例推理（case-based reasoning）、支持向量机（support vector machines，SVM）、强化学习（reinforcement learning）等。

2.2.2　新兴技术

1. 大数据分析

随着大数据技术向工业领域的逐步渗透，基于大数据的技术方法与应用实践成为制造领域近年来的研究热点。物联网技术的飞速发展，推动了无线传感器网络和 RFID 标签在制造企业中的大范围推广和应用，进一步增强了企业获得全面、精准的工业大数据的能力。其中，生产过程控制数据、SCM 数据、售后产品监控数据等成为制造业大数据的主要关注点。对于制造业来说，大数据技术不仅要掌握庞大的多源异构数据信息，更要对这些数据进行恰当的专业化处理，从中快速提取出有实用价值的潜在知识，进一步优化生产过程，提高企业效益，实现数据的增值服务。

在智能传感、物联网、分布式存储计算、机器学习等技术推动下，大数据驱动的智能制造应用实践逐渐开始涌现，国内外学者在产品设计、计划调度、质量优化、设备运维等方面开展了大量工作。Robert 和 Ang 将互联网用户评价数据引入产品设计中，实现产品功能的量化分析，为设计决策提供支持[7]。Wang 等针对制造过程中工艺约束带来的传递效应，提出了工期预测的深度学习方法，实现了车间调度中产品完工时间的精准预测[8]。Rokach 和 Maimon 将数据挖掘（data mining，DM）方法应用于制造过程质量提升，并在集成电路制造方面取得了较好的效果[9]。张晗等研究了航空发动机轴承的多种故障模式，提出基于稀疏分解理论的逐级匹配形态分析方法，实现航空发动机轴承故障的准确诊断[10]。

2. CPS

在 CPS 中，信息系统指的是包含离散的计算进程、逻辑通信和控制过程等由计算机和网络构成的信息世界，物理系统指的是物理环境中按照客观规律在连续时间上运行的进程或事件，而 CPS 主要完成了信息与物理这两种不同系统间的融合。根据中国科学院院士何积丰的观点，CPS 利用物理进程与计算进程紧密结合的反馈循环完成实时交互，以扩展新的功能，借助安全、高效和可靠的技术检测和控制物理实体，进而实现信息系统与物理系统的深度融合，从本质上改变工程物理系统的构造方法。由此可见，CPS 的本质是一个高度信息化的融合系统。在该系统中，信息世界可以感知物理世界的实时状态与动态变化，并根据这些信息进行分析计算，实现对物理世界的有效控制。在制造业 CPS 中，以计算机、仿真模型、通信网络为代表的信息媒介对实际生产线的工件、设备、人员等物理资源进行感知及调度控制，进而实现设备间的智能互联。

由于 CPS 涉及的领域十分广泛，学术界对于 CPS 体系的研究往往限定于特定需求背景下，以 CPS 组成及运行方式为基础进行扩充改进，设计所需的体系框架。在制造业领域，Liu 和 Jiang 结合实现智能制造的目标提出了一种 CPS 体系架构，面向硬件互联、数据采集处理、可视化以及知识学习等方面进行 CPS 环境的构建，由物理连接层、中间件层和计算层组成[11]。Chen 和 Yang 则是从计算机数控（computer numerical control，CNC）机床的设备工作流程管理角度出发，探究其 CPS 体系架构，该 CPS 架构由设备层、感知层、网络层、认知层和控制层组成，实现了人、产品、物理空间、信息空间的深度融合[12]。

3. 工业互联网

作为世界最大的多元工业集团，2012 年美国通用电气首次提出了自己的"工业互联网"概念，其是数字世界与机器世界的深度融合，实质也是工业化和信息化的融合。工业互联网时代生产运营管理系统可以提升生产自动化程度，提高生产效率，通过与自动化装备的集成，改变劳动密集型生产模式，利用高效的信息化生产管理方法与工具，发挥信息化在互联网环境下与电子商务平台的紧密衔接，以及内部生产流程全面管控的优势，充分发挥生产力，提升企业整体管理能力和经营效益。工业互联网是互联网和新一代信息技术与工业系统全方位深度融合所形成的产业和应用生态，是工业智能化发展的关键综合信息基础设施。

作为工业 4.0 的提出者，德国成为智能工厂的最早实践者。德国安贝格的西门子工厂是德国政府、企业、大学以及研究机构合力研发的全自动、基于互联网智能工厂的早期案例。美国通用电气在印度 Pune 建设的炫工厂结合工业互联网和先进制造，用数据链打通设计、工艺、制造、供应链、分销渠道、售后服务，形成一个内聚、连贯的智能系统。宝马汽车公司投资 13 亿欧元建造的莱比锡工厂在灵活生产、可持续资源利用、企业精益管理等方面的创新取得了卓越的成就。据工业互联网产业联盟（Alliance of Industrial Internet，AII）的数据，2017 年我国工业互联网直接产业规模约为 903 亿美元（约合 5700 亿元人民币），到 2019 年我国工业互联网产业规模已达到 2.13 万亿元，对经济增长的贡献率达到 9.9%。2019 年，AII 相继颁布了《工业互联网标准体系（版本 2.0）》以及《工业互联网平台白皮书（2019）》。

4. 移动互联网

移动互联网是以移动网络作为接入网络的互联网及服务[13]，包括三个要素：①移动终端，包括手机、专用移动互联网终端和数据卡方式的便携电脑；②移动通信网络接入，包括 2G、3G、4G、5G 等；③公众互联网服务，包括 Web、WAP（wireless application protocol，无线应用协议）方式。移动终端是移动互联网的前提，接入网络是移动互联网的基础，而应用服务则成为移动互联网的核心[14]。作为第五代移动通信技术，5G（移动通信系统 IMT-2020）的迅猛发展正好切合了传统制造企业智能制造转型对无线网络的应用需求。5G 定义的三大场景，eMBB（enhanced mobile broadband，增强移动宽带）、mMTC（massive machine type communication，海量机器类通信）和 URLLC（ultra reliable low latency communication，超可靠低时延通信），不但覆盖了高带宽、低延时等传统应用场景，还能够为工业互联网提供 10G 以上的峰值速率、毫秒级的传输时延、千亿级的连接能力和纳秒级的高同步精度，能满足工业环境下的设备互联和远程交互应用需求。

发展 5G 已成为国际社会的战略共识，各国相继成立相应的组织推动 5G 的产业落地。我国工业和信息化部、国家发展和改革委员会和科学技术部共同支持产业界成立了 IMT-2020（5G）推进组，协同开展 5G 研发和国际合作。2014 年欧盟成立 5G PPP（The 5G Infrastructure Public Private Partnership，5G 基础设施公私合作伙伴关系），旨在主导 5G 国际标准化。此外，日本、韩国、美国也相应地成立了相关组织，包括日本 5GMF、韩国 5G 论坛、美国 5G Americas。在工业实践方面，根据工业和信息化部信息通信管理局 2021 年 5 月 31 日印发的《"5G+工业互联网"十个典型应用场景和五个重点行业实践》显示，当前 5G 与研发设计、生产制造、质量检测、故障运维、物流运输、安全管理等工业环节的结合，已经形成了协同研发设计、远程设备操控、设备协同作业、柔性生产制造、现场辅助装配、机器视觉质检、设备故障诊断、厂区智能物流、无人智能巡检、生产现场监测等 10 个 "5G+工业互联网" 典型应用场景，体现了数字化研发、智能化制造、个性化定制、网络化协同、服务化延伸、精益化管理等工业互联网六大模式。2019年，华为携手中国移动杭州分公司，与杭州汽轮动力集团有限公司、浙江中控技术股份有限公司、浙江新安化工集团股份有限公司等企业合作，实现了包括 5G 三维扫描建模检测系统、仪表无线减辐升级等 5G 工业互联网应用。2020 年，德国 Fraunhofer 生产技术研究所和瑞典移动网络供应商爱立信共同开发了 "欧洲 5G 工业园区"，园区面积近 1km^2，配备 19 根 5G 天线和每秒 10GB 的带宽，为欧洲最大的 5G 研究网络。依托该 5G 工业园区，研究所与其合作伙伴重点研究 5G 和工业互联网的应用场景，包括监视和控制高度复杂制造过程的 5G 传感器、移动机器人、物流和多站点生产链、分布式制造控制、区块链、边缘云等。

5. 物联网

2005 年 11 月 17 日，国际电信联盟（International Telecommunication Union，ITU）在信息社会世界峰会（World Summit on the Information Society，WSIS）上发布了《ITU 互联网报告 2005：物联网》，正式提出了物联网概念，提出了任何时刻、任何地点、任意物体之间互联，无所不在的网络和无所不在的计算的发展愿景。工业和信息化部电信研究院在其发布的《物联网白皮书（2011 年）》[15]中明确定义：物联网是通信网和互联网的拓展应用和延伸，它利用感知技术与智能装置对物理世界进行感知识别，通过网络传输互联，进行计算、处理和知识挖掘，实现人与物、物与物信息交互和无缝链接，达到对物理世界实时控制、精确管理和科学决策的目的。另一种广为接受的物联网的定义为：物联网是通过 RFID、红外感应器、全球定位系统、激光扫描器等信息传感设备，按约定的协议，把任何物品与互联网相连接，进行信息交换和通信，以实现对物品的智能化识别、定位、跟踪、监控和管理的一种网络[16]。

当今，国内外都将发展物联网作为新的技术创新点和经济增长点。欧盟于 2015 年成立物联网产业创新联盟，构建了 "四横七纵" 物联网创新体系架构。美国重点支持物联网在能源、宽带和医疗三大领域的发展应用。我国制定《物联网 "十二五" 发展规划》，并出台了《国务院关于推进物联网有序健康发展的指导意见》，推出了 10 个物联网发展专项行动计划。十多年来，通过学术界和产业界的共同努力，物联网在标准体系架构、感知技术、通信技术和服务平台等方面取得了突破性进展和产业应用。在智能制造领域，物联网通过充分融合工业互联网、大数据、传感器等信息技术，能够将生产要素全面互联，达到前所未有的数据集成，实现对制造全流程的"泛在感知"，通过分析与决策技术对制造过程进行科学决策[17]。

6. 人工智能

人工智能是当前各领域的研究热点，其目标是用计算机来模仿人的智力，使计算机用与人类相似的方式去理解、思考和学习。"人工智能"的概念最早于 1956 年的达特茅斯会议上被约翰·麦卡锡、马文·闵斯基等四位图灵奖获得者提出，于 20 世纪 90 年代逐渐成熟[18]。按照智能的描述方式，一般可以将人工智能技术的研究流派分为符号主义和联结主义。符号主义的观点是基于逻辑推理的智能模拟方法模拟人的智能行为，其标志性产物为专家系统。然而受限于能够获取的知识量及机器推理能力，符号主义相关技术一般应用于特定对象。联结主义也被称为"仿生学派"，其关注点在于研究人脑的运行机制，然后使计算机模仿人脑机理进行分析推理。近十年来，深度学习、深度强化学习等技术的出现使联结主义的观点占据主流地位，并推动人工智能广泛应用于金融、医疗、交通和制造等领域。随着人工智能技术的不断成熟，其逐渐成为赋能制造业的关键点。对于智能工厂的运营管理，人工智能的引入可以起到提升产品设计水平、优化生产工艺、提高生产效率、降低生产成本、保证产品质量等作用。

数据和算力、算法、硬件是人工智能技术的三要素，其中数据和算力属于人工智能的基础层，算法属于人工智能的技术层，硬件（如机器人、无人车等）属于人工智能的应用层。在智能工厂的运营管理过程中，主要涉及的要素为数据和算力与算法。福耀玻璃工业集团股份有限公司使用人工智能算法识别异常产品，实现了质量检测工序的自动化，替代 80%人力的同时不良产品检出率为 90%以上[19]。智擎信息技术（北京）有限公司通过人工智能算法进行故障预测，实现提前 2～4 天预判设备故障，提高了设备利用率与运转性能[19]。百度智能云将人工智能引入厂区安全巡检，通过高清摄像机、微型工业相机采集到的数据构建环境检测模型，降低了厂区管理的难度，保证了工厂的安全生产。

7. 云 计 算

从技术层面来看，云计算是一种分布式计算，通过云计算技术可以将一个巨大的数据处理程序分解为若干个小程序独立运算，处理完成后再将运算结果合并。从服务模式层面来看，云计算是一种理念，由专业的网络公司搭建服务中心，向用户提供包括服务器、存储、数据库、软件等在内的计算服务[20]。云计算的特点主要为可扩展性强和灵活性高，云计算技术的应用可以使用户原有服务器的计算能力迅速提高，并且能够根据用户需求灵活提供计算能力与资源，在降低用户成本的同时提升其工作效率。按照供应商提供的资源类型，云计算服务可以归为基础设施即服务（infrastructure as a service，IaaS）、平台即服务（platform as a service，PaaS）、软件即服务（software as a service，SaaS）[21]。云制造将云计算理念应用于制造领域，可以为解决智能制造的挑战问题提供系统化思路。它在云计算服务的基础上进行延伸和拓展，丰富了云计算的资源共享内容、服务模式和技术。与共享计算资源的云计算不同，云制造更注重软硬制造资源及制造能力的共享[22]。

　　云制造资源调度是实现云制造生产模式的关键技术和难点，现有研究可以分为基于模型和基于算法的调度研究。基于模型的调度研究集中在云制造模型的建立上，基于算法的调度研究所要解决的问题是调度策略的求解。Lin 等提出了多管理中心的双层资源调度结构来解决多种异构资源协同完成制造任务的问题[23]。Cheng 等为了实现集中资源的分散使用，提出服务分时共用方案，并建立起含有资源关联关系的任务调度模型[24]。Zhou 和 Yao 为了解决云制造中服务优化调度问题，提出了一种混合人工蜂群算法[25]。

2.2.3　支撑系统

1. 数字孪生

　　数字孪生是一种集成多物理量、多尺度、多学科属性，具有实时同步、忠实映射、高保真度特性，能够实现物理世界与信息世界交互融合的技术手段[26]。数字孪生指在信息化平台内建立、模拟一个物理实体、流程或者系统。借助于数字孪生，可以在信息化平台上了解物理实体的状态，并对物理实体里面预定义的接口元件进行控制。数字孪生的概念模型最早出现于 2003 年，由 Grieves M. W. 教授在美国密歇根大学的 PLM 课程上提出，当时被称作"镜像空间模型"[27]，后在文献[28]中被定义为"信息镜像模型"和"数字孪生"。该概念的提出最早是用来描述产品的生产制造和实时虚拟化呈现，但受限于当时的技术水平，该理念没有获得足够的重视。随着传感技术、软硬件技术水平的提高和计算机运算性能的提升，在 2010 年，美国国家航空航天局（National Aeronautics and Space Administration，NASA）在太空技术路线图中首次引入数字孪生概念，意在采用数字孪生实现飞行系统的全面诊断和预测功能，以保障在整个系统使用寿命期间实现持续安全的操作[29]。之后，NASA 和美国空军联合提出面向未来飞行器的数字孪生范例，并将数字孪生定义为一个集成了多物理量、多尺度、概率性的仿真过程，基于飞行器的可用高保真物理模型、历史数据以及传感器实时更新数据，构建其完整映射的虚拟模型，以刻画和反映物理系统的全生命周期过程，实现飞行器健康状态、剩余使用寿命以及任务可达性的预测。

由于通用电气、西门子等公司的推广，数字孪生技术在工业制造领域同样发展迅速，陶飞等[30]、Tao 和 Zhang[31] 探索了数字孪生车间（digital twin shop-floor，DTS）的概念，设计了 DTS 的组成与运行机制，为数字孪生在生产制造环节落地提供了基础理论支撑参考。于勇等探讨了数字孪生模型在产品构型管理中的应用[32]。Zhang 等提出基于数字孪生的个性化产线快速定制设计方法，将数字化模型和物理装备虚实同步，形成整线的数字孪生系统；提出生产过程中耦合优化问题的解耦算法，作为引擎驱动数字孪生；通过订单模拟投放与运行，进行整线性能评估与调控[33]。Wang 等面向物联网制造车间，立足工件、机器的主观能动性，提出主动调度模式，探讨了主动调度的交互体系、响应机制、运作模式和互调度行为[34]。Zhang 等针对智能工厂制造资源自组织配置与自适应协调控制需求，提出基于 CPS 的底层制造资源加工服务状态实时感知与主动决策的智能化建模方法[35]。Qu 等[36]和屈挺等[37]利用数字孪生思想将物联制造下的在线控制理念进行扩展，提出多系统联动优化控制思想、机制及定量优化方法。

2. 云服务平台

服务型制造已经成为近年来制造模式变革的一种趋势，它包括两层含义，一个是制造业企业从提供产品到提供服务的改变[38]，另一个就是通过面向服务的体系架构（service-oriented architecture，SOA）来实现生产系统之间的协同。云制造是服务型制造的典型概念[39]，是一个新的面向服务的网络化协作制造模型。其中，虚拟化对资源的共享和动态分配至关重要。为了完整地描述云制造资源的属性，实现云制造资源物理—虚拟资源的映射与转化，结合云制造服务体系框架、云制造资源的特点及分类，姚锡凡等指出云制造资源虚拟化的原则——系统性、针对性、适应性、扩展性、接口统一和动态性[39]；Chen 和 Ducq 提出了一种工程方法，支持制造业服务虚拟化制造环境和生态系统，该方法论是基于一些可用但分散的模型、方法和工具[40]。Liu 等为制造资源和功能虚拟化提出了一种有效的方法，其中包含制造资源建模和制造云服务封装。构建了制造资源虚拟描述模型，资源虚拟化封装了物理资源到云服务中，决定了云平台的鲁棒性[41]。Liu 和 Li 提出了多粒度资源虚拟化和策略共享，建立了复杂制造任务和底层资源的联系[42]；Wei 等设计了云制造服务模型，提供了智能的供需匹配引擎和事务协调引擎，并且为汽车和摩托车行业开发了一个云制造服务管理平台，可以通过线上和线下服务，有效地集成该领域的制造服务资源，实现制造资源的有效管理[43]。

工业云服务是大数据时代下诞生的新型制造业信息技术服务。基于“云计算+

工业"的新思维，刘宏银对基于云平台的工业监测系统进行了相关的研究[44]。马晓丽等经分析研究，提出一套基于云平台的智能电网管理系统，依托云计算这一平台，提高了数据的处理效率，为智能电网的更好发展保驾护航[45]。随着我国工业化和信息化的深度融合发展、工业云平台建设和应用的持续完善和发展，将会有越来越多的应用和服务集成在这个平台上，越来越多的用户链接到这个平台。创新的门槛将会大幅度降低，供需链、产业链协同的效率将大大提高，一个人人创新、处处协同、时时共享的智慧工业时代即将到来[46]。

2.3　高端装备制造智能工厂管理体系架构

2.3.1　高端装备制造智能工厂运营管理体系特点

高端装备由于其产品复杂，知识含量高，其制造过程不仅仅是简单地从原材料经过加工转换成产品，更重要的是一种知识创造、共享和更新的过程。高端装备制造智能工厂是互联网与大数据创新思维及其核心技术与高端装备制造业相融合与渗透而形成的新型制造模式，它以智能制造为主导，为高端装备制造业转型升级与产业优化提供了重要载体。高端装备智能工厂着眼于打通企业生产经营的全部流程，实现从设备控制到企业资源管理所有环节的信息快速交换、传递、存储、处理和无缝智能化集成，所有的活动均能在信息空间中得到充分的数据支持、过程优化与验证，同时在物理系统中能够实时地执行活动并与信息（cyber）空间进行深度交互。高端装备智能工厂由内部的人、技术、设备的综合集成向包含物理和虚拟制造资源的跨领域、跨行业、跨区域的立体化、网络化制造系统延伸，在其运营模式与运行方式方面，呈现出新的发展特征。

（1）智能工厂运营管理要素更加复杂。高端装备知识含量高，产品复杂，需要机、电、液、气、控等多个组成部分相互协调工作，其设计精度高，对加工环境、工艺过程都有很高的要求，需要对整个制造过程进行精准控制。高端装备个性化定制需求普遍，一般为单件小批生产模式，生产过程需要进行跨地区、跨组织、跨部门的协调，使得高端装备智能工厂的运行更加复杂和不确定。高端装备制造智能工厂是时间、空间和任务三个维度在多尺度生产系统下相互交织、复杂关联而形成的信息物理融合系统，系统中的物理资源与虚拟资源相互渗透和融合，其各自的边界趋于消失，逐步演化为多层次、多维度的开放复杂巨系统。高端装备制造智能工厂结构复杂，动态多变，其生产运营涉及大量跨领域、跨行业、跨区域的制造资源及其组织与管理问题，模型复杂，优化难，需要在建模理论和方法上加以突破。

（2）创新知识更加密集。高端装备制造智能工厂的核心特征是制造系统的"高度智慧化"，无论是高端装备产品本身的使用，还是产品制造过程的复杂多变性，都对智能化水平提出了更高的要求。相对于一般产品制造，高端装备制造应具有更强的自主创新能力，其对知识创新活动的需求更加强烈。高端装备制造具备高技术含量和高附加值，其制造过程不仅仅是简单地将原材料加工转换成产品，更重要的是一种知识创造、共享和更新的过程。传统的以专家经验和分析模型为主的知识获取及应用模式，已难以满足互联网与大数据环境下高端装备制造实现更加灵活和可重构的智慧化生产的需求，如何深度挖掘和充分利用各类创新知识，提升高端装备制造在极其复杂和不确定环境下的自组织、自学习、自管理能力，进而为改善高端装备制造智能工厂的智能化水平提供推理和决策知识，属于高端装备制造智能工厂运营优化的重要课题。

（3）制造过程更加不确定和难以预测。高端装备制造的跨领域、跨行业、跨区域的分布式网络生产特点，以及智能工厂横向、纵向、端到端的不同集成层次，都使高端装备制造智能工厂处于不确定、随机性和难以预测的内外部环境中。产品的需求量、产品的价格、能源和原材料的供应等外部环境因素的不确定性往往会影响企业生产计划和调度方案的正常执行；同时，车间生产环境是动态变化的，在实际生产制造过程中存在着大量随机不确定因素，如作业到达时间的不确定性，作业加工时间也具有一定的随机性，而且生产系统运行过程中还常出现一些突发偶然事件，如设备的故障和维修、紧急订单、交货期的改变等，这些因素往往是随机的和难以预测的，都会导致固有的调度方案难以发挥效力。因此，如何提高调度方案对生产中各类不确定因素的响应能力，建立高效的生产调度系统是保证智能工厂优化运行的关键。

（4）运营管理更加注重服务价值。高端装备制造业与服务领域相互渗透、相互影响，形成了相互依存、共同发展的关系。高端装备制造具有高附加值，其产品和服务不断融合，逐渐形成了客户全程参与、企业相互提供生产性服务和服务性生产的新模式，高端装备制造企业对运营管理的服务化需求更加迫切。基于产品生产的传统制造模式，以及独立、封闭和稳定的企业运营管理方式已经不再适应高端装备制造企业转型升级的需要。因此，互联环境下高端装备制造智能工厂需要向互动、开放和动态的运营管理方式转变，提升服务价值，使得制造价值链中各利益相关者的价值增值，并实现分散化制造资源的整合和各自核心竞争力的高度协同，达到高效创新的一种以数据和服务为驱动的制造与运营管理模式。

基于上述特点，本书分别从智能工厂的建模理论与方法、知识管理、计划调度与优化以及运维服务管理四个角度来阐述新兴信息技术环境下的智能工厂运营管理。

2.3.2　高端装备制造智能工厂运营管理体系架构

高端装备制造业向智能制造转型升级，其所涉及的智能工厂运营管理需要围绕工程实践的重大需求，以互联网和大数据等新兴信息技术为基础，从面向重大装备制造的智能工厂建模理论与方法入手，以此为基础，结合基于工业大数据分析的智能工厂知识发现和知识管理，探索智能工厂的自学习方法；通过工业大数据驱动的智能工厂适应性调度与闭环优化的自适应机制来进行优化运行；并进而引导互联环境下的智能工厂运行模式和组织管理的创新变革。

为此，本书提出如图 2.3 所示的智能工厂运营管理体系架构。

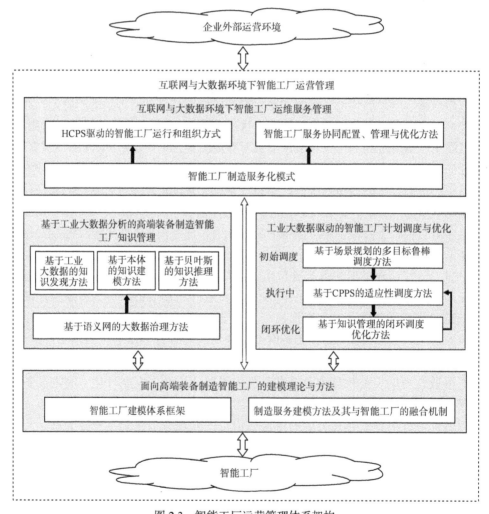

图 2.3　智能工厂运营管理体系架构

HCPS 即 human-cyber-physical systems，人–信息–物理系统

针对智能工厂的建模理论与方法，互联网与大数据带来的环境变化给智能工厂的模型构建和集成分析提出了新的需求，表现在：①在多维度的建模框架下，多视图和多尺度的模型需要集成应用，才能全面描述智能工厂的模型；并且由于互联网和大数据等新兴信息技术带来了工厂运行环境的变化，需要引入新的维度和视图。②在具体的建模方法方面，传统的多智能体等方法需要结合复杂系统理论才能实现模型的简化，而基于信息物理融合系统的建模方法也需要研究如何用于智能工厂的模型构建中。③服务型制造简化了制造系统之间的协同和交互，但是需要和智能工厂的整体建模框架相结合，才能实现整个智能工厂的服务化运行与集成；同时需要提高数据在智能工厂建模和运行过程中的作用。基于这些新的需求，需要从多个维度、多个尺度对智能工厂及其智能制造系统进行立体化的模型描述，支持互联网和大数据带来的智能工厂运行管理新模式的分析和优化研究。

针对智能工厂的知识管理，围绕特定需求的研究方向主要体现在：①现有的面向大数据驱动的知识发现的相关理论与方法，尚未较好地结合高端装备制造在极其复杂和不确定环境下的自组织、自学习、自管理等智能行为对知识获取的具体需求；②高端装备制造的知识来源多样、结构复杂、语义异质，传统方法缺乏从多层次、多维度的视角对这些体量庞大的知识进行有效的组织与管理，为此需要进一步展开相关研究；③基于本体模型进行知识语义描述是知识表达研究的主流方向，已有相关研究成果。但这些工作尚未考虑到大数据环境下高端装备制造智能工厂围绕时间、空间、任务三个维度相互交织形成的信息物理融合系统。知识表达不再仅仅局限于语义层面的规范化描述，要重点考虑知识表达对知识在信息物理融合系统不同层级之间的快速传播、全面共享和时效更新问题。

针对智能工厂的计划调度与优化，在互联网和大数据环境下，新兴信息技术的迅速发展为智能制造系统调度在适应性和体系化方面的深入开辟了新的空间，主要体现在：①在智能制造系统的适应性调度方面，生产环境中存在多种不确定性因素，现有成果主要针对简单对象且考虑单一不确定性因素，面向实际复杂应用的工作尚待加强，在鲁棒性和调度质量之间的关系及优化处理方面也需要进一步深入；②在以工业大数据驱动下的智能制造系统的闭环调度优化方面，基于主动式与反应式调度相结合的混合调度方式是有前景的方向，目前的主要实现形式是基于监控的闭环优化方法，但是传统方法对调度反馈机制和调度知识的更新尚未涉及；③在智能制造系统的调度体系方面，已有成果有的从协同生产调度、设备维护和质量控制角度出发，有的按时间粒度从集成生产计划到生产调度角度出发，有的从协同调度系统和执行系统角度出发，其成熟度和实用度还有欠缺，特别是针对智能制造系统的高度不确定性，需要在系统化设计动态、自适应和自组织的调度体系结构方面有所突破。

针对智能工厂的运维服务管理，互联网和大数据环境下制造与服务相互渗透的不断延伸驱动了对传统的制造生态及运维模式等方面的变革，主要体现在：①关于服务型制造模式的研究主要集中在概念模型、运行框架和运行特征等方面，在互联网与大数据环境下针对智能工厂动态、复杂的业务过程的服务型制造模式，其运行管理与优化机制还有待进一步深入；②在智能工厂的生产服务方面，已有研究主要集中在制造服务过程优化协同、制造服务体现的功能结构、云制造资源服务管理等方面，对基于互联网与大数据的制造服务关注不足，缺少以数据和服务驱动的智能生产方面的研究；③服务配置、管理与优化的研究主要集中在服务组合过程的质量建模、可信性以及优化问题方面，但由于网络适应性不足、工程实践上存在局限性，面向智能工厂的服务协同配置、管理与优化方法还有待进一步深化，涉及服务配置模型验证、服务质量（quality of service，QoS）感知的服务优化方法、服务的信任理论和跨域服务管理等内容。

本书余下部分将从上述四个方面，对新兴信息技术环境下的智能工厂运营管理进行阐述。

2.4　高端装备制造智能工厂运营管理的关键要素

2.4.1　智能工厂建模理论与方法

高端装备制造智能工厂是时间、空间和任务三个维度在多尺度生产系统下相互交织、复杂关联而形成的信息物理融合系统，系统中的人、物理系统和信息系统（包括管理软件、控制软件、嵌入式固件等）相互渗透和融合，逐步演化为多层次、多维度的开放复杂巨系统。高端装备制造智能工厂建模与分析方面的研究要点包括：研究面向高端装备制造过程的智能工厂建模体系框架，建立包含尺度维、视图维和时间维的多维智能工厂建模体系；从尺度维和视图维研究工业大数据和机理模型双驱动的智能工厂多尺度、多视图建模方法；从视图维中的服务视图角度，研究互联环境下的制造服务建模方法及其与智能工厂的融合机制。

1）面向高端装备制造过程的智能工厂建模体系框架

智能工厂由不同尺度的智能制造单元组成，这些制造单元表现为人、机、控制管理软件的融合，是一个典型的 CPS。智能工厂是一个复杂系统，具有明显的非线性特性，包括了整体性、自主性、关联性和多样性，需要构建一个多维度的模型体系框架进行全面的描述。

2）工业大数据与机理模型双驱动的智能工厂多尺度、多视图建模方法

智能制造单元的具体建模方法上，需要支持多领域、多描述方式和多实现方式的系统模型，支持多种系统细节层次上的多尺度描述，具有面向各类制造活动和数据需求的多视图表达能力；这些描述方法需要在语法上甚至语义上统一，便于仿真和分析过程对这些模型的动态选择和组合，具有动态分辨率增强能力。

3）互联环境下的制造服务建模方法及其与智能工厂的融合机制

智能工厂运行的互联环境包括了互联网、物联网和服务互联网（Internet of services，IoS）三部分，在互联环境中，智能工厂及其智能制造单元的交互通过服务的形式来完成。

2.4.2　智能工厂知识管理

相对于一般产品制造，高端装备制造应具有更强的自主创新能力，其对知识创新活动的需求更加突出。传统的以专家经验和分析模型为主的知识获取及应用模式，已难以满足互联网与大数据环境下高端装备制造实现更加灵活和可重构的智慧化生产的需求。面向高端装备制造智能工厂的"高度智慧化"对创新知识的特定需求，其知识管理方面的研究要点包括：从工业大数据的视角，研究知识发现及知识本体建模方法，深度挖掘多源异构工业大数据的潜在价值；分析智能工厂来源多样、结构复杂、语义异质的知识特点，研究全流程多层次知识融合及组织方法；结合知识本体的语义网模型，研究以人工智能理论为主要内容的知识智能推理方法；面向高端装备制造智能工厂的服务化运营模式，研究知识的服务化共享与集成方法。

1. 基于工业大数据分析的智能工厂知识发现及知识本体建模方法

高端装备产品的研制本身具有很强的创造性，同时受到现代制造技术对产品工艺过程在能源、环境和安全方面的约束，使得高端装备制造智能工厂的运营管理及其运行方式迫切需要以创新型知识为重要支撑。工业大数据的产生及处理技术的发展改变了制造企业以经验知识和分析模型为获取知识和使用知识的传统手段。运用大数据分析方法，挖掘产品多源异构大数据之间的潜在关联，有助于从海量数据中识别支持高端装备制造智能工厂高效运营的创新型知识。

2. 全流程多层次知识融合及组织方法

从来源看，与高端装备制造相关的各类知识主要来自机理模型、专家经验以及基于大数据挖掘的各类有价值的信息，有序、高效地组织与管理这些来源、用途、内容和表达方式存在多元化的知识实体，是高端装备制造智能工厂运用知识

推理实现智能行为的重要保障。

3. 基于语义网的知识智能推理方法

面向制造全生命周期的各类知识来源复杂，结构异质，从而增加了智能工厂进行知识创新活动的难度和复杂度。从物理上，现有高端装备制造企业的各类知识主要分布在不同的应用系统中，并且，不同来源和类型的知识在语义上存在明显的不一致性，造成"知识孤岛"的大范围分布。在此环境下，如何规范知识的语义异构性，增强知识推理对制造智能行为的支撑作用，成为智能工厂优化运营的重要内容。

4. 面向高端装备制造的智能工厂知识服务模式

随着高端装备制造服务化进程的推进，知识作为重要的制造资源，其获取、共享、推理、更新等管理活动已经渗透到高端装备制造全生命周期的各个环节，知识服务化共享与集成模式成为通过知识创新促进高端装备制造智能工厂优化运营的前提保障。

2.4.3 智能工厂计划调度与优化

高端装备制造过程复杂，涉及要素众多，是一个受多种生产扰动和持续变化的客户需求所影响的动态系统，高端装备制造智能工厂需要具备响应环境变化与不确定性扰动的特点与能力。高端装备制造智能工厂计划调度与优化方面的研究要点主要包括：研究体现智能工厂自适应能力的调度优化机制与优化方法，提出覆盖调度全流程的多级联动的适应性调度结构；针对其中的关键环节，研究工业大数据驱动的智能调度方法；研究工业大数据驱动下的闭环优化与控制方法。

1. 多级联动的适应性调度结构

为全面提升智能工厂调度方案对动态、多变的复杂生产环境的适应能力，需要从全局角度系统化提出新的调度体系结构，鉴于鲁棒调度侧重于主动制订具有抗干扰能力的调度方案，而反应式调度策略侧重于被动对受到干扰的调度方案及时调整，提出一种将两者加以统一并覆盖调度生成—执行监控—优化更新全过程的适应性调度解决方案。

2. 工业大数据驱动的智能调度方法

针对多级联动的适应性调度结构中的关键环节，即抗干扰的鲁棒调度、响应环境变化的调度执行监控、启动调度更新的重调度判定，运用工业大数据驱动的手段，研究实用有效的智能调度算法和实现技术。旨在以工业大数据为驱动，实现基于调度目标的动态调度，使智能工厂在当前状态下获得满足调度目标的优化调度方案，以及未来一个调度周期的智能工厂性能指标。

3. 工业大数据驱动下的闭环优化与控制方法

智能工厂的调度是一个动态问题。其动态性体现在工业大数据驱动下的调度问题有一定的时效性，不仅调度方案会随调度方案生成时生产状态而变化，而且生成调度方案的调度器也会随制造系统内外环境的变化而改变，因此，需要有对这两者执行情况的评估和调整的机制。

2.4.4　智能工厂运维服务管理

互联网与大数据环境下，随着高端装备制造企业及其生态系统与信息通信技术和自动化技术等深度融合，高端装备制造智能工厂涵盖了广泛的协作网络和知识集合，其制造模式发生了深刻的变革。在此背景下，需要以数据、信息和知识为基础，扩展工厂运行管理的内涵，进而延伸企业价值和创造全新客户价值。因此，智能工厂运维服务管理方面的研究要点包括：智能工厂的制造服务化模式、运行与组织方式以及服务管理方法。

1. 互联网与大数据环境下智能工厂的制造服务化模式

随着（移动）互联网、云计算、物联网、大数据和人工智能等技术方法日益融入高端装备制造业务中，形成了基于 CPS 乃至信息物理社会系统（cyber physical society system）的新型制造模式，协同创造制造企业的价值与客户的价值。互联网与大数据环境下的制造模式如何作用于智能工厂、智能工厂的服务管理模式如何进行转变是研究智能工厂制造服务化模式创新的关键问题。

2. 数据和服务驱动的智能工厂运行与组织方式

在新兴信息技术环境下，以数据和服务驱动的工厂运行与组织方式是智能工厂制造生态系统的核心。依托于物联网/工业互联网的广泛应用，智能工厂中的人、数据、资源高度融合，产品的制造过程将得以全面优化。在数据和服务驱动下，智能工厂的架构如何变革，IoS 对智能工厂系统结构有何影响，以及智能生产如何自组织发展是研究智能工厂运行与组织方式的重要问题。

3. 互联环境下智能工厂服务管理方法

制造服务管理涵盖企业内部的设备、生产/装配线、车间、智能工厂乃至企业网络的服务协同配置、管理与优化，企业生态的供应链与价值链集合交叉、相互作用，导致制造服务需求呈现不确定性和随机性，用户需求动态易变，制造资源异质复杂，服务质量与评价标准多样。因此，需要研究智能工厂服务协同配置、管理与优化方法，从而在有限服务资源下最大限度地响应服务需求，自适应地提供匹配的制造服务。

2.5　本章小结

　　本章从智能工厂的运营管理出发，首先阐述了制造业运营管理的基本概念，并分析了智能工厂运营管理的自学习、自适应和自组织的新特征（2.1 节）；其次从传统方法、新兴技术和支撑系统三个角度综述了智能工厂运营管理的使能技术（2.2 节）；再次，紧密结合高端装备制造行业典型特征，归纳总结了其智能工厂运营管理在智能工厂建模理论与方法、知识管理、计划调度与优化以及运维服务管理四个方面的发展特征，对应智能工厂运营管理的四大要素，提出了高端装备制造智能工厂运营优化体系架构（2.3 节）；最后对体系架构中的四个关键要素中的核心问题进行了简要阐述（2.4 节）。本书第 3～6 章分别针对上述四个关键要素展开讨论，详细叙述其实现思路与方法，第 7 章以某航空发动机制造企业为案例背景，开展本书高端装备制造智能工厂运营优化体系与方法的综合验证。

参 考 文 献

[1] 朱桂平. 生产运营管理. 杭州：浙江大学出版社，2014.

[2] Haken H. Synergetics：An Introduction Nonequilibrium Phase Transitions and Self-Organization in Physics，Chemistry，and Biology. New York：Springer-Verlag Berlin Heidelberg，III，1983：191.

[3] Kannengiesser U，Müller H. Towards agent-based smart factories：a subject-oriented modeling approach. 2013 IEEE/WIC/ACM International Joint Conferences on Web Intelligence（WI）and Intelligent Agent Technologies （IAT），2013.

[4] Krückhans B，Meier H，Bakir D. Benefit of integrated agent-based simulation in smart factories to reduce resource consumption of interlinked production lines. The 24th International Conference on Flexible Automation & Intelligent Manufacturing，2014.

[5] 吕赛. 基于复杂适应性系统的众包翻译平台的模型与仿真. 计算机系统应用，2015，24（2）：7-13.

[6] Ryu K，Son Y，Jung M. Modeling and specifications of dynamic agents in fractal manufacturing systems. Computers in Industry，2003，52（2）：161-182.

[7] Robert I，Ang L. Application of data analytics for product design：sentiment analysis of online product reviews. CIRP Journal of Manufacturing Science and Technology，2018，23：128-144.

[8] Wang J，Jie Z，Wang X. Bilateral LSTM：a two-dimensional long short-term memory model with multiply memory units for short-term cycle time forecasting in re-entrant manufacturing systems.

IEEE Transactions on Industrial Informatics，2018，14（2）：748-758.

[9] Rokach L，Maimon O. Data mining for improving the quality of manufacturing：a feature set decomposition approach. Journal of Intelligent Manufacturing，2006，17（3）：285-299.

[10] 张晗，杜朝辉，方作为，等. 基于稀疏分解理论的航空发动机轴承故障诊断. 机械工程学报，2015，（1）：97-105.

[11] Liu C，Jiang P Y. A cyber-physical system architecture in shop floor for intelligent manufacturing. Procedia CIRP，2016，56：372-377.

[12] Chen J H，Yang J Z. CPS modeling of CNC machine tool work processes using an instruction-domain based approach. Engineering，2015，1（2）：247-260.

[13] 工业和信息化部电信研究院. 移动互联网白皮书（2011年）. 2011.

[14] 吴吉义，李文娟，黄剑平，等. 移动互联网研究综述. 中国科学：信息科学，2015，45（1）：45-69.

[15] 工业和信息化部电信研究院. 物联网白皮书（2011年）.2011.

[16] 孙其博，刘杰，黎羴，等. 物联网：概念、架构与关键技术研究综述. 北京邮电大学学报，2010，33（3）：1-9

[17] 张晶，徐鼎，刘旭，等. 物联网与智能制造. 北京：化学工业出版社，2019.

[18] 邹蕾，张先锋. 人工智能及其发展应用. 信息网络安全，2012，（2）：11-13.

[19] 厉俊. "人工智能+制造"的机遇与挑战. 张江科技评论，2019，（4）：12-15.

[20] 李伯虎，张霖，王时龙，等. 云制造——面向服务的网络化制造新模式. 计算机集成制造系统，2010，16（1）：1-7，16.

[21] 杨青峰. 云计算时代关键技术预测与战略选择. 中国科学院院刊，2015，30（2）：148-161，169.

[22] 李伯虎. 云制造——制造领域中的云计算. 中国制造业信息化，2011，（5）：24-26.

[23] Lin T Y，Yang C，Zhuang C，et al. Multi-centric management and optimized allocation of manufacturing resource and capability in cloud manufacturing system. Proceedings of the Institution of Mechanical Engineers，2018，231（12）：2159-2172.

[24] Cheng Z，Zhan D，Zhao X，et al. Multitask oriented virtual resource integration and optimal scheduling in cloud manufacturing. Journal of Applied Mathematics，2014，（7）：369-350.

[25] Zhou J，Yao X. A hybrid artificial bee colony algorithm for optimal selection of QoS-based cloud manufacturing service composition. The International Journal of Advanced Manufacturing Technology，2017，88：3371-3387.

[26] 陶飞，刘蔚然，刘检华，等. 数字孪生及其应用探索. 计算机集成制造系统，2018，24（1）：1-18.

[27] Grieves M W. Product lifecycle management：the new paradigm for enterprises. International Journal of Product Development，2005，2：71-84.

[28] Grieves M W. Virtually Perfect：Driving Innovative and Lean Products Through Product Lifecycle Management. Florida：Space Coast Press，2011.

[29] Piascik R，Vickers J，Lowry D，et al. Technology Area 12：Materials，Structures，Mechanical

Systems，and Manufacturing Road Map. Washington D C：NASA Office of Chief Technologist，2010.

[30] 陶飞，张萌，程江峰，等. 数字孪生车间———一种未来车间运行新模式. 计算机集成制造系统，2017, 23（1）: 1-9.

[31] Tao F，Zhang M. Digital twin shop-floor：a new shop-floor paradigm towards smart manufacturing. IEEE Access，2017，5：20418-20427.

[32] 于勇，范胜廷，彭关伟，等. 数字孪生模型在产品构型管理中应用探讨. 航空制造技术，2017，（7）: 41-45.

[33] Zhang H，Liu Q，Chen X，et al. A digital twin-based approach for designing and multi-objective optimization of hollow gllas production line. IEEE Access，2017，5：26901-26911.

[34] Wang J Q，Fan G Q，Yan F Y，et al. Research on initiative scheduling mode for a physical internet-based manufacturing system. International Journal of Advanced Manufacturing Technology，2016，84（1）: 47-58.

[35] Zhang Y F，Qian C，Lv J X，et al. Agent and cyber-physical system based self-organizing and self-adaptive intelligent shop floor. IEEE Transactions on Industrial Informatics，2017，13（2）: 737-747.

[36] Qu T，Pan Y H，Liu X，et al. IoT-based real-time production logistics synchronization mechanism and method toward customer order dynamics. Transactions of the Institute of Measurement and Control，2017，39（4）: 429-445.

[37] 屈挺，张凯，罗浩，等. 物联网驱动的"生产–物流"动态联动机制、系统及案例. 机械工程学报，2015，51（20）: 36-44.

[38] 李伯虎，张霖，王时龙，等. 云制造———面向服务的网络化制造新模式. 计算机集成制造系统，2010，16（1）: 1-7.

[39] 姚锡凡，金鸿，徐川，等. 云制造资源的虚拟化与服务化. 华南理工大学学报（自然科学版），2013，41（3）: 1-7.

[40] Chen D，Ducq Y. A Methodology for Manufacturing Servitization Engineering. 2015 International Conference on Service Science（ICSS），2015.

[41] Liu N，Li X，Shen W. Multi-granularity resource virtualization and sharing strategies in cloud manufacturing. Journal of Network and Computer Applications，2014，46：72-82.

[42] Liu N，Li X. A resource virtualization mechanism for cloud manufacturing systems. International IFIP Working Conference on Enterprise Interoperability，2012.

[43] Wei C，Zhang C，Song T，et al. A cloud manufacturing service management model and its implementation. 2013 International Conference on Service Sciences（ICSS），2013.

[44] 刘宏银. 基于云平台的工业仪表监测系统的研究. 合肥: 合肥工业大学，2016.

[45] 马晓丽，张晓蕾，陈珊. 基于云平台的智能电网管理系统分析和设计. 电源技术，2016，40（9）: 1869-1870.

[46] 杨维明，刘爱军，齐建军，等. 工业云平台的建设与应用实践. 中华纸业，2013，（20）: 11-17.

第3章 面向高端装备制造智能工厂的建模理论与方法

工厂是制造过程的一个核心，是制造信息流、物料流、能源流等在多尺度生产系统下相互交织、复杂关联的地方，是一个实时反映制造各个业务环节和数据的节点。工厂包含了不同层级、不同尺度的生产组织管理对象，其各自的边界不断变化且趋于融合，蕴含了大量的信息化单元技术和制造使能技术，是典型的多层次、多维度的开放复杂巨系统。

与传统的制造系统相比，智能工厂基于互联网和大数据环境，是新一代信息技术在工业领域的全面渗透，系统中的物理资源与虚拟资源相互渗透和融合，在不同尺度的制造单元上进行重构与优化，工厂的内涵和外延都发生了拓展和演化。此外，高端装备的制造过程复杂，其生产运营涉及大量跨领域、跨行业、跨区域的制造资源及其组织与管理问题，导致智能工厂的模型复杂，优化困难，需要在理论和方法上加以突破。因此，面向高端装备制造的智能工厂建模和分析研究需要以传统的系统分析方法为基础并结合互联网和大数据等新兴信息技术，从满足新兴制造需求的角度出发开展相关的研究工作。

3.1 制造企业与智能工厂建模体系框架分析

3.1.1 典型制造系统体系框架与建模方法

第三次工业革命带来信息技术的飞速发展，为了深入了解工厂中各生产要素的变化规律，研究者从企业生产活动的组织与管理角度出发，提出计算机集成制造系统（computer-integrated manufacturing system，CIMS），将信息技术、现代管理技术和制造技术相结合，并应用于企业产品全生命周期（从市场需求分析到最终报废处理）的各个阶段，通过信息集成、过程优化及资源优化，实现物流、信息流、价值流的集成和优化运行，达到人（组织、管理）、经营和技术三要素的集成，以改善企业新产品开发的时间、质量、成本、服务、环境，从而提高企业的市场应变能力和竞争能力。以此为基础，进一步拓展提出了现代集成制造系统。以信息集成、过程集成以及企业集成为基本内涵的 CIMS 是现代智能制造体系的早期版本。为了实现制造企业物流、信息流和价值流的优化集成，研究者开展了大量的 CIMS 建模工作，提出许多经典的 CIMS 体系框架与建模方法。

计算机集成制造开放体系架构（CIM open system architecture，CIM-OSA）是由欧洲共同体组织研发的开放式、全面的、面向全生命周期的企业建模体系架构，包含系统生命周期（推导）、视图（生成）、通用性（具体化）三个维度[1]，如图 3.1 所示。通用性维描述了企业模型由一般到特殊的逐渐演变过程；生命周期维刻画了企业建模的不同阶段，从需求定义、设计说明到实施描述，都有适合其需要和特点的不同模块；视图维则包含功能、信息、资源、组织视图，分别描述了企业的事务能力、经营过程信息、使用的资产以及部门组织结构。CIM-OSA 具有完善的体系架构，特别是通用性维提升了参考模型的复用性，并且多维度、多视图的思想为后续的企业、工厂系统建模提供了借鉴，但由于缺乏完整的方法论来指导用户建模和实施，也未见投入市场运行的成熟软件，参考体系的推广受到极大限制。

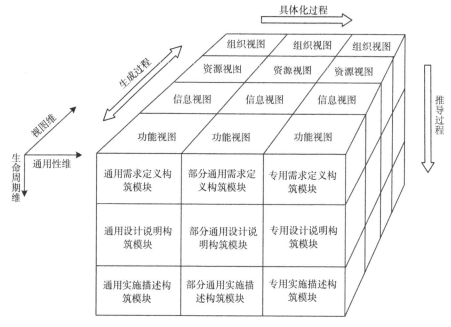

图 3.1　CIM-OSA 体系架构[2]

普渡企业参考体系架构（Purdue enterprise reference architecture，PERA）是由普渡大学的应用工业控制实验室于 20 世纪 90 年代初，在帮助企业实施 CIM 工程中提出的企业建模参考架构[3]。PERA 包含了从概念、定义、设计、构造与安装到运行的完整企业建模周期，根据不同阶段的特征划分系统任务为信息体系、制造体系和组织（人）体系，并清晰描述三者之间的联系。PERA 的一大特点是交叉生命周期维度和视图维度，在需求定义阶段建立功能视图，而在其他阶段建立实施视图，随着建模阶段的更替，功能视图演变为实施视图的信息、制造和组织系统。其另一大特点是将企业中人的描述只表达在实施视图中，清晰地划分了人、机器和计算机三者的职责，突出人在企业中的地位。但 PERA 只有文档化的方法论，建模的方法未形式化，在计算机上的可执行性比较差。

美国国家标准与技术研究院自动化制造研究中心（Automated Manufacturing Research Facility in National Institute of Standards and Technology，NIST-AMRF）在尝试解决 CIMS 中涉及的软硬件技术标准问题而提出了一套先进制造参考架构，其递阶结构中反馈信息自下而上地集成，命令自上而下地分解。NIST-AMRF-CIMS 体系结构被流程工业 CIMS 所广泛吸收，并演化为五层递阶系统。该系统由下至上分为控制、监控、调度、管理和决策层（图 3.2），清晰地描述了各层间模型和功能的联系与定位。尽管 CIMS 五层架构得到了广泛应用，但其实际应用系统的功能很难限定在特定的层级中，且层次较多给实施过程带来了困扰。

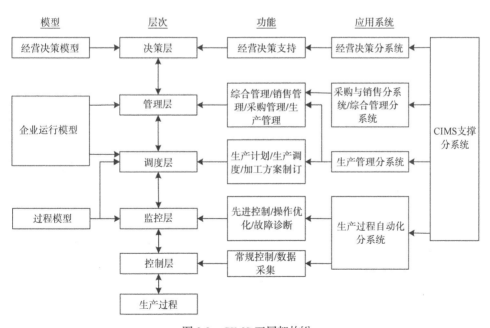

图 3.2　CIMS 五层架构[4]

　　1990 年，美国咨询调查公司 AMR（Advanced Manufacturing Research）首次提出 MES 的概念，并提出企业的三层体系结构，即计划层、执行层、控制层，分别以 ERP、MES、过程控制系统（process control system，PCS）为核心（图 3.3）[5]。控制层聚焦于参与生产过程的设备，以秒为单位监控设备的状态；执行层着眼于整个生产系统的管理，考虑生产过程的运营与平衡，以分钟或小时为单位跟踪产品的生产；计划层则关注资源、销售与服务、库存、生产计划等相关的企业活动，通常以日、周、月为单位。

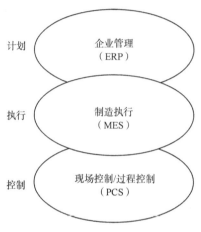

图 3.3　AMR 的三层体系结构[5]

　　对于 CIMS 等复杂系统的分析与设计研究，除了模型的框架建立外，建模方法也是其总体技术研究的重要内容。集成信息系统结构（architecture of integrated information system，ARIS）是由德国 A. W. Scheer 教授提出的面向过程的系统结构，如图 3.4 所示。它由一组可相互集成的标准软件工具来描述企业的结构、流程和应用系统，可对经营活动过程进行整体设计、分析与优化[6]。为降低模型的复杂度，企业模型被划分为数据、组织、功能、资源和控制五个视图。每个视图使用合适的方法来描述所含内容，同时又都通过需求定义、设计规格、系统描述三个阶段来逐步构建。控制视图用来描述其余四个视图的各元素及其相互关系，并在合适的流程中进行协调来维护数据的一致性。可见，ARIS 的建模方法打破了视图相互孤立的局面，有效地将企业描述为统一整体，并具有完善的方法论和成熟的软件支持，但其缺少通用性维度使得无法有效地积累和复用企业建模经验与知识。

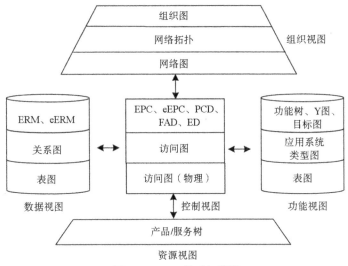

图 3.4　ARIS 体系架构[7]

ERM 即 entity relationship model，实体关系模型；eERM 即 extend entity relationship model，扩展实体关系模型；EPC 即
event-driven process chains，事件驱动过程链；eEPC 即 extend event-driven process chains，扩展事件驱动过程链；PCD 即
process chain diagram，过程链图；FAD 即 function allocation diagram，功能分配图；ED 即 event diagram，事件图

　　带有结果和相关活动的图表（graph with results and activities interrelated，GRAI）
是由法国波尔多第一大学提出的专门为生产系统决策开发的一种建模方法。经过
不断的模型完善，现已逐步发展为描述整个企业的建模方法，即 GRAI 集成建模
（GRAI integrated methodology，GIM），包含 GRAI 概念参考模型、建模框架、建模方
法和结构化方法[8]。GIM 体系结构分为面向用户和面向技术的两个框架（图 3.5）[9]，

图 3.5　GIM 体系架构[9]

对于面向用户的建模框架部分，视图包括了信息、决策、物理和功能视图；面向技术的建模框架部分，包括了用于描述组织、信息技术和制作技术的视图。GIM 的优势在于其良好的计算机系统集成原理以及开发了在企业集成领域有应用价值的工具，但其模型讨论、描述和实例研究未涵盖所有类型的企业。

　　受企业建模体系框架启发，针对复杂系统的多视图建模方法（图 3.6）逐渐被广泛用于不同类型、规模的制造系统分析和建模研究中。Hanxleden 等认为，多视图建模是指系统设计师利用独特且相互独立的模型来构建或模拟同一系统的不同方面，即用不同的建模语言从系统不同的视角出发去搭建和完善整个系统[10]。乔非等借鉴 ARIS 建模架构提出一个多视图的钢铁企业能耗模型体系结构，能够清晰地描述能源系统的组织、过程和能源等信息，并支持能耗分析和优化[11]。该体系结构是一组结构化的模型与方法集合，包括数据视图、工序视图和分厂视图的形式化表示，工序视图和分厂视图结构的多层次以及多视图的关联和一致性分析方法。Shah 等提出一个模型集成框架来解决嵌入式系统工程中多视图建模相关的一些问题，多视图建模涉及用多种方式描述一个具体系统，如结构视图、行为视图、需求视图等[12]。Persson 等提出了描述基于模型的多视图系统方法。该描述方法包括了语义联系（内容）、时间推移联系（过程）和操作指导（操作），这些描述方法是为了更好地理解、设计和实现多视图系统[13]。Chang 等的研究将多视图建模和网络建模结合起来，多视图建模为决策者提供系统的全面展示，而网络建模来揭示系统间一些隐藏的联系[14]。在多视图建模方法研究中，多个独立视图间的信息同步、视图信息与实际系统信息的一致性以及视图的生成方法和复用等问题还需深入探讨。

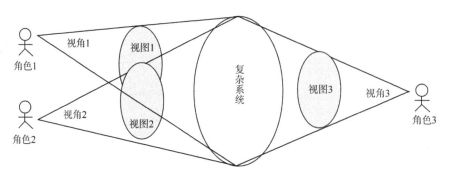

图 3.6　复杂系统的多视图[15]

　　综合来看，在信息技术相对不发达时期，数据处理和融合、网络互联技术不先进，无法建立精确的计算机模型来描述复杂系统。但传统企业模型架构的多维度、多视图建模方法为后续的制造系统建模提供了很好的借鉴。

3.1.2　智能制造模式下的制造系统参考架构

近十几年来，信息、网络、传感器技术的相互推动与发展为制造业提供技术支撑的同时也掀起了新一轮发展浪潮。智能制造不仅强调生产过程的自主、智能化，也包含设计、生产、维护、销售的协同。在集成了信息技术、工业技术和人类创造力的同时，新的制造模式改变着产品创新、设计、生产、运输和销售的模型与流程。信息系统方面，企业的业务流程与底层生产系统之间的联系不断集成与加强。制造的协作打破传统企业间的业务布局，使业务联系更为复杂。而智能工厂是智能制造模式的载体，因此其模型框架自然不同于以往的企业或工厂体系架构。

再有，标准化已是现代工业运行过程中的关键活动。基于标准，企业能更加容易、稳定地实施新的技术，并提高制造系统的可靠性，共同构建支持智能制造可持续发展的环境[16]。因此，各个制造大国主导的标准化组织均提出其智能制造标准化路线图，如美国国家标准与技术研究院（National Institute of Standards and Technology，NIST）发布的《智能制造系统现行标准体系》、德国政府与多个协会联合发布的德国《工业 4.0 标准化路线图》以及中国工业和信息化部及国家标准化管理委员会发布的《国家智能制造标准体系建设指南》。

1. 智能制造生态系统

基于协同制造管理模型和企业控制系统集成的层次模型，NIST 提出了一个智能制造生态系统架构（图 3.7），将制造生态划分为生产、产品、业务三个维度，每个维度具有独立的生命周期。生产维度考虑在生产系统全周期管理过程中所包含的模型维护和数据管理；产品维度包含了产品建模、仿真、质量管理到数据管控等活动；业务维度主要体现的是与供应商、客户和生产活动相关的 SCM 活动。最后，三个维度独立的生命周期过程在生态系统的核心，即制造金字塔，汇集和交互。模型强调，不同维度上制造软件的集成，将有助于车间层的先进控制，以及工厂和企业层的优化决策。

2. 工业 4.0 参考架构

工业 4.0 参考体系架构通过系统级别、生命周期和价值流、活动层次三个维度来定义工业 4.0 下的智能制造系统，如图 3.8 所示。活动层次维度是体现 CPS 的一些核心内容，资产、集成、通信层分别指生产系统的实体单元（物料、人、设备等）、物理信息交互介质（传感器、控制器等）、通信网络，而信息、功能、商业层则分别指数据分析和决策、集成的应用和服务、商业活动；生命周期和价

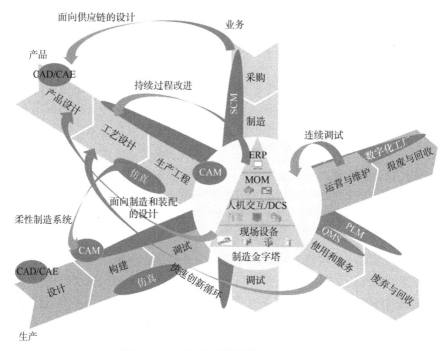

图 3.7　NIST 提出的智能制造生态系统[17]

CAM 即 computer aided manufacturing，计算机辅助制造；CAE 即 computer aided engineering，计算机辅助工程；
MOM 即 manufacturing operation management，制造运营管理；DCS 即 distributed control system，分布式控制系统；
QMS 即 quality management system，质量管理体系

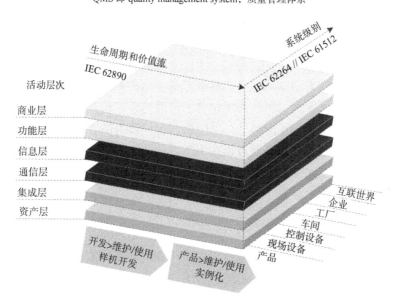

图 3.8　工业 4.0 参考架构[18]

值流维度描述典型工业要素从虚拟类别设计、实例生产到维护的全生命周期过程；系统级别维度则基于企业系统集成的层级描述标准（IEC 62264）抽取出现场设备、控制设备、车间、工厂、企业等不同粒度的系统对象，又补充了产品和互联世界，满足工业 4.0 针对产品服务和企业协同的要求。

　　智能工厂被视为实现工业 4.0 参考架构的最小单元。其中，所有制造单元都包含嵌入式设备或子系统，通过大量部署的各类传感元件实现信息的大规模采集制造单元具有信息采集、自组织的计算和通信功能，采用自动化技术实现单元间的集成。被制造的产品具有制造过程中各阶段所必需的全部信息（标识、位置、状态、路线）；互联制造单元能够自组织生产，可根据订单情况灵活定制生产步骤。

3. 中国智能制造标准体系

　　为了更好地实现"中国制造 2025"战略，重点解决当前推进智能制造工作中遇到的数据集成、互联互通等基础瓶颈问题，我国智能制造标准化总体组将智能制造系统划分为产品生命周期、系统层级和智能特征三个维度，如图 3.9 所示。系统层级自下而上分为设备层、单元层、车间层、企业层和协同层，相对于工业 4.0 参考架构系统级别维度做了简化。智能特征体现了智能制造系统智能要素，突出了各个层级的数据集成、信息集成、系统集成。生命周期维度直接关注 PLM 过程，包含一系列相互连接的价值创造活动的集成，不同行业有不同的生命周期。

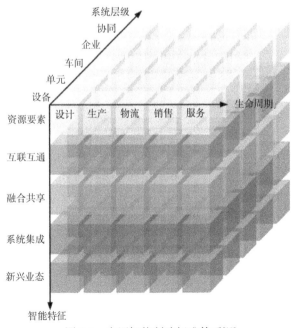

图 3.9　中国智能制造标准体系[19]

3.1.3　基于 CPS 的智能工厂建模方法

1. CPS 概念模型

新兴信息技术快速发展和变革不断催生出新制造模式，新制造模式的产生对应着制造系统的体系结构升级与生产能力的优化。智能工厂的建模工作除了要基于智能制造参考模型体系指导制造系统的架构设计，还要以 CPS 模型为基础来构建智能工厂模型，再结合工业互联网、云计算和人工智能等先进信息技术来使能和支撑智能制造过程。

嵌入式计算、物联网、大数据分析技术在工业领域不断渗透，这为促进制造系统的计算单元与物理对象的高度融合提供了更多可能。CPS 是一种将感知、计算和通信能力深度嵌入实际物理过程，并具有实时分析、科学决策、精准执行特性的智能系统，如图 3.10 所示。具体来看，大量包含在物理空间中的隐性数据经过状态感知被转化为显性数据，进而在信息空间中被计算分析转化为有价值的信息。推理与学习引擎先将信息集成，再结合实际制造环境与领域知识经过运算产生智能的决策。最后的精确执行将优化后的决策作用到物理空间中，形成数据的闭环流转。Shin 等提出一种具有自我管理能力的车间 CPS 模型，利用生产数据和支持向量机方法预测车间异常情况，并触发任务重配置来实现柔性和敏捷制造的能力[20]。Adamson 等构建了一种基于特征的分布式制造资源控制模型[21]，模型融合 CPS 的自适应能力，以制造任务为驱动，依据产品的加工特征与制造资源的生产能力来优化分布式制造设备的控制。Zhang 等[22]提出了一种由智能设备构建的具有自组织和自适应能力的车间 CPS，其自组织特性体现在智能设

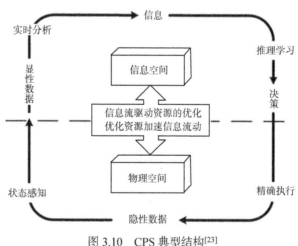

图 3.10　CPS 典型结构[23]

备可根据实时状态优化制造资源与制造任务的匹配，自适应特性体现在智能设备可实时监控生产流程并自主应对异常情况。

2. 机理与数据双驱动的 CPS 建模方法

（1）机理驱动的系统建模方法。机理模型也称白箱模型，它是根据现实世界中物理实体和过程的内部机制、物质流的传递机理建立起来的精确数学模型，如基于质量平衡方程、能量平衡方程、动量平衡方程、相平衡方程、某些物性方程、化学反应定律、电路基本定律等而获得的数学模型。机理分析对现实对象的认识来源有两个方面，一是与问题相关的物理、化学、经济等方面的知识；二是通过数据和现象的分析对事物内在规律做出猜想（模型假设）。机理驱动方法立足于揭示事物内在规律，根据对现实对象特性的认识，充分分析其因果关系，找出反映内部机理的规律。因此，机理驱动的建模过程是指从过程机理研究出发，遵循生产过程中的科学规律，建立关键变量与其他可测变量的数学方程或者数学模型的方法[24]。

机理模型的参数具有非常明确的物理意义，易于理解和调整，因此这种建模方法可以清楚地展示系统的内在结构和联系。然而，机理模型不可避免地存在一些缺点，如建模难度大、周期长、限制条件多等。具体表现在：①机理模型参数难以获取、建模限制比较多，一般是针对具体的研究对象开发，通用性比较差；②对于某些研究对象和过程，科学家还难以写出表征其特性或本质的数学表达式，机理模型的应用范围受限。

（2）数据驱动的系统建模方法。很多情况下，系统内部结构和性质并不清楚，无法从机理分析中得到系统的规律，但存在若干可采集、表征系统规律、描述系统状态的数据。通过对系统采集的大量观测数据运用模式学习和统计学等理论进行充分分析，建立系统输入变量、可观察变量以及预期输出变量之间的模型，即以数据为基础去发现系统模型，这种方法就称为数据驱动建模。生产过程中的数据驱动建模主要是为了从制造系统产生的大数据中智能提取有价值的决策信息并建立决策模型，再利用这些数据对模型的性能进行评估。数据驱动建模方法有很多，如回归分析建模、人工神经网络建模和支持向量机建模等方法。

回归分析是以概率论为基础，通过对客观现象中部分资料的观察、搜集和整理分析，根据样本推断总体、从具体到一般的归纳方法。

人工神经网络从仿生学角度对人脑的神经系统进行模拟，以简单非线性神经元为基本处理单元，通过广泛连接构成大规模分布式并行处理的非线性系统，来实现人脑所具有的感知、学习和推理等智能行为。采用神经网络进行建模通常有两种形式：一种是利用神经网络直接建模来描述辅助变量和主导变量的关系，完成由可测信息空间到主导变量的映射；另一种是与动态参数模型相结合，用神经网络来拟合系统模型所含动态参数的非线性。

支持向量机以统计学习理论中的结构风险最小化为准则，在最小化样本点误差的同时缩小模型泛化误差的上界，提高算法的泛化能力。此外，支持向量机方法将机器学习问题转化为一个二次规划问题，因此能够得到全局最优解，再结合核函数技巧提升模型的非线性拟合能力，进一步扩展了系统模型的实用性。

与机理驱动建模方法相比，数据驱动建模将系统看作黑箱，不分析其内部机理，根据研究对象中的输入、输出数据之间的相互关系直接建模，因此其在线校正能力强，并能适用于高度非线性和严重不确定系统，从而为解决复杂系统过程参数的建模问题提供了一条有效途径。数据驱动的方法非常依赖系统历史数据，数据的品质、数量以及时效性都直接决定着方法的有效性，然而在实际生产情况下大量的历史或操作数据无法被有效或实时采集。

（3）机理和数据双驱动建模方法。综合来看，机理驱动方法虽然具有精确度高、适应性强等优点，但是也存在诸多限制条件，如充分可靠的先验知识、大量的实际经验、对生产过程机理的深刻认识等，在面对复杂非线性过程时建模难度极大，从而导致在实际生产活动中模型的开发周期较长。数据驱动方法仅依赖样本数据，需要在极少量先验知识的前提下能够较好地拟合复杂过程中的非线性特性，但因为样本数据对特征的覆盖区域有限而降低了方法的准确度，扩大样本数据集的范围又会导致模型复杂且求解难度增加。因此，双驱动建模方法的出现是尝试解决上述多个问题的一种有效途径。机理和数据驱动融合的建模方法具有以下三个优点：可以将独立的预测方法取长补短；预测的准确性极大提高；降低计算复杂度及成本。机理和数据双驱动建模融合方式一般被分成两大类，分别是数据辅助机理建模和机理辅助数据建模。

数据辅助机理建模是指在机理建模的基础上，利用数据驱动方法对模型中的参数进行优化。杨思先根据动力学原理建立车辆-轨道动力学模型，再利用实际测得的参数数据和仿真模型中的参数数据的误差对模型参数进行优化调整，优化算法选择最小二乘法以及遗传算法[25]。实验证明，该方法具有更高的精确性和泛化能力，为实际的生产过程提供了指导。Ma 等提出了一种基于机理数据双驱动的电池健康状态诊断模型[26]。首先基于半细胞机理模型建立电池状态健康诊断模型，以定量方式研究衰老机制和可能的容量衰减属性；然后使用粒子群优化算法对电池模型进行参数优化。该方法的可靠性和稳健性已经由相关的实验进行了验证和评估。

机理辅助数据建模方法是指先基于系统可采集数据建立参数拟合模型，然后参考专业领域中的机理来对模型中的参数进行优化。Liu 等首先利用数据模型从历史数据中学习系统退化模式，以便预测系统的未来状态；然后参考退化机理来矫正数据驱动模型中的参数[27]。与传统数据驱动模型相比，机理和数据双驱动模型明显具有更好的预测精度。

（4）机理、数据双驱动的 CPS 建模研究。CPS 是一种原始数据处理和应用技术驱动的物理实体与信息模型同步优化的系统模型。在结合应用领域背景以及基于实际物理系统数据构建 CPS 模型时,海量生产数据的应用模式以及信息模型的构建方法需要被重点考虑。以数据分析为基石,但同时还需要结合机理建模方法将领域知识和专家经验融入建模过程中,一方面提升数据分析与处理的效率来保证 CPS 模型的实用性,另一方面结合数据建模技术将原本无法用数学形式表示的领域知识转为用数据(信息)模型来表示,促进 CPS 模型在包含多类型复杂过程的工业环境中得到应用。杨帆等提出了一种基于数据驱动的 CPS 模型构建方法[28]。首先在生产环境中部署传感器、网络等从而采集一些原始的离散数据,将这些数据的关联对象分类并提取出相关的特征向量,然后通过数据处理的分组方法从离散数据出发建立系统的连续模型,主要步骤是回归计算、替代计算和校验计算,再采用反馈控制的方式不断调整离散数据在连续模型之上的误差。张琪等提出了一种基于数据驱动的专家知识资源建模方法[29],首先通过对业务需求进行解析来确定专家资源的维度,然后依托网络数据资源构建基于规则抽取、数据检索及数据挖掘技术的专家知识资源模型。

3. 基于 CPS 的智能工厂使能技术

以 CPS 模型为参考构建智能工厂还需要更多智能制造技术的支撑。首先,传统工厂网络架构下物理空间中的生产资源与现场总线网络直接相连,而与企业或工厂信息系统中的生产管理模块间存在网络模式的差异以及多层级的连接通路。因此,工厂网络架构的升级是更好实现信息空间与物理空间融合的首要技术支撑。其次,智能制造过程考虑积极应对动态变化的市场需求并尝试实现跨地域和跨组织的协同生产,目的是最大幅度提升制造资源的利用率。在互联网环境中,CPS 中的信息模型是物理制造资源的同步映射,即虚拟制造资源。因此,合适的制造资源虚拟以及封装方法是传统制造模式转向智能协作制造模式的关键技术支撑。

随着制造业从数字化阶段向网络化阶段加速迈进,工业互联网的应用在全世界范围内迅速兴起。工业互联网是一种开放的、全球化的网络,最早来源于通过对现场设备的网络连接实现各类数据收集的工业控制网络,现在它不仅能满足车间级、工厂级运营技术网络在各种应用场景下的带宽、时延、稳定性、开放性和互操作性等差异化需求,还支持与工厂信息技术网络中 SCM、ERP、MES 等企业应用的互联。Li 等提出一种五层工业互联网架构[30],结合多种传统现场总线以及新兴通信标准完善工业互联网体系设计,在智能工厂各组件间建立可靠、有效的信息连接。系统中智能的工业网络和传感组件支持高效地从物理空间的实时数据采集和在网络空间的反馈传输,云计算、工业大数据的智能数据融合和分析组件能够支持工厂的智能决策过程。Taratukhin 和 Yadgarova 认为制造系统采用传统的集中式、层次化结构无法适应不断增加的生产复杂度和快速变化的市场需求,难以实现柔性与敏捷制造模式,因而提出一种结合 MAS 和 SOA 技术的去中心化模型[31]。以工业互联网为技术支撑,该模型构建的自适应 MAS 可被看作松耦合的自治体网络,在制造体系中自然地呈现分布式、独立多任务的生产与加工模式。

云制造是一种基于网络和面向服务的新型智能制造模式,它融合发展了云计算、物联网等新兴信息技术。企业先将包括制造硬件、软件、知识等在内的各类制造资源集成并虚拟,然后搭建制造资源云池,实现制造资源的统一、集中优化管理和经营,最后封装制造资源为制造服务。制造云平台负责服务–需求匹配、服务订单跟踪与服务交易等,企业因此可提供按需获取、低成本高质量的各类制造活动。传统的制造模式以生产业务流程为核心,与之关联的生产设备与数据跟随生产业务的变化而变化。如今,智能制造强调制造过程应以生产数据为驱动。而制造资源是工业大数据的生产者,同时也是云制造模式的核心。可见,云制造将彻底改变制造企业的生产、运维、交易方式。Li 等在研究云制造内涵时认为制造资源和能力的虚拟化、智能化、服务化是其典型特征,并提出单个物理制造资源和能力可以分解为多个相互隔离的虚拟资源,多个物理制造资源和能力也可以组合为规模更大的虚拟资源[32]。在需要时可实现制造资源和能力的实时、智能调度。Xie 等考虑云制造数据的动态性和分布数据资源的集成与共享问题,提出将制造资源用细粒度语义键值对来表示,智能的语义匹配算法可实现分布且孤立的制造服务自主集成[33];Lin 等提出一种多中心的云制造全局优化模型,模型使得制造资源的应用更为均衡且协作制造成本大大降低[34]。

3.2　基于分形思想的多粒度（多尺度）智能工厂模型体系

3.2.1　智能分形工厂体系架构概览

1. 分形理论与制造系统中的分形组织

"分形"概念最早是由数学家曼德尔布罗于 1973 年在研究"英国海岸线长度问题"时首次提出。随后,研究者不断深入地分析分形的内在特性。自相似性是分形的核心,即从整体中割裂出的局部所包含的细节并不比整体的少。分形中嵌套或递归的机制使分形体在形成过程中既保证相似性又产生变化无穷的层级结构。在制造业领域中,日益突现的动态、复杂、非线性特性给企业建模的研究造成了困扰。1992 年,Warnecke 率先提出分形公司概念[35],他认为分形公司由企业不同层级间动态、开放、有自主权限的分形元构成。在不关注具体的业务内容时,各分形元在结构组织、信息和物料流动管控方法上都具有一定的相似性。

Shin 等在研究工厂对环境的自适应和自优化能力时指出,分形组织按照分形体自相似模式的不同可分为功能驱动型和关系驱动型[36]。分形工厂是典型的功能驱动型组织，此类模型中分形结构划分与工厂内各部分功能划分对应，因此分形个体易于管理和维护。Pirani 等提出面向服务的车间机器人控制分形架构[37]。车间的传感器、执行器以及机电设备被虚拟化为分形服务单元，通过嵌套调用生产瓶颈分析算法并调整分形结构来直接降低车间的制造成本。与功能驱动的模式相比，以关系为驱动的分形组织更加关注不同分形层以及不同分形单元间的关系细节，在面对快速变化的外部环境时可结合不同的事务关系来灵活地调整分形结构。Bider 等提出一种以业务与资产关系类型为基础的企业分形结构[38]。该模型将"业务流程"与它们使用和管理的"资产"间关系分类并形成两种不同原型，在创建智能工厂的分形结构时交替使用原型使企业各组件间关系更加清晰。

综上，分形工厂的核心思想是系统的自相似性，但系统的组织过程以功能的分解为基础，即传统工厂在标准化、大批量的生产模式下是根据业务类型和流程来确定各层级制造单元的功能，长期以来系统的组织模式相对固定，难以应对动态变化的市场需求。与之相比，关系驱动型的自组织模式能够赋予复杂系统灵活的组织架构。往往低层级制造单元的功能相对单一，但通过采取不同的协作方式可以形成逐渐复杂和适用范围更广的制造能力。因此在构建智能工厂模型时，通过研究系统不同层次、不同区域制造单元间的协作关系来定义系统的分形模式，由此形成的分形组织更能满足智能制造过程对载体的需求。

2. MAS 理论与应用

MAS 技术的应用研究起源于 20 世纪 80 年代并在 90 年代中期获得了普遍的认可，是分布式复杂系统领域中的一个热点话题。智能体是处于特定环境下的具有计算能力的实体，其根据自身对环境的感知，按照已有的规则或与其他智能体进行沟通协作来自主地完成事务。通常单个智能体求解问题的能力十分有限，因此 MAS 将多个自治的智能体组织并协调来解决个体间的矛盾而追求群体利益的最大化。MAS 具有自主性、容错性、可扩展性以及协作能力等特性。结合上述理念，MAS 建模与仿真技术采用自底向上的建模方法，对系统个体特征和行为进行研究，利用智能体间的自治、推理、通信和协作机制实现系统的整体结构与功能。

目前，MAS 已经广泛应用于交通控制、生产制造、无人机控制等众多领域。基于 MAS 仿真技术的建模方法采用面向对象、自底向上的建模思路，显著降低模型的复杂性，因此更能适应灵活、多变的复杂系统分析研究。例如，Kannengiesser 和 Müller 利用 MAS 方法对智能工厂进行面向对象的建模并支持变化市场环境和工厂环境下的生产流程的动态配置[39]。Krückhans 等基于 MAS 开发了互联生产线的仿真模型，将真实工厂数据和设计数据进行比较，并设计了资源最优的控制循环[40]。为了简化 MAS 的内部结构和降低系统内部的通信量，吕赛在众包翻译平台中使用复杂适应性系统理论中的"主体"来模拟众包中各个角色，定义了主体的状态转换以及主体间行为和交互规则，初步构建了众包平台中的主体模型[41]。

3. 基于智能分形体的智能工厂模型架构

基于上述分形组织的构建方法以及 MAS 的建模思路来形成面向高端装备制造过程的智能工厂模型。模型由不同尺度的制造单元组成——制造设备、生产线、车间、工厂。借鉴分形工厂模型的自相似特性，智能工厂由分布在企业各层级的智能制造单元依照特定的分形关系组织而成。智能制造单元是制造系统中动态、开放、自主控制、具有信息处理和生产业务执行功能的智能分形体。因此，以分形思想为指导，先提取不同尺度制造单元在信息、物理空间的相似特征并抽象出统一的模型结构来定义动态、自主的分形体，继而参照 CPS 体系架构，以数据驱动的信息模型与物理资源的融合方法实现分形体的智能化运行，完成对不同尺度制造资源的有效封装与集成。智能制造单元能够独立优化生产业务执行，但复杂多变的制造任务与流程需要智能制造单元相互协作。因此，智能制造单元经过对生产需求进行实时分析，构建多粒度制造服务间的映射、调用关系，并作为智能工厂的分形模式来构造动态分形体系。分形系统基于多元的服务活动和智能的生产活动，一方面为客户提供按需定制高端装备产品的平台，另一方面为制造企业综合管理制造流程提供方法。最终，形成由多粒度智能分形体构成的 CPS 体系架构，如图 3.11 所示。

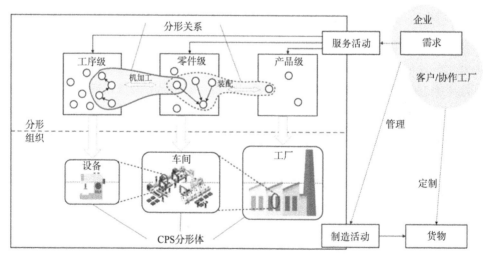

图 3.11　分形组织模式下的智能工厂 CPS 架构

3.2.2　基于 CPS 的智能分形体多视图模型

1. 智能制造活动中关键信息要素分析

不同层次的智能制造单元都是数据、资源和服务等多种信息要素的有机结合体。在构建智能分形体模型时，考虑借鉴传统企业信息集成模型中常用的多视图研究方法，其中包含对系统中关键要素视图的定义以及各视图之间的信息关联描述。因此，有必要对面向高端装备生产的智能制造体系进行关键信息要素的提取。

功能、信息、资源视图是企业传统信息集成框架中共有的视图模块，分别被用来描述制造单元的业务能力、运营信息和所使用资产。然而，智能制造模式在经济全球化的背景下被提出并大量研究后，制造企业的管理者越来越关注新兴信息要素对智能制造过程的影响。

首先，随着先进传感器技术和数字化建模技术在制造过程中的不断渗透，大量的分布、异构工业数据需要在生产系统中被采集、分析和应用。其次，丰富的跨学科知识是复杂产品（如航空发动机）设计、生产甚至维护过程的重要支撑。智能工厂若缺少对关键制造机理和技术的掌握将无法制造出高质量的产品。再次，新经济发展环境下商业活动往往由市场需求来引导，产品需求的复杂化和随机动态的特性推动制造企业逐渐经历从面向生产到面向服务的制造模式转变过程，因此制造资源以及制造能力的虚拟化、服务化技术在企业提升生产效率和资源利用率方面尤为重要。最后，CPS 的关键环节包含科学决策的结果被有效执行并作用在物理空间中，一方面信息模型能够对物理实体精准控制，另一方面体现对流程的精准控制，即不同类型的制造任务应当在智能工厂体系中被快速、准确地部署。

综上，在参与高端装备生产活动的不同尺度制造单元中，数据、知识、资源、控制、功能以及服务类型信息的建模是智能工厂构建的重要基石。

2. 智能分形体的定义

借鉴 CPS 模型的特征，智能分形体被定义为由物理空间中的制造资源实体、信息空间中的信息模型以及连接两者的工业互联网构成，如图 3.12 所示。物理实体对应制造系统中的不同粒度物理制造资源，如发动机生产工厂、油缸加工车间、卧式数控机床或者运输零件的自动引导小车（automated guided vehicle，AGV）等。除了具有制造能力的资源本体外，物理实体还包含嵌入式传感器、计算单元、数据库以及设备。工业互联网环境中分布着大量用于现场数据快速中转的路由器。这些数据传输设备一端连接物理资源，一端与软件服务器通信。所有智能分形体的信息模型、云制造服务平台等都运行在软件服务器中，并与工业互联网络连接。信息模型的运行具有 CPS 的自优化能力，基于先进数据分析和应用技术实现信息流的优化，带动实际生产过程中物料流的优化。不同粒度的制造资源通过封装转变为独立的、自适应的智能分形体，其信息模型与物理实体间不断地"数据–行为"交互提升了不同粒度制造单元的制造能力。

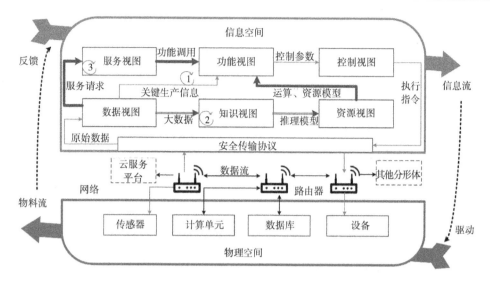

图 3.12　智能分形体的 CPS 特性与多视图结构

此外，综合上述关键生产要素的分析，将智能分形体的信息模型定义为功能视图、控制视图、资源视图、数据视图、知识视图和服务视图，通过特定的信息流关联而相互耦合。根据智能制造模式对现有生产过程以及生产设备的优化可将信息流分为自适应、自学习以及自组织三类。

自适应信息流（图 3.12 中 1）体现 CPS 模型中数据驱动的信息空间与物理空间的相互融合过程。嵌入式传感器与计算单元可实时采集生产过程或加工设备的状态以及运营数据，经由广泛分布在车间物联网和互联网中的路由器传送至智能分形体的信息模型中。数据视图快速地从原始数据中提取关键信息。功能视图依据生产任务从资源视图中提取对应的运算模型，模型基于实时生产信息计算并输出最佳控制参数。控制视图接收调整后的控制参数并传入制造资源的控制模型中，输出执行指令至物理空间的设备。因此，物理空间中的生产任务执行过程在经过运行策略的调整后逐渐高效，实现闭环的生产流程控制。

自学习信息流（图 3.12 中 2）基于自适应流程，目的是使智能制造单元具备不断完善科学决策的能力，进一步提升执行生产任务的效率。基于原始生产数据，数据视图实时提取关键信息，并同步进行数据清洗、数据包装以及数据融合，形成历史数据集。当数据集规模形成后，知识视图以此为基础挖掘生产过程中不同信息间的关联关系，对已知的制造机理、经验进行形式化描述，并对未知的制造知识进行知识发现。最后，资源视图负责将可推理的知识模型与生产任务运算模型绑定，实现基于制造机理的策略辅助优化。

自组织信息流（图 3.12 中 3）描述在制造服务驱动的生产流程组织模式中，智能分形体基于自适应以及自学习信息流，实现动态生产环境下的分布式智能制造资源的快速组织和配置。数据视图接收并解析网络中的制造服务请求,将生产需求数据传递至服务视图。服务视图分析生产需求后从服务池中匹配对应的一组功能集合。功能视图负责调用参与制造服务活动并提供特定制造能力的软件运算模型或硬件控制模型,执行并跟踪对应生产任务的运行。

智能分形体由多个要素视图相互耦合形成,而耦合联系的有效形成基于各要素视图中对生产要素在各制造环节中运行和作用机制的合理定义。此外,智能分形体是生存在计算机网络环境中具有独立决策、自主运行的开放个体,其数据安全性直接决定了复杂系统能否有效运行。安全传输协议一方面规定分形体的数据加密方式,另一方面保证数据传输的时效性需求。近年来,工业互联网技术以及既能兼容互联网又能适用于工业环境的数据传输协议被广泛研究。例如,开放平台通信通用架构(open platform communications-unified architecture,OPC-UA)协议在传输数据时采取以可扩展标记语言(extensible markup language,XML)或JavaScript 对象表示法(Javascript object notation,JSON)为数据交换格式的 Web服务,还能提供强大的数据建模与数据加密的功能。

3. 智能制造活动关键要素视图的定义

(1)数据视图。数据视图(图 3.13 中数据视图部分)是驱动智能分形体信息模型运行的"能量"来源,体现智能分形体对数据的处理和应用过程,其中包含各类数据运算与处理工具,为其他生产要素提供关键信息提取、数据分析以及数据可视化的多种方法。例如,数据视图为功能视图提供关键生产信息,为知识视图提供大数据挖掘的基本工具,为服务视图提供对服务请求信息的接收方法。数据视图具体包含数据接收、数据分析、数据展示三部分内容。数据接收器体现制造单元对生产过程中多种来源的隐形数据进行的实时感知和预处理,例如,生产现场的信息反馈、智能分形体的消息交互、领域数据库以及云平台中的服务活动信息等,所有的数据都由被部署在互联网环境中的路由器而传输到智能分形体中。数据分析环节主要是对大量、多元的原始数据进行初步融合、关键信息析取以及简单特征提取等操作,目的是通过提升数据品质来形成有效的生产信息,为进一步的隐含特征挖掘和关键生产过程建模及优化提供技术支撑。数据可视化是采用静态或动态图形的形式将生产信息中蕴含的特征和变化情况直观展示给生产系统的管理人员,帮助更加深入和直接地参与制造活动。

(2)知识视图。知识视图(图 3.13 中知识视图部分)实现智能分形体对生产过程各关键环节以及复杂产品中所包含的制造知识、分析模型乃至经验的有效管理。数据在组织之后成为信息,信息被应用于一定的行为领域中成为知识。信息的管理是利用技术采集、处理、存储和组织信息,方便人们利用查询和检索以提高效率。与之相比,知识管理则是利用技术去发现和表达知识并把它们作为技术创新的

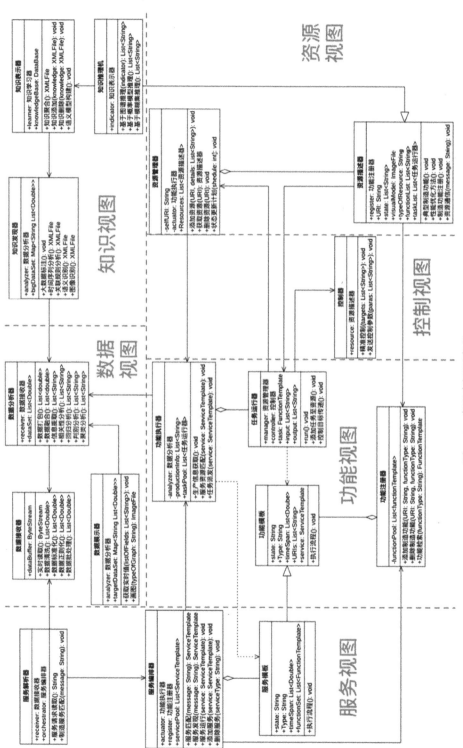

图3.13　多要素视图定义

手段或杠杆。传统工厂只关注如何利用信息为生产过程带来更多的附加价值，而智能工厂分析并提取使产能持续增值的制造机理并形成知识体系，为逐渐复杂、动态化的生产过程管理和任务决策提供指导。这种信息处理和应用模式体现了人工智能研究中自学习方法在制造领域中的应用。知识视图包含知识发现、知识表示以及知识推理工具。知识发现的狭义定义即数据挖掘，指基于特定前提、约束条件以及特定领域，对数据进行微观、中观乃至宏观的统计、分析与推理，企图发现不同事件信息之间的关联模式或规则，如时间序列分析、关联规则分析或聚类分析。知识表示最核心的思想是将"挖掘"到的模式或规则用标准化的、便捷的模型来承载，常用方式是结合语义分析和描述方法构建领域知识的本体模型，方便人的理解和推理。知识推理是将已有信息作为前提条件，基于知识表示模型和相应的推理方法得出对特定问题的预判，以指导实际问题的求解。

（3）资源视图。智能分形体是工厂体系中制造资源的有机结合体。资源视图（图 3.13 中资源视图部分）正是用来体现智能制造单元对所包含制造资源的集成，分为资源管理和资源描述两部分。虚拟化与服务化研究中将制造资源分为软资源与硬资源两类。硬资源指物理空间中的生产设备、运算设备、存储设备、零部件以及辅助工具等。软资源包含描述物理资源特征、状态的仿真模型，以及体现其制造能力的运算或控制模型，还包含对制造过程中多种关键环节进行管理的优化模型，甚至还包含产品以及零件的装配和加工工艺模型，这些均可为智能分形体提供有效的决策指导。值得注意的是，数据视图中的分析方法以及知识视图中的表示和推理方法同样可作为制造资源。资源描述器基于 CPS 思想将相关联的软、硬资源组合（若存在）并赋予通信功能，是多粒度 CPS 体系构建的关键步骤。资源管理器的作用是随着生产任务的变化动态调整附属资源的组成以及实时或按计划地更新资源的状态。这一过程中，物理空间中的动态事件会由智能分形体的信息模型即时捕捉，生成应对方案再反馈至物理空间中的生产操作，体现了智能制造单元自适应的运行能力。

（4）服务视图。为了实现智能工厂对市场需求的快速响应和对制造资源的高效组织，服务视图（图 3.13 中服务视图部分）体现智能分形体对制造服务的综合管理能力，分为服务解析与服务编排两部分。制造单元是多类型制造资源的集成，每种资源在制造过程中都具有特定的功能，而智能分形体若以不同的方式组织这些原子功能就能够形成多样化的制造服务，再通过定义服务模板来进一步描述原子功能的集合与更大粒度功能的联系。服务解析器主要负责接收包含服务请求数据的消息，继而参照服务交互协议以及预定义的服务编排文档详细地提取生产需求。服务编排器负责在制造服务池中寻找能够与所接收的服务请求相匹配的功能组合。若存在，智能分形体直接提取对应的服务模板并按任务执行流程的要求运行相应制造任务。若不存在，服务视图考虑进行服务发现的过程，即基于制造知识推理模型尝试新的原子功能组合方案来满足服务请求中的生产目标。假如服务发现过程恰好成功，服务视图直接添加新的服务模板至服务池中并运行服务。反之，智能制造单元可选择放弃提供制造服务，或在服务发现过程中输出需要的制造能力并向其他智能制造单元发送相应的制造服务请求以期建立生产协作关系。因此，基于对制造服务的管理过程，由智能分形体组成的工厂体系具有以动态生产任务为导向的制造资源自组织能力。

（5）功能视图。在制造资源虚拟化研究中，制造能力被定义为制造单元利用多种制造资源完成制造任务的能力，如产品设计能力（产品工艺知识与工艺设计人员）、设备检测能力（设备故障预测方法与车间管理人员）、零件加工能力（数控机床与工人）等。以产品设计为例，智能制造单元中会存在表示产品制造工艺的知识模型，也可以包含具有利用设计人员和工艺知识进行产品设计的管理模型，二者均可用上述资源视图中的资源描述模型来表示。因此，为了将制造能力、制造资源、制造服务、制造任务有效地关联，智能分形体在功能视图（图 3.13 中功能视图部分）中定义各制造资源的制造功能并用功能模板统一描述。制造功能是制造资源能力的具体表现，一类制造功能中可能对应多个制造资源，而一个制造资源可能向分形体注册多种功能。与之类似，制造服务与制造功能也存在多对多的关联。制造服务可分解为产品或零件生产环节中包含的不同类型、粒度的制造任务，而每个制造任务都应该存在对应的制造功能和实现功能的制造资源。例如，在上述制造服务发现过程中，若智能分形体无法提供某类制造功能，就需要寻求生产协作方来完成相应的制造任务，体现联合提供制造服务的能力。服务运行的过程中，功能执行器负责提取实时的生产信息，并创建生产任务运行过程，将信息作用于制造资源的运算模型中，生成影响制造过程的关键策略和方案。

（6）控制视图。在智能工厂中，所有与生产过程相关的服务、分析、决策活动最终都将落实到对物理设备的控制活动上。因此，控制视图（图 3.13 中控制视图部分）正是智能分形体用来对物理制造资源的控制过程进行管理。控制视图以物理制造资源的控制模型为运行的基础。针对同一个物理实体，根据自动控制研究领域的多类型方法可能建立多个控制模型，如比例-积分-微分控制器、模糊控制器、神经网络控制器等。智能分形体选择合适的控制模型，将任务运行器产生的控制目标输入模型中，经过运算将输出控制参数发送至与设备连接的物理控制器，如 PLC、现场可编程门阵列（field programmable gate array，FPGA）等的定制化电路板。

3.2.3　基于智能体协作的智能工厂分形体系

制造系统中经典的层次型资源管理体系（自动化金字塔[42]）将硬件资源置于底层，将软件资源根据所承担生产任务粒度大小逐层部署，生产数据逐层向上传递并转换为生产信息，生产任务逐层向下传递并转换为控制指令。传统工厂因受限于层级间固有的功能划分以及控制权限，无法实时、灵活地调整组织结构来应对复杂的、动态的生产任务或流程。高层级软件资源若出现功能性故障将导致系统失去对低层级制造资源的有效控制，资源利用率降低。而智能工厂将生存于工业互联网环境中，具备协同制造的生产模式，对企业供应链中或云平台中跨组织的生产厂商都至关重要。传统工厂的资源组织与配置模式具有明确的控制边界，在简单任务环境下其生产过程易于管理，而跨区域、跨组织的任务交互和资源协调几乎无法完成。为了解决这一问题，研究者提出云制造模式，即结合制造资源虚拟化、服务化技术将离散分布、独立管理的工厂重新封装，云平台负责维护所有工厂发布的制造服务，根据客户需求匹配最优制造资源并统一部署资源调度方案。云制造模式虽然实现了大规模制造资源的综合利用率提升，但降低了工厂的自主管理能力，在面对复杂生产过程中的突发事件时很难及时采取措施。综合考虑，基于智能分形体模型，提出制造服务驱动的分布式制造资源自组织方法并构建智能体的协作系统，实现根据生产需求实时、智能调整生产流程以及实现跨组织资源的协作。

1. 智能分形体的多粒度实例化

智能工厂的多尺度 CPS 模型是典型的系统之系统（system of systems，SoS）型架构，是由不同粒度的智能分形体按照制造服务驱动的分形组织模式有机组合而成的智能体协作系统。智能工厂中包含的智能制造单元可分为工厂、车间以及工作单元三类，而每一类制造单元的信息模型都是由六个关键生产要素视图构成。虽然在要素视图的定义中包含了对各生产要素在制造过程中的标准化描述，但不同粒度、不同类型的制造单元所承载的制造任务与生产信息均不同。因此，在结合实际制造流程背景构建智能工厂的 MAS 之前，有必要先考虑将组成智能体的部分关键成分用三种典型粒度的制造单元数据进行实例化分析，如表 3.1 所示。

表 3.1 智能分形体的多粒度数据实例化

要素视图		制造单元		
		工作单元	车间	工厂
数据视图	数据接收	生产操作引发的物理量变化	不同物料的加工进度和位置变化	生产订单、加工进度
	数据展示	设备运行状态展示	生产管理指标展示	产品加工进度展示
知识视图	制造工艺	加工、装配工艺	零件工艺流程	产品类型与功能
	知识推理	工艺参数优化	车间动态调度优化	产品研发方案优化
功能视图	功能注册	机加工、设备健康度检查、工人操作技能评估	生产调度、生产瓶颈分析、工人排班计划	生产计划制订、物料需求计划制订、产品定制
服务视图	服务接收	工序级服务	零件级服务	产品级服务

续表

要素视图		制造单元		
		工作单元	车间	工厂
资源视图	资源管理	待加工和装配的零部件、物理设备、控制程序、优化模型	产品的原材料、毛坯件、完成加工的零件、工作单元分形体、优化模型、调度知识模型	产品的原材料、完整的产品、产品工艺知识模型、车间分形体
控制视图	输入	工艺信息、加工需求与任务	物料库存信息、生产计划	产品订单、生产需求
	过程	工序级生产操作、设备状态监测和检查、工人技能实时评估	工序级制造任务调度、车间瓶颈分析	零件级制造任务安排、物料需求制定
	输出	实际加工信息、预计完成时间	零件加工进度	物料需求、产品交货期

2. 服务驱动的制造资源自组织

（1）制造服务的调用与映射。智能制造单元之间协同的基础是复杂产品制造过程中不同粒度、不同类型生产任务之间复杂的关联关系，这种关联关系是由产品的多元化定制需求、复杂的装配结构以及精细的零件加工工艺相互交织而成。因此，借鉴云计算服务的理念将复杂产品制造过程中涉及的生产任务划分为多粒度的制造服务，包含产品级服务、零件级服务、工序级服务，分别在图 3.14 中被表示为 Prd.x 节点、Prt.xx 节点、Prs.xxx 节点。

产品级服务分析客户的定制需求并分解为若干零件级服务。产品的装配任务也可被定义为一种零件级服务，因此按照零件之间的装配关系在零件级服务之间形成对应的调用关系（图 3.14）。另外值得注意的是，客户的制造需求可能是定制

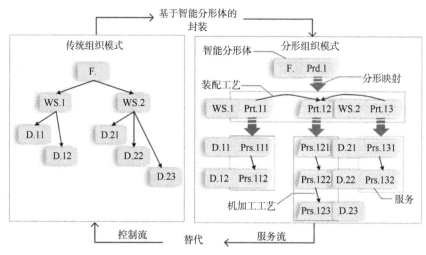

图 3.14 制造服务驱动的智能工厂分形组织模式

化生产某类非标产品，也可能是批量生产某类产品的特定零件，还有可能是批量加工某类零件的特定工序。零件级服务先分析零件的加工需求，再结合加工或装配工艺路线生成若干工序级服务并建立工序级服务之间的调用关系（图 3.14）。工序级服务需要明确工序对应的物理加工单元以及加工参数。显然，在不同粒度的制造服务被构建时已自然地形成具有分形结构的服务映射关系，以及根据制造工艺在同粒度制造服务间构建的服务调用关系。因此，复杂制造过程可以用一组制造服务的映射与调用关系来描述。

（2）智能制造单元的协作。在依照智能分形体模型对工厂中的制造资源进行多粒度封装后，智能工厂体系中的所有智能制造单元均能够独立地处理数据、交互信息、提供服务和以服务目标为导向地完成制造任务。换言之，智能工厂中的分布式制造资源有机融合成不同规模的智能制造单元，相应地能够组织不同规模的制造流程，也就提供不同粒度的制造服务。因此，根据所提供服务粒度的大小将这些制造单元分类为工厂分形体、车间分形体以及工作单元分形体，分别在图 3.14 中被表示为 F.节点、WS.x 节点、D.xx 节点。

工作单元分形体包含的制造资源包括物理设备和与设备运行状态相关的运算、评价模型，其功能是按照工序级服务要求闭环地控制物理制造资源（机床、工人）对物料进行连续的加工或装配操作。车间分形体包含的制造资源包括具有服务映射关系（而不仅仅是物理附属关系）的工作单元分形体、物料库存管理模型、零件制造工艺模型以及自适应调度运算模型等，其功能是按照零件级服务要求动态地调整若干工序级服务的提供者以及运行时间。类似地，工厂分形体包含的制造资源包括具有服务映射关系的车间分形体、产品装配模型以及生产计划制订模型等，其功能是按照产品级服务要求合理地规划各零件级服务的运行时间并匹配合适的服务提供者（车间分形体）。

3. 制造过程的跨区域、跨组织协同

智能工厂分形体系的自组织特性体现在，一方面，智能分形体模型是根据制造服务特性动态聚合分布式资源的自优化智能体；另一方面，不同粒度制造服务间的映射与调用关系引导智能制造单元协同运行。由此，用多粒度制造服务间的松耦合关联关系去代替自动化金字塔中紧耦合的控制关系来重新组织工厂体系，这为企业对复杂生产过程的有效组织提供多粒度的管理方法，同时也为跨区域、跨组织的协作生产提供模型支撑。

具体地，按照生产需求的来源可将服务分类为域内服务、域外服务。企业管理是域内服务的使用主体，可根据不同的分析需求和应用目的建立不同的视图模型来了解和干预企业不同层级制造单元的运行状况。域外服务是面向产品市场和互联网环境的，如图 3.15 所示。在工业云平台中，企业的协同过程体现在多个生

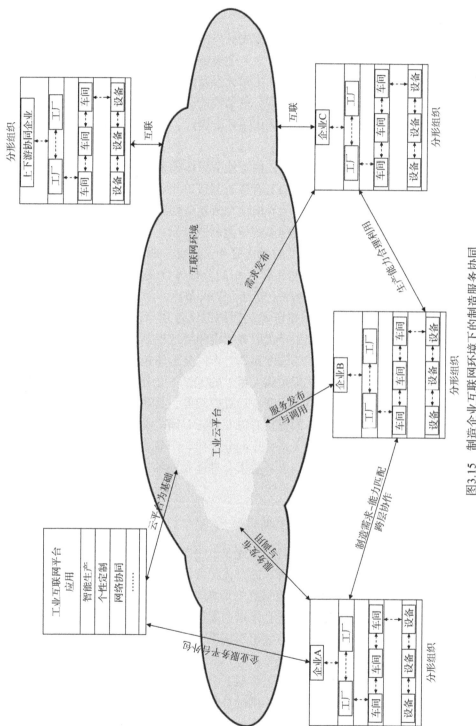

图3.15 制造企业互联网环境下的制造服务协同

产体系可根据共同的生产订单所蕴含的服务层次关系来协调跨域的制造资源，形成可融合的分形制造系统来共同完成复杂的制造任务。例如，在出现产能不足的情况时，工厂可将相应的制造需求发布至云平台。经过生产特征匹配，合适的智能制造单元将提供相应的制造服务被工厂所调用，并形成实际的协作生产过程。在出现产能过剩或设备利用率低的情况时，工厂可将制造单元的剩余制造能力以服务的形式发布在工业云平台中。当服务被需求方调用后，制造单元在接收并分析生产订单的同时也实时优化资源的配置以保证制造过程的整体收益。

3.3　互联环境下的制造服务建模方法及其与智能工厂的融合机制

3.3.1　制造服务化

1. 云制造模式下的制造服务过程

云制造是已有的网络化制造技术（如制造网格、敏捷制造、计算机集成制造），与云计算、SOA、知识服务等技术的结合与延伸。云制造于 2009 年提出，将制造资源、制造能力和制造运行过程的数据都集中于云服务平台上，按需提供服务。云制造融合并发展了制造数字化技术、云计算技术、物联网技术、语义 Web 技术、机器学习技术、人工智能技术和数字化平台管理技术，形成了一种新的制造模式。

从云制造企业角度看，处于云制造环境下的各类企业、制造商都可通过云端进行大数据分析与客户关系管理，获取最新的市场信息，预测市场需求的动态变化，最大程度上发挥企业、制造商的最佳效能。从社会角度看，云制造模式通过云制造服务平台整合分散化、社会化的存量制造资源，提高制造资源的利用率，降低能源消耗，从而实现服务型制造。

总之，云制造是一种面向服务的，融合现代信息前沿技术的网络化制造新模式。云制造作为一种资源服务化共享的新型制造模式，将不同区域的资源进行大规模的整合，做到分散资源集中使用。云平台实现资源-需求匹配，建立服务需求者和供应者之间的合作。企业可以将闲置的制造资源和制造能力进行服务化，实现共享。一方面，提高资源利用率，实现制造资源的优化配置；另一方面，提供给用户功能齐全的制造服务，包括计算服务、存储服务以及测试服务等。制造企业基于平台以服务的形式开展制造协作，突破了传统企业在地域上的限制，提高了资源市场竞争力[43]。

制造服务的一般过程如图 3.16 所示，这些过程按时间来分，可以分为前期、中期和后期三大阶段。前期包括生成阶段，中期包括配置阶段和使用阶段，后期包括评价阶段和淘汰与升级阶段。

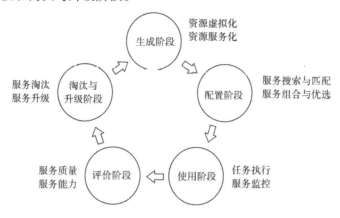

图 3.16　云制造服务全生命周期[43]

制造服务的前期包含制造资源的感知与接入、将制造资源映射为虚拟资源、制造资源的服务化。通过相关技术，实时获取资源的状态信息，进行对资源的有效管理。采用面向服务的技术，将经过虚拟化的制造资源进行服务描述与封装成为云服务，服务需求方可以从云平台获取。其避免了制造资源的异构性和复杂性，为需求方提供统一接口。

制造服务的中期包括按需求任务进行高效的云服务搜索与匹配，资源服务的组合与优选以及任务执行阶段。云服务搜索与匹配是云平台在云制造服务资源池中通过搜索与匹配算法找到信用高、服务能力强、成本最低的制造服务以满足服务需求方的要求。云制造服务匹配有效地提高了资源的全面共享和资源利用率。针对复杂任务，将需求分解后，云平台必须从匹配到的能够覆盖各个子任务需求的候选云服务集合中，分别选择一个组装成组合云服务并找到一个匹配度最佳的组合来共同完成服务需求。云服务组合成为云制造服务的主要表现形式和执行方法，关于云服务组合的问题引起了学术界的广大关注和重视，同时也出现了相应的研究成果。服务在此阶段按用户需求执行任务，在整个服务使用期间监控服务执行情况，并具备随时处理突发情况的能力。

制造服务的后期指任务执行完成后的评估以及交付。不同用户关注的评估指标不同，如服务质量、效用评估和信任评估等。根据服务的评估结果，淘汰服务和升级服务[43, 44]。

2. 制造资源和制造能力的服务化

云制造服务过程中，各种制造资源及制造能力通过虚拟化和服务化形成制造服务，再利用各种制造服务的调用来实现海量不同种类和特点的制造资源的全面共享。制造资源虚拟化技术是构建和支撑制造资源池的核心技术。制造资源虚拟化是指通过一定的虚拟化技术，将实际的物理资源映射成为抽象的虚拟资源。制造资源虚拟化采用的方法有所不同，但都是为了后继的资源服务化和资源利用率的提升。将制造服务资源发布成 Web 服务，然后进行统一注册，是目前比较流行的服务化方法。

（1）制造资源及其虚拟化与服务化。制造资源是产品制造全生命周期中所需的各种物理要素的集合，是物理存在的、具有静态传输介质的一种资源形式。根据存在的具体形式不同，以及使用途径不同，制造资源可以分为硬制造资源、软制造资源以及其他制造资源[45]。

硬制造资源是指制造活动中所用的各种制造设备、计算设备以及产品制造所需要的能源、物料等。制造设备指产品全生命周期过程中所需要的各种实际的、具体的设备，如物流设备和加工设备等，包括数控机床、生产线、物流输送设备、检测设备等各种制造活动所需的专用设备；计算设备指各种计算系统硬件基础设施，该设施是信息化制造过程中所需要的，如存储设备、运算器等；能源主要指电能、燃料等；物料主要指原材料、坯件和半成品等各种存在形式；其他硬件资源还有车间、仓库、土地、运输工具等[45]。

软制造资源是指制造活动中所需的专业计算机应用软件、模型和过程数据等。专业计算机应用软件主要指制造过程所需的专业软件，例如 Auto CAD、ProE、Matlab、Mastercam、Adams 等；模型是用于机械、控制、动力和热力学分析所需的模型等，它主要是指在产品的全生命周期中涉及的各种经验模型。

另外，行业内产品需求、产品供应及供应链相关的信息，制造活动中设计、生产、实验、管理、销售等各个环节所需的多学科、多领域知识也是制造资源[45]。其他人力资源、资金资源也属于广泛意义上的制造资源。广义的制造资源中，不是所有的制造资源都能独立成为商品进行交易，通常只有硬制造资源和软制造资源中的实体计算机软件本身具有交易属性，可以把此二者称为狭义制造资源。

制造资源的虚拟化就是通过物联网、CPS、计算系统虚拟化等技术，将物理制造资源（实际制造资源）映射成为逻辑制造资源（虚拟制造资源）[46]。对于制造资源来说，其虚拟化技术主要包括：制造资源的智能感知与控制技术、虚拟系统的按需敏捷动态构建技术、系统高可靠协同运行与容错迁移技术、支持可定制界面的高可用普适人机交互技术、系统运行时资源按需透明使用与动态调度技术以及系统多级安全隔离与访问控制技术等[47]。制造资源的服务化包括虚拟资源描述模型的构建、服务的统一注册与发布、服务的动态部署与监控等[45]，它是指实现虚拟资源的服务化封装，并以服务的形式发布。目前较为实用的一种方法是基于模板的制造资源服务化封装方法。

（2）制造能力及其服务化描述。制造能力是在制造活动中，结合制造资源要素所表现出来的一种能力[45]，它是指制造企业为完成某一个目标，所需要的一种无形的、动态的资源形式。制造能力与制造企业主体、制造活动、制造资源、知识是紧密联系在一起的，离开具体的活动任务、制造企业主体、相关的制造资源和知识要素，其制造能力便无法体现。制造能力相关定义如表 3.2 所示。制造能力的服务化描述回答的是制造能力包含什么内容。借鉴现有资源或服务描述方法，李伯虎和张霖给出了制造能力服务化描述框架，主要包括三个部分：制造能力特征信息描述基础、制造能力服务化描述引擎以及制造能力知识中心[47]。

表 3.2　制造能力相关定义

制造能力分类		定义
设计能力		设计人员结合相关设计知识，为完成某种产品或某项工艺的设计任务所表现出来的一种能力
生产加工能力		在确定的技术、条件周期内，参与生产的资源要素进行生产的能力
检测能力		检测人员利用相关检测工具或设备，来检测产品是否符合企业标准、行业标准等的一种能力
销售能力		通过某特定领域广泛的客户群网络和报价、议价、签订合同的经验体现的能力
物流能力		结合物流设施、响应速度、物流距离以及物流过程的组织管理所形成的能力
其他制造能力	仿真实验能力	在资源、知识的支持下，实验人员顺利完成某项仿真任务或者仿真实验所表现出的一种能力
	管理能力	提高制造企业运营效率的能力
	维护能力	利用相关资源（如设备、工具等）、技术、知识，企业完成某一项或者某多项任务的维护、维修时能够表现出来的能力

数据是通过数值、文本、图形、图像等形式记录各种制造活动的基本量化单元。数据按一定形式加工并组织起来，能够被存储、分析与展示，通过对数据进行统计分析，得到的认识和判断就是信息。知识是对大量数据和正确信息进行提炼总结得到的规律和经验。知识分为隐性知识和显性知识，隐性知识即在制造活动中技术应用的经验，显性知识就是记录存储的数据、信息等。知识只是构成制造能力的一个方面，制造能力是制造企业在制造活动中结合制造资源、人力资源和相关领域知识完成特定制造任务的能力。在制造过程中，制造能力主要体现为设计能力、生产加工能力、检测能力、销售能力、物流能力以及仿真实验能力、

管理能力、维护能力等其他制造能力。这些能力都是企业主体结合相关的制造资源、人力资源、领域知识为特定任务而体现出来的。

3.3.2　智能工厂的服务视图

制造服务描述——服务视图是制造服务提供方和制造服务需求方之间的一种协定，它是双方进行沟通的桥梁，实现对大量制造服务的有效管理和应用，同时也为制造服务的匹配提供了支撑，快速地响应任务的需求，灵活地调整制造资源。其服务视图包括静态和动态部分。制造服务静态描述包括语义 Web、Web 服务描述语言（Web service description language，WSDL）和网络服务本体语言（Web ontology language for services，OWL-S）描述。语义 Web 根据语义信息，执行和切换分布在 Web 上的相关服务。WSDL 描述静态的 Web 服务，不能很好地表达和传递 Web 服务的语义信息，机器难以理解。OWL-S 描述制造服务的功能、如何执行以及怎样使用。以上制造服务静态方法不能实现对服务执行过程有关信息的动态描述。可以利用制造服务动态描述方法对服务流程进行定义，如业务流程执行语言（business process execution language，BPEL）、网络服务编排语言（Web service choreography description language，WS-CDL）。BPEL 能将现有服务组合成新的服务，描述服务的流程编制与调用。WS-CDL 是一种基于 XML 的语言，保证各服务节点消息交互和协同工作的有序进行。下文提出的 WS-CDL+语言进一步将制造服务订单与服务供应商协同信息加入服务编排文档中，扩展了 WS-CDL 的表达能力。

1. 基于语义 Web 的制造服务描述

针对服务描述信息的丰富程度及匹配机制的不同，对于服务的描述可分为基于语法的服务匹配方法与基于语义的服务匹配方法两种。其中，基于语法的描述方法大多都是针对关键字进行的，但是随着网络的发展，网络上制造服务的种类和数量呈现指数级的增长，由于服务提供方与需求方之间描述术语的异构性，即便是对同一关键词表达的意思也不相同，这就导致基于语法的描述的准确性低下，并影响了服务的匹配，因而现在的研究大多集中于基于语义的描述。

（1）SOA 及 Web 服务。如图 3.17 所示的 SOA 模型由 Gartner 在 20 世纪 90 年代末提出，将其定义为一种客户端/服务器（client/service，C/S）结构的设计理念。C/S 是一个应用组件模型，它将应用系统的不同功能单元（服务）进行拆分，并以服务的形式组装起来。通过组件中拟定好的契约和接口来扩展和重用服务，从而有效控制系统与软件代理交互时的人为依赖性。在 C/S 软件架构中，最核心的是服务，这些服务带有定义明确的可调用的接口，并且接口的实现与该服务的

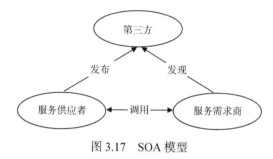

图 3.17   SOA 模型

操作系统、硬件平台等没有必然的关联性，所以这些服务能够以一种通用的机制在此类系统中完成交互协作[48, 49]。

SOA 的应用程序通常是由服务供应者和服务需求商组成，SOA 对各组件之间的松耦合性要求更高，因而它使用的接口更加分散和独立，这是它区别于大多数的 C/S 模型的主要特性之一。服务供应者和服务需求商相互分离，服务供应者将自己开发的服务发布到第三方平台进行注册，服务需求商通过查找功能检索到服务，并通过一定的技术将服务组合起来，完成服务的调用。第三方的服务信息介于交互的双方之间。第三方将服务供应者提供的服务按照特定的标准进行分类，服务接口将被提供给服务需求商，而服务需求商可以通过查询功能来发现服务供应者，它们按照一定的规则完成彼此交互。在 SOA 的软件架构中，主要包含服务发布、服务发现、服务调用三个阶段[38, 49]。

Web 服务是一种自包含、自描述、可编程、平台独立的模块化软件组件，可基于标准互联网开放协议利用基于 XML 的消息机制实现数据格式异构的软件应用和系统平台之间的互操作，解决了以往服务跨平台、跨组织调用和集成的难题，为 SOA 的应用提供了统一的注册、发现、绑定以及集成机制。

从本质上讲，Web 服务是用来向外界暴露出来的能够通过互联网进行调用的应用程序接口（application programming interface，API）或应用程序，是部署在 Web 上的对象。这个接口采用标准的、规范的 XML 概念描述了服务交互所需的消息格式、传输协议和位置。Web 服务在 Internet 协议的基础上通过基于 XML 技术的消息包进行不同服务间的信息传输。Web 服务的底层核心和架构基础离不开 XML，其全部技术手段和协议规范都是在此基础上实现的。从 Web 服务的功能和技术实现角度，不同的机构和组织给出了不同的 Web 服务定义。Web 服务可以执行从简单的请求到复杂业务处理的任何功能，通过有效的部署，用户可以任意调用，具有互操作性。

在电子商务和企业管理软件领域，Web 服务的典型技术包括简单对象访问协议（simple object access protocol，SOAP），通用描述、发现和集成（universal description，discovery and integration，UDDI）服务，WSDL[8]。

SOAP 是一种轻量的、无状态的交换数据的协议规范，具有可扩展、格式简单、平台独立、与操作系统和编程语言无关的优点，其可以和现存的超文本传输协议（hyper text transfer protocol，HTTP）、简单邮件传输协议（simple mail transfer protocol，SMTP）等 Internet 基础协议或应用程序相结合使用。Web 服务利用 SOAP 提供的消息交互协议和消息处理框架可以在不同服务之间实现基于 XML 结构化信息的交换，通过网络发现并远程调用所需 Web 服务。

UDDI 是一种免费的可用于描述、发现、集成 Web 服务的规范，具有平台无关、体系开放、创新自由、广泛支持等特点。基于这种规范，用户可根据实际需要通过 UDDI 动态查找、调用 Web 服务，也可在 UDDI 注册中心发布自己开发的 Web 服务以供其他用户使用。

WSDL 从句法层面对 Web 服务的功能进行描述，包括四个不同的粒度：数据类型、消息、方法和访问端口。

Web 服务的调用过程按步骤可分为服务发布、服务发现和服务绑定三步[50]。服务发布是由服务供应者将设计完善的 Web 服务以及其描述信息提交到服务注册中心，以供服务需求商对其进行搜索和调用；服务发现是服务需求商需要调用特定功能的 Web 服务时，其在服务注册中心查询已注册完成的 Web 服务并根据需求和服务描述信息找到可用的 Web 服务；服务绑定是服务需求商在服务注册中心查询到所需的 Web 服务后发出调用请求和联系，从而完成 Web 服务调用。

（2）语义 Web。通过语义 Web 技术，能够根据语义信息，执行分布在 Web 上的相关服务，并且能够自动地进行这些服务间的切换。对于语义 Web 自身而言，有专家学者认为它是目前 Web 应用的扩展。实现语义 Web，有三大相关的关键技术：XML、资源描述框架（resource description framework，RDF）和本体。

语义 Web 不仅能够描述一定的语义，同时能够协调好机器和人类之间的合作。可以认为语义 Web 是 RDF 和元数据（metadata）对万维网上数据的抽象表示[51]，是本体论范畴模型的应用实例[52]。为了表示语义信息，美国 DARPA 对 WSDL 进行扩充，定义了 DARPA 代理标记语言（DARPA agent markup language，DAML）。它是基于语义 Web 的服务描述语言，建立在 XML 和 RDF 的基础上，为机器提供若干能力，包括读取数据的能力、解释数据的能力、推理的能力等，以上研究与工作使面向人的 Web 转换到了语义 Web 上去[53]。

目前，语义 Web 研究的问题主要包括：Web 语义信息的提取以及表示；规则的推理和知识的管理问题，这一问题存在于 Web 应用处理的过程中；服务发现的准确性问题，也就是 Web 的挖掘问题，该项工作需要利用语义的描述信息来进行。

（3）基于语义的 Web 服务描述语言 OWL-S。从语义 Web 的角度来说，本体论的构造算子能够实现 Web 服务的自动发现和执行等操作，同时添加了语义信息，支持无二义、机器可理解的方式来描述服务的属性和功能。Peer 提出了在 WSDL 中加入以 XML 路径语言语法形式表示的语义标注，完成了对 WSDL 的扩充[54]。在对 Web 服务的描述研究方面，为了能够更加友好和妥善地实现 Web 服务的应用设计，需要能够高效地利用本体论领域的模型，对服务进行概念建模；如果在服务的描述中，可以有效、合理地利用语义相关的信息和知识，把 Web 服务和语义 Web 二者进行有机的相互结合，实现它们的功能方面的相互补充是一种自然选择的方向[54]。究其原因，一方面，用于描述 Web 服务的语法级描述语言 WSDL 并不能很好地表达和传递 Web 服务的语义信息，机器难以理解；另一方面，WSDL 所描述的服务是静态的 Web 服务，忽略了与服务执行过程有关的信息，而在实际的应用当中，大多都要求服务的执行是具有动态特性的，着重于对服务功能的语法描述。综上，语义 Web 服务是语义 Web 和 Web 服务的结合，该结合可以为 Web 服务的自动发现、执行、解释和组合提供有效的支持，该方法同时能够提高服务发现与匹配的查全率和查准率。

当前，有关制造服务发现与匹配的研究主要围绕由计算机软件资源形成的 Web 服务展开。但是，语法级服务描述语言（以 WSDL 为代表）存在以下缺点：首先，语法级的语言侧重点在于对服务功能的语法形式的描述，缺少语义的信息，对服务的行为约束以及属性描述没有很好的支持，未曾考虑服务组合的上下文关系，这一特点导致了服务组合的不相容问题。其次，该方法对 Web 服务语义的描述能力有局限性，而且具有二义性，机器很难理解，由此导致 Web 服务发现、自动组合等功能难以实现。

目前研究趋势和热点是，对 Web 服务的语义信息做深入的描述，希望通过无二义性的、机器能够理解的方式，来描述 Web 服务的属性信息和功能信息，这是因为基于语义的服务发现方法具有较高的查全率和查准率。目前为 Web 服务添加语义信息，形成的最典型的语义 Web 描述语言是 OWL-S。OWL-S 方法利用 OWL-S 的三个顶层本体分别对制造服务具有什么功能、如何执行以及怎样使用进行描述。

OWL-S 是在网络本体语言（Web ontology language，OWL）的基础上提出的一个 Web 服务本体描述语言，该语言建立了一套无二义性的标记语言，采用了机器可理解的标识来描述 Web 服务的能力以及属性[55]。OWL-S 描述语言利用 OWL 构建的三个上层本体来进行服务的描述，该上层本体结构包括三个部分：① "Service Profile"（回答服务能为用户提供什么功能）；② "Service Model"（回答服务如何工作）；③ "Service Grounding"（回答如何同服务交互）

"Service Profile" 部分本体结构对一个服务的描述包含三个方面的信息：服务提供方的黄白页信息，如服务提供方的联系方式、公司名称、地址等；服务的功能信息，主要是指服务的 IOPE（input、output、precondition、effect，输入、输出、前置条件、效果），这是 OWL-S 中的主要内容之一；服务的所属分类、服务质量信息。"Service Profile"具有一个最大的特点，即双向性，这意味着既可以用于描述服务提供方能够提供的服务的功能，又可以用于描述服务请求方所需的服务的需求。

"Service Model"用于控制服务的工作流程，描述服务是如何执行的，也就是服务提供方用来描述服务的内部逻辑流程。这一部分包括服务执行的过程流程、先后顺序等。在"Service Model"里面，一个服务被称为一个过程，这一过程用于服务的运行、计划和监控等。过程分为三类：原子过程、组合过程、简单过程。

"Service Profile"和"Service Model"都是关于服务的抽象描述，而"Service Grounding"涉及服务的具体规范。"Service Grounding"描述服务是如何被访问、如何进行交互的，因此在"Service Grounding"中需要定义服务访问的协议、消息格式以及端口等信息。

总之，"Service Profile""Service Model"被广泛应用于服务发现，而"Service Model"和"Service Grounding"主要是为服务调用和集成提供支持。

2. 基于 BPEL 及 WS-CDL 的制造服务过程描述

（1）服务编制和服务编排。基于工作流程的 Web 服务组合协同方法可以大致分为两类：一类是基于服务编制的协同，另一类是基于服务编排的协同。

服务编制往往是从单个服务参与主体的视角去描述自身服务内部的业务流程以及执行过程，其描述标准主要是网络服务的业务流程执行语言（Web service business process execution language，WS-BPEL）。通常的服务编制是指集中式管理，即组织中存有一个对所有服务具有控制作用的中心控制引擎——"中心协调者"，它控制和协调组织内所有成员服务之间的信息流和业务流，并且它也是所有成员服务间交流的"传递者"。如图 3.18（a）所示，中心控制引擎在依次调用相关成员服务后，成员服务将相关数据结果返回给中心控制引擎，在中心控制引擎调用下一个服务的同时，把相关数据一同传递给下一个服务。另外，中心控制引擎还负责业务流程的异常处理和用户交互。

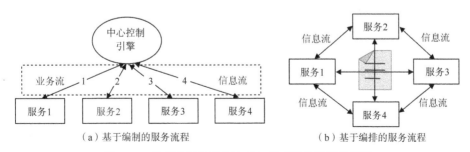

（a）基于编制的服务流程　　　　　　　　　（b）基于编排的服务流程

图 3.18　基于编制的服务流程与基于编排的服务流程

　　服务编制的优势是服务流程简单明了、直观，但是由于中心控制引擎承担着大量的业务流控制、数据处理等任务，当成员服务数量多到一定程度时，过大的负载会导致业务流程控制和业务数据通信产生瓶颈问题。因此，这种方式很难适用于复杂的云制造环境，只适用于单个服务内部或少量服务之间的协同。与之相比，服务编排是从全局视角去协同服务各方之间的合作流程和交互协议，其描述标准主要是 WS-CDL[56]。通过对服务的角色类型、关系类型、交互通道类型、交互数据类型和交互规则等的描述，实现服务之间的公共行为，即由服务编排协议去完成服务编制中中心控制引擎的作用，如图 3.18（b）所示。

　　综上所述，服务编制和服务编排的对比见表 3.3。

表 3.3　服务编制与服务编排对比

项目	服务编制	服务编排
应用层次	较下层次	较上层次
视角	局部（内部）视角	全局视角
描述语言	WS-BPEL	WS-CDL
直观性	好	差
适用范围	简单服务流程或服务内部流程协同	复杂服务流程中的成员服务间协同

　　（2）业务流程定义——BPEL。BPEL 基于业务流程与参与者的交互来定义流程的描述规范，以此来实现业务流程的建模。它描述了一组关于无状态服务的流程编制与调用的方式，即将现有的服务重新组合起来，定义一个新的服务。通过 BPEL，定义服务和共享数据之间的依赖关系、服务的执行次序以及异常处理等。

　　BPEL 的主要元素有变量、活动、合作伙伴链接、相关集、故障和事件处理程序等[57]，其中最主要的三个元素是变量、活动、合作伙伴链接。变量用于保存流程执行过程中产生的中间状态和信息，分为全局变量和局部变量。全局变量作用域贯穿流程的整个生命周期，而局部变量只在自己声明的局部领域内有效。活动是业务流程中最基本的组成元素，每个活动都代表了相应的执行步骤或语句块。活动分为基本活动和结构化活动。基本活动是一个不可再分割的流程单元，如流程中的变量赋值；结构化活动由多个基本活动或结构化活动通过业务逻辑组合而成，完成复杂的业务功能。合作伙伴是指与业务流程交互的服务，是流程的伙伴链的一部分。合作伙伴链接是指企业间的业务流程通过 Web 服务接口进行交互，业务流程与其服务水平上的合作伙伴双向互相依赖，且关系对等。根据交互角色的不同，分为服务的提供者和服务的调用者[57, 58]。

　　相关集是一组特性，可用以指定服务实例中相关联的操作组；故障处理程序一般用来捕捉异常并处理流程中所发生的故障；事件处理程序一般用于并行处理流程执行过程中发生的事件[57-59]。

BPEL 有如下的特点：基本活动与结构化活动并行、支持对伙伴与角色建模、用变量保存业务流程状态和对异常与事务的处理[59]。

（3）基于 WS-CDL+的企业间服务协同。基于 BPEL 等服务编制的方法很难应对多样化和动态化的服务组合流程管理需求，可以采用服务编排思想对制造服务协同流程进行预先定义，并在执行过程中按照预先定义的流程执行，所以本书提出一种基于 WS-CDL 协议的制造服务编排方法。通过设计信息交互接口规范和扩展标准 WS-CDL 协议形成 WS-CDL+协议，实现制造服务协同的标准化描述，促进跨组织服务之间的有效沟通。

在制造服务定义、发布的时候，首先需要基于制造服务接口规范实现并提供一定的接口，一般使用 OWL-S 语言并结合 WSDL 语言来定义，从而实现各类服务交互逻辑编排中的交互接口描述。根据制造服务信息交互特点，采用了包含表征接口、查询接口、功能接口、技术接口四个接口类型的接口规范，如图 3.19 所示。表征接口包含针对服务 ID、服务名称等一系列基本服务信息的操作；查询接口包含针对服务状态、服务进度的信息查询操作；功能接口包含确定上游服务的服务输出、确定下游服务的服务输入等操作；技术接口包含针对服务时间、服务评价等参数的操作。

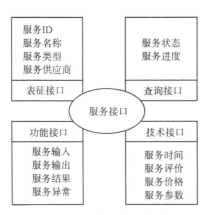

图 3.19　交互接口类型

对应的接口规范如表 3.4 所示，这些接口会在后续的服务编排文档中应用到。为了能够解决不同粒度/层次服务之间的输入、输出衔接问题，本书在接口规范中扩充定义了"服务输入"和"服务输出"接口。通过上游服务的服务输出信息与下游服务的服务输入信息的匹配，实现不同粒度/层次服务之间的衔接。其中，服务的输入、输出信息可根据服务产品（族）/在制品在各生产流程阶段的标志进行定义，如零件生产过程"毛坯加工生产—粗加工生产—精加工生产"中，针对完成毛坯加工生产阶段的产品状态标志，定义毛坯加工生产服务的输出信息和粗加工生产服务的输入信息，这样保证一个服务结束后可以和下一个服务对接。

表 3.4　服务接口规范

接口类型	接口	封装方法名	方法描述	返回参数及类型
表征接口	服务 ID	getServiceID	查询服务订单 ID	服务订单 UUID（universally unique identifier，通用唯一识别码），字符串型 string
	服务名称	getServiceName	查询服务订单名称	服务订单名称，字符串型 string
	服务类型	getServiceType	查询服务订单类型	服务订单类型，字符串型 string
	服务供应商	getServiceProvider	查询服务订单供应商	服务订单供应商名称，字符串型 string
查询接口	服务状态	getServiceState	查询服务订单状态	服务订单状态，true 正常，false 异常，布尔型 boolean
	服务进度	getServiceProcess	查询服务订单进度	服务订单进度信息，数值型 decimal
功能接口	服务输入	checkServiceIn	检查服务订单输入信息	服务订单输入信息，字符串数组型 string[]
	服务输出	checkServiceOut	检查服务订单输出信息	服务订单输出信息，字符串数组型 string[]
	服务结果	printServiceResult	输出服务结果信息	服务订单执行结果，true 已完成，false 未完成，布尔型 boolean
	服务异常	printServiceError	输出服务异常信息	服务订单异常信息，true 异常，false 正常，布尔型 boolean
技术接口	服务时间	getServiceTime	获取服务时间	服务订单执行时间，时间型 time
	服务评价	getServiceEvaluation	获取服务评价	服务评价信息，字符串型 string
	服务价格	getServicePrice	获取服务价格	服务订单价格，整数型 integer
	服务参数	getServicePara	获取服务参数	服务参数信息，字符串数组型 string[]

WS-CDL 是一种基于 XML 的语言，通过从企业交互的全局角度定义其共同和互补的行为约束来描述参与者的点对点协作，从而在没有集中控制引擎的前提下，保证各服务节点消息交互和协同工作的有序进行。WS-CDL 文档主要包含的元素和文档结构如图 3.20 所示实线部分。其主要分为两部分：静态定义部分由元素"informationType""roleType""relationshipType"等组成，用于定义编排交互过程中的基础信息类型、角色类型、关系类型等信息；动态定义部分在标签 <choreography> 中，描述各类服务交互过程中的消息动作和方法调用的执行顺序及流程控制，由元素"relationship""variableDefinitions""interaction"等组成，用于定义编排文档中的交互方关系类型、交互信息接口、交互流程等信息。

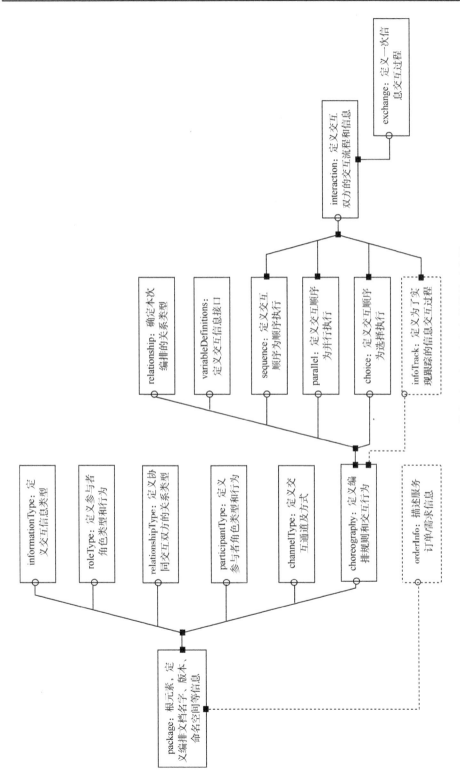

图3.20　WS-CDL+文档主要组成元素和文档结构示意图

　　由于不同订单的制造服务编排模板和编排策略有所不同，而且制造服务存在实际制造过程，该过程依赖于服务提供商的一台设备，无法同时响应两个订单的请求，因此不同订单对应着不同编排文档，一个订单中服务商的交互的前提是分辨出对方与自身执行的订单是否是同一个订单对象。因此，需要在编排文档中加入针对订单信息的描述，且这类信息描述与编排文档唯一对应，属于文档静态部分。通过对标准 WS-CDL 扩展，即在<package>根元素下，静态定义部分增加<orderInfo>元素，如图 3.20 虚线部分所示，加入了对服务执行实例的具体订单/需求信息的描述能力，主要包含但不局限于以下信息：订单名称、订单编号、下单时间、交货时间、订单优先级、订单技术信息、价格、数量、客户名称等。

　　由于 W3C（World Wide Web Consortium，万维网联盟）提供的标准 WS-CDL 协议只定义了普通的信息交互方式，如价格询问、服务评价询问等，这些交互只是为了业务流程的顺利进行，一般在业务流程中只需要进行一次。而跟踪信息的交互会根据跟踪监控的实时性、准确性等要求，可能需要进行较高频次的交互或指定时刻交互。因此能够进行服务跟踪监控交互的服务编排文档，不仅要包含以上普通的交互方式定义，还要包含对目标跟踪信息的交互方式定义。通过在交互节点<choreography>下，增加<infoTrack>描述节点及相关属性，用于定义获取目标跟踪信息的交互方式。该节点下的<interaction>节点均属于需要跟踪监控的信息交互，具体描述见 3.3.3 节中的"基于 WS-CDL+的服务跟踪及服务组合关系更新"部分。这些元素的添加，形成了适合云制造服务跟踪的 WS-CDL+协议。

3.3.3　服务视图的更新

1. 基于实时数据的服务状态更新

　　在制造服务交易匹配和服务追踪过程中，对制造服务能力进行有效的评估，是保证匹配正确和服务正常进行的基础和关键。如果不能进行有效评估，则其服务订单可能不能按时或按质（满足质量要求）完成；如果在服务执行过程中，制造服务能力突然发生变化，若能及时发现，可以及时进行服务变更（如变更服务供应商），保证订单按期完成。以数控机床为例，本书提出一种基于实时数据的数控机床服务能力更新方法。该方法能够减少订单周期时间，提高产品质量，降低生产风险。但该方法具有参数数量大和计算消耗大的特性，很明显数控终端无法满足这些需求，为了应对上述挑战，把云计算和智能终端结合起来，形成"云-边-端"融合的架构。"云-边-端"架构即云平台、边缘设备和智能终端一体化的架构，该架构可以兼顾智能终端使用便捷、实时性强的特点，也突出了网络的高效传输能力和云平台对海量数据的高效处理能力[60]。

数控机床服务能力管理的"云–边–端"融合系统架构由四部分组成，分别是数控机床、工业 APP、边缘设备和工业云平台。各部分功能如图 3.21 所示。

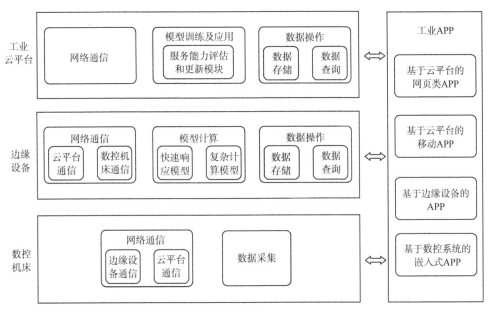

图 3.21　"云–边–端"架构下各部分功能

数控机床侧的功能包括网络通信、数据采集两部分内容。数据采集是指在机床运行过程中，通过传感器和数控系统采集状态监测数据。网络通信包括数控机床和边缘设备之间，以及数控机床和云平台之间的通信。

工业 APP 的主要功能是结果展示，即展示来自边缘设备侧的模型计算结果（如机床服务能力评估和更新结果）。工业 APP 的运行环境很多，不同的运行环境有不同的展示形式，如运行在数控机床端的 APP、运行在网页上的页面以及运行在手机上的移动类 APP（如微信小程序）。

边缘设备侧的功能是指网络通信、模型计算和数据操作三部分功能。网络通信包括边缘设备和云平台之间，以及边缘设备和数控机床之间的通信。数据操作包括数据存储和数据查询两部分：数据存储是指将预处理后的数据临时存储起来，由于边缘设备的内存限制，这些数据超过一段时间会自动删除；数据查询是指通过指令从存储的数据中取出需要处理的数据。模型计算被划分成两类，分别是快速响应模型和复杂计算模型：快速响应模型是指边缘设备可以直接处理的模型，比较典型的有数据预处理、计算设备运行率、根据定位误差来判定加工精度、根据温度判断设备是否发生故障等；复杂计算模型是指边缘设备无法处理的模型，这类模型依赖于数据训练得到模型参数，而边缘设备由于计算能力和存储能力的限制，往往无法根据历史数据得到训练参数，如神经网络模型、贝叶斯分类器、基于密度的聚类等。这里主要是指机床服务能力评估和更新模型。

工业云平台的功能包括网络通信、模型训练及应用和数据操作功能。网络通信包括云平台和边缘设备之间，以及云平台和移动设备等的通信。数据操作由数据存储和数据查询组成，数据存储是指将来自边缘设备的预处理后的数据存储到云平台的数据库中；数据查询是指从数据库取出模型需要输入的特征数据。模型训练及应用主要利用从数据库中取出的数据对模型进行训练，进而得到训练好的模型参数，这里主要是指机床服务能力评估和参数更新，如对机床进行健康诊断和故障预测等。对于健康评估模型来说，首先需要根据历史状态监测数据和专家经验对健康状态等级进行划分；接着根据历史数据进行模型的训练；然后提取出训练好的健康评估模型参数。主要可以通过层次分析法和熵组合方法进行设备健康的评估。对于故障预测模型来说，首先需要从数据库中取出待训练的预测数据，接着对预测模型进行训练，然后抽取训练好的预测模型参数。

图 3.22 是数控机床健康管理系统数据关系图。将模型分成两部分，一部分是云端"离线"模型，另一部分是边缘设备"在线"模型。云端"离线"模型利用云的高效计算能力对数据库中采集的多台设备数据进行模型的训练。由于训练数据来自多台设备，因此云端"离线"模型训练出的参数通用性较强。边缘设备"在线"模型和云端"离线"模型是处于同步对应关系的，它使用云端"离线"模型训练好后的参数，可以直接处理预处理后的数据。数控机床的采集模块采集运行过程中的状态监测数据。数控机床的网络模块会将这些数据传递给边缘设备。边缘设备的网络模块在接收到状态采集参数之后，会将这些数据传递给预处理模块。预处理后的数据一般有三个去向，一是存储到边缘设备的局部存储模块，二是传输给云平台，三是传输给边缘设备的其他计算模块（"在线"模型）。边缘设备利用"在线"模型对预处理后的数据进行处理，并将模型计算的结果传输给工业 APP。工业 APP 展示模型计算的结果。另外，云平台的网络模块会将预处理后的数据传输给云端数据库。云端的"离线"模型会定期从数据库中取出数据进行模型训练。"离线"模型会将训练好的模型参数传输给数据库。云平台的网络模块会将数据库中训练好的模型参数传输给边缘设备的"在线"模型。边缘设备的"在线"模型在接收到模型参数之后会自动进行模型的更新。

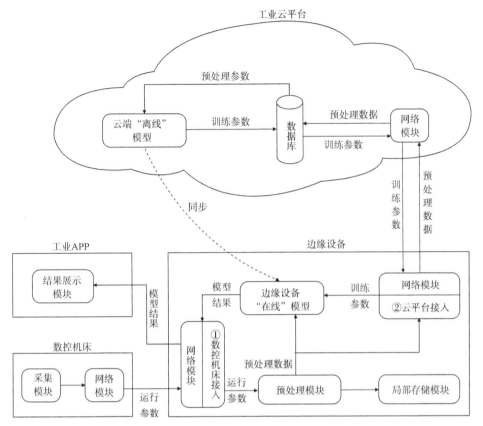

图 3.22　数控机床健康管理系统数据关系图

2. 基于 WS-CDL+的服务跟踪及服务组合关系更新

制造服务执行过程中的服务交互是通过交互接口实现的。在服务供应商按照接口规范实现和发布了所提供服务的接口，并被某服务组合匹配选中后，需要对该服务组合中的各服务进行服务编排，其中包含对各服务接口的描述。一个服务供应商 X 服务执行过程跟踪的典型流程如图 3.23 所示，其中加粗实线为定义的交互过程。通过该过程，服务供应商 X 在执行订单前会首先向上游服务供应商 Y 询问订单的状态，若出现异常则切换订单；否则继续询问订单进度信息，并判断是否等待当前订单到达。以此，根据以上跟踪信息可以选择最符合自身服务策略的订单进行加工。

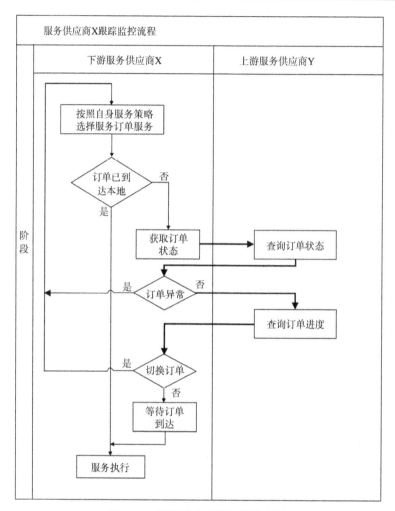

图 3.23　服务供应商服务跟踪流程

　　服务供应商 X 和 Y 的交互接口在基于 WS-CDL+协议（针对 WS-CDL 协议的扩展，详见 3.3.2 节）的编排文档部分描述如图 3.24 所示。其中，属性"name"表示该接口方法名；属性"informationType"表示该方法的返回值类型；属性"action"表示该接口的动作类型，"request"表示询问（"respond"表示回复，"request-respond"表示复合接口，图 3.24 中文档没有这两类元素出现）；<send>、<receive>节点表示信息的传递过程及方向。信息的获取通过 WS-CDL+协议标准支持的"getVariable"方法实现，该方法可实现从全部的编排文档中获取相应对象的变量值。

```
    <exchange name="getServiceID"
            informationType="ths: string"
            action="request">
    <send variable="cdl: getVariable('tns:serviceID', '' , '')" />
    <receive variable="cdl:getVariable('tns:serviceID', '', '')" />
    </exchange>
    <exchange state="getServiceState"
            informationType="ths:boolean"
            action="request">
    <send variable="cdl:getVariable('tns:serviceState', '' , '')" />
    <receive variable="cdl:getVariable('tns: serviceState', '', '')" />
    </exchange>
    <exchange process="getServiceProcess"
            informationType="ths:decimal"
            action="request">
    <send variable="cdl:getVariable('tns: serviceProcess', '' , '')" />
    <receive variable="cdl:getVariable('tns: serviceProcess', '', '')" />
    </exchange>
```

图 3.24　服务供应商 X 和 Y 的交互接口描述（部分）

　　服务供应商对服务的跟踪流程定义文档如图 3.25 所示。<infoTrack>节点有 "name" "point" "unit" 等属性。属性 "name" 表述该节点的名称。属性 "point" 表示执行该<infoTrack>节点下交互<interaction>的时刻，以设定时间 "pointTime"

```
<!--服务供应商 X 与 Y 之间的跟踪交互，在服务供应商 X 的服务开始时刻向服务供应商 Y 询问
订单信息-->
<infoTrack name="ServiceProviderTrack"
        point="0"
        unit="hour">
  <interaction name="P-QuoteOrder"
                channelVariable="tns:ProviderX-YChannel"
                operation="getQuote">
    <!--定义此次跟踪是下游服务供应商 X 向上游服务供应商 Y 发起的-->
    <participate relationshipType="tns:ProviderX&YRelationship"
                fromRoleTypeRef="tns:ProviderX"
                toRoleTypeRef="tns:ProviderY" />
    <exchange>…</exchange>+    <!--交互信息-->
  </interaction>
</infoTrack>
```

图 3.25　基于 WS-CDL 的服务跟踪描述

占执行总时间 T 的比值确定交互时刻。如设定时间 "pointTime" 为 4h,执行总时间 T 为 20h,则此次数据监控交互时刻为该订单已完成 20% 的时刻;属性 "unit" 表示时间单位,即 d(天)或 h(小时)或 min(分钟)。

通过 WS-CDL+格式的流程定义文件,各个服务参与方可以在各自管理流程中接入服务交互信息,明确交互节点和交互内容,以提高不同组织业务流程的耦合程度。

3.4 案 例 验 证

3.4.1 液压油缸制造工厂背景

液压油缸是液压传动系统的核心,也是民航、交通、电力、港口货运等众多行业中所用高端装备的典型或关键部件。液压油缸的可定制化程度高(标准油缸产品中约 70% 的零件可定制),造成零件的加工工艺种类多、流程复杂。为了提升制造过程的整体效益,油缸部件的生产不仅需要与装备整体的制造进度协调,还要与油缸零件的供应商协调,另外还要保证较高的加工质量。验证对象是某生产销售液压启闭设备、标准和特殊应用液压缸及成套液压系统的专业化企业。该企业的油缸生产部门目前已掌握多类型油缸零件的加工工艺以及产品的装配工艺等,且已使用企业数字化信息管理平台来集成不同制造阶段的信息。客户订单、产品工艺等数据可以从 ERP 系统中获取,设备运行、零件加工等现场数据可以从 MES 系统中提取,物料存储和零部件采购的数据可以从仓储物流系统中获取。但是,油缸生产流程管理技术的缺陷对企业提出了巨大的挑战,主要包括以下几点。

(1)目前车间内的生产调度仍采用人工方式,即车间调度员根据经验完成订单加工以及物料运输的调度。

(2)定制化生产模式不可避免要面对各种动态事件,车间内主要考虑的是设备故障,但目前设备的可替换方案较少,一般的解决方法是等待设备维修,不具有快速响应紧急事件的能力,且需要一定的人力资源投入来应对。

(3)由于车间自身产能以及设备加工类型的限制,一些具有特殊工艺的批量型零件需要由特定的供应商完成加工,这类外协加工的时间以及质量存在较大的不确定性,车间无有效的应对措施。

3.4.2 多粒度、多视图智能工厂仿真模型构建

1. 车间模型的构建思路

为了更好地对油缸生产系统进行分析和研究,结合 3.2 节中基于分形思想的

多粒度、多视图智能工厂的模型架构与建模方法，首先建立针对油缸产品制造的生产体系仿真与分析模型。该工厂目前主要的瓶颈在于车间对加工过程无法进行智能化的管控，一方面，对紧急插单、外协延时、设备故障等动态事件的感知能力差，另一方面，不具有自适应调整任务调度的动态优化能力。针对这一现状，研究构建由车间、AGV、加工中心以及外协工厂四类分形体组成的 MAS，如图 3.26 所示。加工中心基于智能分形体中的自学习信息流（数据视图—知识视图—资源视图）

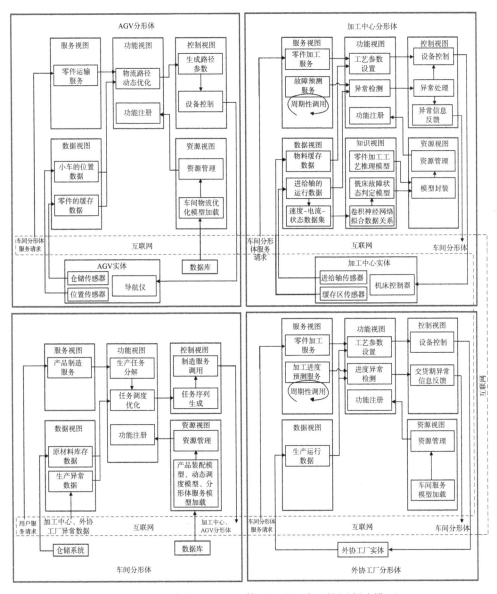

图 3.26　基于智能分形工厂体系的油缸产品协同制造模型

来形成设备故障的预测模型，在出现异常运转情况时立即停止运行并将异常信息告知车间。车间基于智能分形体的自适应信息流（数据视图—功能视图—控制视图）来形成动态事件驱动的实时调度模型，在出现生产瓶颈时立即优化工序的作业方案并告知设备。车间、加工和物流设备根据订单信息之间的服务调用关联（服务视图—功能视图—资源服务模型）进行协作生产。最后，车间调用外协工厂的零件加工服务后会实时接收到外协零件的加工进度变化，并作为制造异常数据重新调整车间调度方案，实现跨组织和跨区域的高质量、实时生产协作。

2. 基于 AnyLogic 的智能工厂仿真模型实现

AnyLogic 是一款支持多建模方法综合应用的系统仿真工具，支持离散事件模型、MAS 模型和系统动力学模型的仿真，软件拥有丰富的模型库以及功能接口，具有快速实现智能体模型建立和功能开发的优点。油缸产品的加工过程是典型的离散型制造，本书拟选用 AnyLogic 软件作为油缸车间模型的构建工具，以进行仿真和分析。

首先，智能工厂体系实际为 MAS 模型，就要求智能分形体在实现时能够被多粒度实例化并具有自主通信能力。AnyLogic 软件为标准的智能体结构提供了基于消息的即时通信方法以及对可视化仿真对象的直接控制方法，如图 3.27 所示。

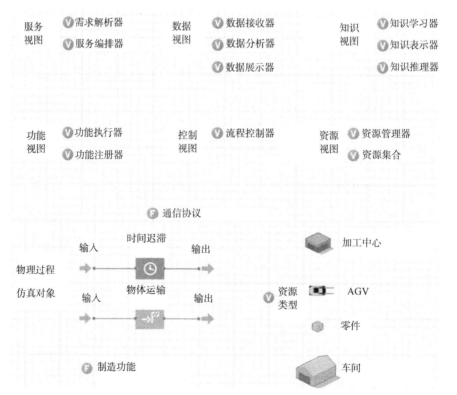

图 3.27　AnyLogic 中智能分形体的定义

其次，仿真模型构建的基础是对油缸生产体系中涉及的制造资源进行统一封装。应用软件类资源（动态调度模型、故障诊断模型和产品装配模型等）需要封装模型的输入、输出数据类型和标签以及调用方法。自动控制设备类资源（加工中心实体、AGV 实体等）在实际车间场景或在仿真过程中都体现不同类型的生产过程，因此需要封装与虚拟生产过程控制器匹配的控制程序或指令，如图 3.27 所示。智能体类资源（加工中心、车间、AGV 分形体等）能够独立提供特定的制造服务，因此需要封装其服务调用模型。

最后，统一建模语言（unified modeling language，UML）的类图具有能够直接与面向对象的程序设计语言相互转换的自然优势，因此参考 3.2.2 节中用 UML 类图表示的分形体中不同生产要素的运行机制，通过创建相应的信息管理对象去构建多个要素视图。例如，数据视图中的数据分析、挖掘、展示工具以及知识视图中的知识发现和表示工具属于通用方法，可考虑在软件中嵌入第三方函数库并将其调用接口定义在要素视图中。完成上述步骤后，调用车间分形体的产品加工服务并输入产品订单信息，开始油缸产品的协同生产仿真，如图 3.28 所示。

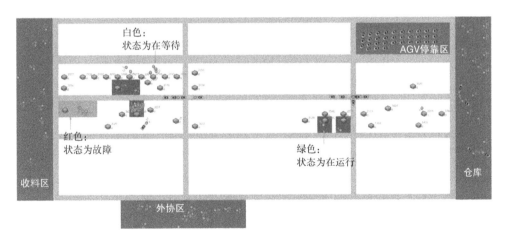

图 3.28　油缸生产车间仿真布局

3.4.3　多场景下的模型应用分析

1. 加工中心故障预测模型

设备的维护管理是企业日常经营活动中的一项重要内容。智能工厂能够在设备出现故障时甚至之前快速启动故障处理与修复过程，并以此为基础重新安排生产任务的组织，这体现了智能制造中数据驱动的自适应能力。为了更进一步地提升油缸生产效益和优化整体制造流程，考虑基于上述多粒度、多视图智能制造单元的自学习信息流识别并应对设备故障类型的动态干扰，验证工作单元层次生产的智能性提升。

本节针对的是数控机床的执行系统故障预测问题。在数控机床速度控制过程中，执行组件的理论速度和实际速度的跟随状态可以有效反映执行组件的响应特性，进而根据这种响应特性对故障状态进行预测。不同设备实际速度和理论速度误差不尽相同，很难确定其范围，但是在速度变化过程中电流也会相应地发生变化，即电流和速度之间存在一定的关系。在调速过程中，同类型设备的电流和速度之间的变化规律是相似的，如图 3.29 所示。如果两者之间的关系明显偏离规律，可以判定这个设备出现故障。反之，可以判定这个设备正常。

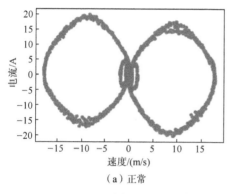
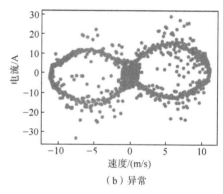

（a）正常　　　　　　　　　　　　（b）异常

图 3.29　进给轴电流–速度关系的正常与异常情况

通过在现有的工厂中基于状态监测数据来构建设备故障预测模型，之后能够实时预测故障发生的概率或判断故障的可能性。在构建模型时，如果直接使用数据驱动的建模方法（如回归、神经网络、支持向量机等方法），特征种类多但关键特征需要识别，且特征之间的关联大多呈现非线性关系，模型很有可能过拟合，精确度和通用性都有限。而如果直接使用机理模型来评定数控机床的故障概率，从理论上又很难实现。这是因为数控机床是一个复杂的系统，由数控系统、伺服反馈系统、机床主体和辅助装置组成，而每个子系统又可以细分到各个组件，而各个组件和系统之间的关系无法定性或者定量地表示。为了解决以上问题，结合智能分形体中多种生产要素的融合方式去实现基于机理建模–数据建模双驱动的数控机床故障预测及反馈机制，如图 3.30 所示。

数据视图收集工作单元中某类型数控加工中心的进给轴在正常和故障状态下运行所产生的真实数据，知识视图在此大数据集上挖掘电流与速度的非线性关系，用二维图形去表达这一机理知识，再结合基于卷积神经网络结构的图像分类模型形成知识推理机。在资源视图中，将该推理机封装为使工作单元智能体具有故障预测功能的制造资源。当数控机床在运行时，按计划调用数据分析器提取机床进给轴的运行数据并绘制速度-电流关系图，继而在任务运行器中调用故障预测模型给出预判结果。这一模型之所以是机理与数据共同驱动构建的，是因为车间中存在多种类型的数控机床，每种机床进给轴的电流与速度关系都可以用来判断其是否处于故障状态，但不同进给轴运行时的电流与速度的非线性关系不尽相同，因此需要借助数据拟合的方法去表达相似关系中的细微差别。

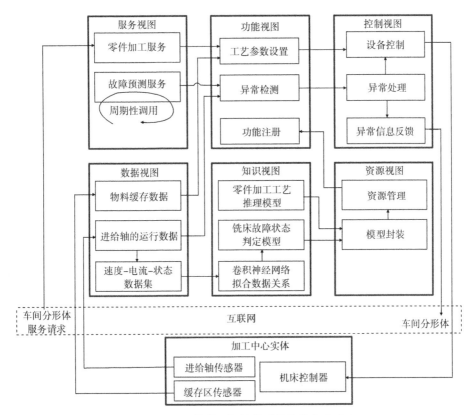

图 3.30　工作单元智能分形体的信息流动

　　为了验证上述模型的有效性，随机选择油缸生产车间的 6 台数控机床——B1、B2、B3、B4、B5、B6，并对每台机床进行了不同次数的测试，测试结果如表 3.5 所示。例如，B1 测试了 15 次，正确次数为 14 次，正确率（正确率=正确次数/测试次数）93.3%。本次实验总共测试了 105 次，错误 4 次，正确率达 96.2%。经过验证，基于智能分形体模型的自学习信息流构建的工作单元故障预测模型具有较高的准确率。

表 3.5　边缘设备模型测试结果

机床型号	测试次数	测试正确次数	正确率/%
B1	15	14	93.3
B2	20	20	100.0
B3	20	19	95.0
B4	15	15	100.0
B5	20	18	90.0
B6	15	15	100.0

2. 结合设备故障与零件外协的车间动态调度

油缸产品具有高度可定制化，产品的某些零件可能需要一些具备特定加工能力的工厂来协作生产。另外，当车间自身产能达到上限或制订生产计划时未充分考虑产能时，继续保持原有的任务调度方案会造成订单的交货期延后，甚至导致加工质量的不稳定。这两种情形目前大大地限制了企业生产效益的提升，因此基于多粒度、多视图智能工厂模型实现在油缸生产车间的调度优化，验证油缸生产过程柔性的提升，车间、加工中心、外协工厂智能分形体的概念模型如图 3.26 所示。

该车间所生产的油缸根据应用场景的不同分为 A、B、C 三大类。每种油缸需要在该车间中分别加工活塞杆、缸头、缸筒以及缸底等零件，而不同类型产品的同类型零件具有不同的工艺流程（工艺模型），不同客户定制的同类型油缸具有不同的产品规格，即零件参数不同。因此，对车间管理分形体输入包含以上详细信息的生产订单数据（来源于该油缸车间 2019 年 10 月 7 日至 2019 年 10 月 13 日时段内的订单数据），如表 3.6 所示。其中，产品规格包含活塞直径、活塞杆直径和行程长度。例如，A-100/70/20 表示 A 类产品的活塞直径为 100mm，活塞杆直径为 70mm，行程长度为 20mm。

表 3.6　2019 年 10 月第二周部分生产订单数据

产品类型及规格	产品数量	部件	工位	时间/min	工位	时间/min
A-100/70/200	4	活塞杆	WS4	259	WS12	265
		缸头	WS10	300	WS11	260
		缸筒	外协	1440×3		
		缸底	WS10	290	WS11	260

续表

产品类型及规格	产品数量	部件	工位	时间/min	工位	时间/min
B-230/280/2100	3	缸底	WS3	265	WS3	320
			WS10	265	WS9	330
		缸筒	WS2	274	WS11	471
			WS1	575	WS0	631
			WS6	369	WS5	403
		活塞杆	WS7	270	外协	1440×2
			WS11	330		
		缸头	WS3	495	WS10	365
			WS3	330		
		活塞	WS11	210		
C-250/160/1818	5	缸筒	WS0	320	WS6	240
			WS4	220	WS4	220
		活塞杆	WS7	340	WS8	360
			外协	1440×4	WS7	200
		缸头	WS3	230	WS3	210
			WS10	370	WS9	270
		缸底	WS5	300	外协	1440×3
		活塞	WS3	300	WS3	260

　　除了产品，生产调度过程还涉及物流设备与加工设备。多种类型的零件在加工设备间流转时需要分别选择对应类型的物流小车来运输。此外，不同加工设备具有不同的制造能力且适用于不同类型的零件。因此，车间的 MAS 模型实例化时需要实际的物流小车以及数控机床的详细信息，将以上信息输入由分布式智能分形体构成的多粒度、多视图智能工厂模型。

　　另外，为应对油缸产品生产过程中的两类动态干扰因素（外协件延时、设备故障），考虑在车间管理分形体中嵌入基于改进遗传算法的车间自适应调度方法。首先，按基于零件号或任务号的自然数编码方式组成表示调度方案的染色体，并以该调度方案的最大完工时间的倒数作为染色体的适应度，随机生成若干可行方案形成初始种群并对染色体排序。其次，采取精英保留、交叉、变异等操作对已有方案组进行优选和随机调整。最后，当出现动态干扰后，各染色体中的零件号或任务号序列将直接根据事件信息得到调整，实现自适应和调度优化过程。

　　（1）常规调度优化。将上述生产订单数据作为油缸产品协同制造仿真模型的输入，考虑调度优化算法的随机性，多次运行仿真后分别统计各个加工中心的设备利用率，并将其作为评价模型调度优化性能的指标，结果如图 3.31 所示。综合多轮次仿真过程，人工调度的平均最大完工时间和平均设备利用率分别为10 547min 和 67%，自适应调度的最大完工时间和平均设备利用率分别为 9371min和 73%。因此，面对常规的调度任务（无扰动），车间智能分形体模型可基于自适应调度方法考虑各设备的任务序列自动优化零件加工顺序，缩短所有零件的完工时间，同时提升设备的平均利用率。

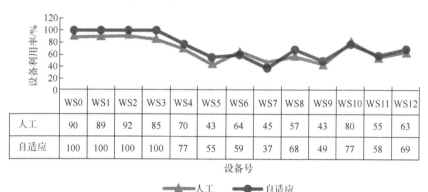

设备号	WS0	WS1	WS2	WS3	WS4	WS5	WS6	WS7	WS8	WS9	WS10	WS11	WS12
人工	90	89	92	85	70	43	64	45	57	43	80	55	63
自适应	100	100	100	100	77	55	59	37	68	49	77	58	69

图 3.31　人工与自适应调度性能对比

（2）设备故障重调度。在常规调度过程基础上，假设设备 WS3 将分别在第1654min 和第 4246min 出现两次可修复故障，修复时间均为 30min，再次仿真并分析结果，如图 3.32 所示。多轮次的仿真过程中，人工重调度的最大完工时间和平均设备利用率分别为 10 867min 和 67%，自适应重调度的最大完工时间和平均设备利用率分别为 9567min 和 73%。因此，车间智能分形体在应对制造资源故障时，基于自适应调度方法一方面仍能保持较好的调度优化能力（平均设备利用率提升明显），另一方面尽可能地降低动态扰动给生产过程带来的影响（最大完工时间较常规情况变长但与人工调度相比仍缩短明显）。

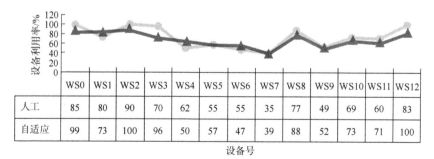

设备号	WS0	WS1	WS2	WS3	WS4	WS5	WS6	WS7	WS8	WS9	WS10	WS11	WS12
人工	85	80	90	70	62	55	55	35	77	49	69	60	83
自适应	99	73	100	96	50	57	47	39	88	52	73	71	100

图 3.32　设备故障下人工与自适应调度性能对比

（3）外协延时重调度。在常规调度过程基础上，现假设产品 C-250/160/1818 的活塞杆在外协加工过程中出现了延期交付事件，延期时间为 1.5d，重新仿真并分析结果，如图 3.33 所示。多轮次的仿真过程中，人工重调度的最大完工时间和平均设备利用率分别为 11 185min 和 67%，自适应重调度的最大完工时间和平均设备利用率分别为 9767min 和 71%。因此，车间智能分形体在应对跨组织、跨域制造过程产生的干扰时，基于自适应调度方法同样能保持较好的调度优化能力和应对动态扰动的能力。

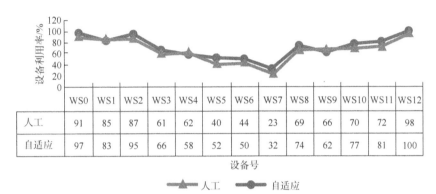

	WS0	WS1	WS2	WS3	WS4	WS5	WS6	WS7	WS8	WS9	WS10	WS11	WS12
人工	91	85	87	61	62	40	44	23	69	66	70	72	98
自适应	97	83	95	66	58	52	50	32	74	62	77	81	100

图 3.33 外协延时下人工与自适应调度性能对比

综上，基于分形思想的多粒度、多视图智能工厂模型能够支持企业实现智能化的生产过程控制以及有效的生产协同。

3.4.4 基于 WS-CDL 的企业间服务动态协同

1. 云制造服务案例设计

液压油缸活塞杆加工有如下三步骤：毛坯加工（blanking）、粗加工（roughing）、精加工（finishing）。服务供应商 A 和 B 均能完成以上各步骤制造任务，即提供每种云制造服务或者相应组合服务。现假设有 8 个订单需求，其确定好的服务供应商如表 3.7 所示（按下单时间先后排序）。其中，时间为生产制造的加工时间。

表 3.7 订单信息

订单	毛坯加工		粗加工		精加工	
	服务供应商	时间	服务供应商	时间	服务供应商	时间
order_1	A	6h	A	4h	B	6h
order_2	A	6h	B	7h	B	6h
order_3	B	3h	B	7h	A	10h

续表

订单	毛坯加工		粗加工		精加工	
	服务供应商	时间	服务供应商	时间	服务供应商	时间
order_4	B	3h	A	4h	B	6h
order_5	A	6h	B	7h	A	10h
order_6	B	3h	A	4h	A	10h
order_7	A	6h	A	4h	B	6h
order_8	A	6h	B	7h	A	10h

现对服务供应商 A 和 B 做如下假设。

（1）假设服务供应商 A 和 B 服务的业务流程为：等待订单→准备加工→加工制造→订单完成或订单异常→切换订单。

（2）假设下游服务供应商与上游服务供应商没有交互获取服务跟踪信息，则各服务供应商初始订单顺序如表 3.8 所示。加工不同的订单假设需要一定的生产准备时间，为服务切换时间（switching time），如表 3.9 所示。若在服务执行过程中存在双方有效的交互，服务供应商可以预先知道上游服务商的完成时间，因此可以安排提前做好加工准备，则下一订单的准备时间可忽略。

表 3.8　各服务供应商订单信息

A 毛坯加工	A 粗加工	A 精加工	B 毛坯加工	B 粗加工	B 精加工
order_1	order_1	order_3	order_3	order_2	order_1
order_2	order_4	order_5	order_4	order_3	order_2
order_5	order_6	order_6	order_6	order_5	order_4
order_7	order_7	order_8		order_8	order_7
order_8					

表 3.9　各服务供应商切换时间

A 毛坯加工	A 粗加工	A 精加工	B 毛坯加工	B 粗加工	B 精加工
0.5h	0.5h	1h	0.5h	0.5h	1h

2. WS-CDL 编排文档实现

为有效协同每个订单的加工制造流程，不同服务供应商需要根据每个订单编排信息与上、下游服务供应商进行订单加工信息交互。以订单 order_2 为例，对订单 order_2 进行信息交互协同设计，并给出对应的编排文档。

（1）订单 order_2 的编排文档的静态部分如下。

```xml
<!-- 定义订单状态、进程、异常的数据类型 -->
<informationType name="orderStateType" type="xsd:boolean" />
<informationType name="orderProcessType" type="xsd:decimal" />
<informationType name="badOrderFlagType" type="xsd:boolean" />
<!-- 定义交互信息的令牌信息 -->
<token name="orderId" type="xsd:string" />
<token name="URI" type="xsd:uri" />
<tokenLocator tokenName="tns:orderId"
            informationType="tns:orderStateType"
            query="tns:/orderInfo/orderID/@uuid" />
<tokenLocator tokenName="tns:orderId"
            informationType="tns:orderProcessType"
            query="tns:/orderInfo/orderID/@uuid" />
<tokenLocator tokenName="tns:orderId"
            informationType="tns:badOrderFlagType"
            query="tns:/orderInfo/orderID/@uuid" />
<!--定义该协同流程中的角色类型 -->
<roleType name="Provider_A_Blanking">
   <behavior name="Blanking" type="Blanking_Interface" />
</roleType>
<roleType name="Provider_B_Roughing">
   <behavior name="Roughing"
            type="Roughing_Interface" />
</roleType>
<!-- 定义该协同过程中存在的交互关系 -->
<relationshipType name="Provider_A2B">
   <roleType typeRef="tns:Provider_A_Blanking" />
   <roleType typeRef="tns:Provider_B_Roughing" />
</relationshipType>
<relationshipType name="Provider_B2A">
   <roleType typeRef="tns:Provider_B_Roughing" />
   <roleType typeRef="tns:Provider_A_Blanking" />
</relationshipType>
<!-- 定义该编排交互过程的实际参与者 -->
<participantType name="Provider_A">
```

```
            <roleType typeRef="tns: Provider_A_Blanking" />
    </participantType>
    <participantType name="Provider_B">
        <roleType typeRef="tns: Provider_B_Roughing" />
    </participantType>
    <!-- 定义该协同过程中存在的交互通道类型 -->
    <channelType name="Provider_A-channel">
        <roleType typeRef="tns: Provider_A_Blanking" />
        <reference>
            <token name="tns:URI" />
        </reference>
        <identity type="primary">
            <token name="tns:orderID" />
        </identity>
    </channelType>
    <channelType name="Provider_B-channel">
        <roleType typeRef="tns: Provider_B_Roughing&Finishing" />
        <reference>
            <token name="tns:URI" />
        </reference>
        <identity type="primary">
            <token name="tns:orderID" />
        </identity>
    </channelType>
    <!-- 定义该协同过程对应的订单信息-->
    <orderInfo>
        <orderID uuid="fe156d3d-663a-4cdd-a51b-b62bd17ebbab">
            <name>order_2</name>
            <startTime>2018-11-11 00:00:00</startTime>
            <deadline>2018-11-14 00:00:00</deadline>
            <totalTime>19</totalTime>
            <priority>HIGH</priority>
            <price>8</price>
        </orderID>
    </orderInfo>
```

（2）订单 order_2 的动态编排文档如下。

```
<choreography name="Provider_BA_QuoteChoreography">
      <relationship type="tns: Provider_B2A">
   <!-- 具体交互接口、交互通道定义 -->
   <variableDefinitions>
      <variable name="orderState" informationType="tns:orderStateType" />
      <variable name="orderProcess"
                informationType="tns:orderProcessType"/>
      <variable name="badOrderFlag"
                informationType="tns:badOrderFlagType" />
      <variable name="A-channel" channelType="tns:Provider_A-channel" />
      <variable name="B-channel" channelType="tns:Provider_B-channel" />
      <variable name="isOrderBad"
                informationType="tns:badOrderFlagType"
                roleTypes="tns:Provider_A_Blanking" />
   </variableDefinitions>
   <!----------------------------------------------->
   <!-- 询问跟踪订单信息 -->
   <infoTrack name="orderTrack" interval="5" unit="minute">
      <interaction name="QuoteOrder"
                channelVariable="tns:A-channel" operation="getQuote">
         <participate relationshipType="Provider_B2A"
                     fromRoleTypeRef="tns:Provider_B_Roughing"
                     toRoleTypeRef="tns:Provider_A_Blanking" />
   <!-- 询问订单的状态信息 -->
         <exchange name="RequestOrderState"
                informationType="tns:orderStateType"
                action="request">
            <send variable="cdl:getVariable('tns:orderState','','')" />
            <receive variable="cdl:getVariable('tns:orderState','','')"/>
         </exchange>
   <!-- 询问订单的进程信息 -->
         <exchange name="RequestOrderProcess"
                informationType="tns:orderProcessType"
                action="request">
```

```
                <send variable="cdl:getVariable('tns:orderProcess','','')" />
                <receive variable="cdl:getVariable('tns:orderprocess','','')"/>
            </exchange>
        </interaction>
    </infoTrack>
    <!------------------------------------------------>
    <!-- 条件执行——A 服务商向 B 服务商发送异常信号 -->
    <workunit name="WhileOrderBad"
              guard="cdl:getVariable('tns:isOrderBad','','')=true()"
              repeat="true()">
        <interaction name="badOrderFlag"
                     channelVariable="tns:B-channel"
                     operation="sendBadOrderFlag">
        <participate relationshipType="Provider_A2B"
                     fromRoleTypeRef="tns:Provider_A_Blanking"
                     toRoleTypeRef="tns:Provider_B_Roughing" />
        <exchange name="ResponseBadOrderFlag"
                  informationType="tns:badOrderFlag"
                  action="request">
            <send variable="cdl:getVariable('tns:badOrderFlag','','')" />
            <receive variable="cdl:getVariable('tns:badOrderFlag','','')" />
        </exchange>
        </interaction>
    </workunit>
</choreography>
```

针对以上编排文档，说明如下。

（1）通过<variableDefinitions>标签对定义了交互过程中的具体数据接口、交互通道信息。

（2）通过命名为 orderTrack 的<infoTrack>标签及属性定义，<infoTrack>节点下的<exchange>信息交互每 5min 进行一次。

（3）通过命名为 RequestOrderState 的<exchange>标签对，服务供应商 B 可向服务供应商 A 询问并获取该订单的加工状态，如正常或异常信息。

（4）通过命名为 RequestOrderProcess 的<exchange>标签对，服务供应商 B 可向服务供应商 A 询问并获取该订单的加工进程信息，如 0 和 1 之间的小数。

（5）通过<workunit>标签对，实现服务供应商 A 在订单发生异常（isOrderBad==true）时，通过命名为 ResponseBadOrderFlag 的<exchange>标签，向服务供应商 B 发送订单异常信号（badOrderFlag）。

图 3.34 为订单 order_2 的服务供应商之间的交互设计示意图，各服务供应商以及云平台之间都存有交互通道。其中椭圆标注的是 A 毛坯加工服务与 B 粗加工服务之间的交互通道。

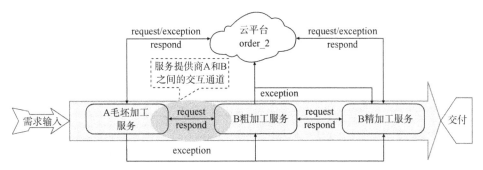

图 3.34　order_2 的服务流程和交互示意图

服务供应商 A 毛坯加工服务和服务供应商 B 粗加工服务之间可形成如图 3.35 所示的交互时序图。

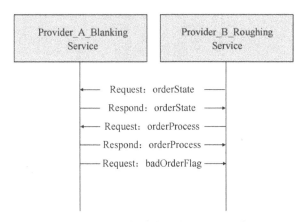

图 3.35　服务供应商 A 与 B 交互时序

首先，服务供应商 B 会向服务供应商 A 询问当前订单的状态，服务供应商 A 返回相应订单的状态信息；然后，服务供应商 B 向服务供应商 A 询问当前订单的进度，同样服务供应商 A 返回相应订单的进度信息；若 order_2 订单发生异常，则服务供应商 A 会随时向服务供应商 B 发送订单异常的信息，以实现服务供应商 B 对自身订单的安排更新。

3. 基于 AnyLogic 的协同模型

本书基于 AnyLogic 平台对上述案例进行仿真对比分析。基于交互编排协议，建立服务供应商智能体之间的交互行为模型，验证服务协同的有效性。为实现 WS-CDL 编排文档中规定的交互通道和交互动作，AnyLogic 通过"链接"（connections）实现交互通道的定义。在同一环境中可通过 Java 方法（表 3.10）实现智能体之间的交互动作（信息传递）。

表 3.10　智能体交互建模方法

方法	说明
send（）	可向其他指定的或全部的或随机的智能体发送对象（object）类型消息
deliver（）	功能与 send（）相似
port & connector	定义消息接口（port）和消息传输通道（connector）

（1）传统制造模式仿真建模。作为对比，首先构建传统的制造模式下的服务模型。该模式下服务供应商之间不存在信息交互和协同过程，此时每个服务供应商一般按照"先来先服务"的加工规则进行生产制造。每个服务供应商的智能体模型如图 3.36 所示。

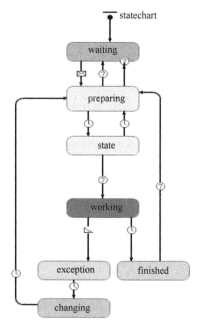

图 3.36　服务供应商的智能体模型

statechart 即状态图；waiting 即等待；preparing 即准备；state 即状态；working 即加工；exception 即异常；
finished 即完成；changing 即切换

仿真模型及运行结果如图 3.37 所示。此时，订单完成总时间为 53.016h，各服务供应商的加工时间（workingTime）、异常处理时间（exceptionTime）、订单切换时间（changingTime）、等待（空闲）时间（waitingTime）数据如图 3.37 所示，如 A_R-workingTime 表示 A 的粗加工时间。

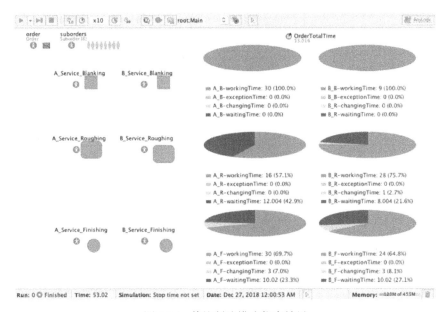

图 3.37　传统制造模式仿真结果

各服务供应商订单实际执行顺序如表 3.11 所示。对比原订单顺序，可发现服务供应商 A 精加工服务和服务供应商 B 粗加工服务、精加工服务的订单实际到达时间顺序不同于初始订单下单时间顺序。这是因为每个供应商按照其"先来先服务"的执行策略。

表 3.11　服务供应商执行订单的实际顺序

A 毛坯加工	A 粗加工	A 精加工	B 毛坯加工	B 粗加工	B 精加工
order_1	order_1	order_3	order_3	order_3	order_1
order_2	order_4	order_6	order_4	order_2	order_4
order_5	order_6	order_5	order_6	order_5	order_2
order_7	order_7	order_8		order_8	order_7
order_8					

表 3.12 是各个服务订单的开始时间和结束时间。

表 3.12 各订单的加工时间

订单	开始时间/h	结束时间/h
order_1	0	16
order_2	6	30
order_3	0	20
order_4	3	23
order_5	12	42
order_6	6	31
order_7	18	37
order_8	24	53

假设订单开始为零时刻,分析 order_2 的加工时间。order_2 订单需等待 A 毛坯加工服务 6.5h(order_1 的 A 毛坯加工时间 6h 和切换时间 0.5h),所以 order_2 的 A 毛坯加工时间总共为 12.5h。order_2 到达 B 粗加工服务时,需等待 1h。order_3 经过 B 毛坯加工只花费了 3h,order_2 较 order_3 晚到 B 粗加工服务 9.5h(表 3.11 中 B 粗加工服务下的订单 order_2、order_3 会互换顺序)。根据"先来先服务"原则,B 粗加工服务会为 order_3 服务 7h,再考虑 B 粗加工服务的切换时间,所以 order_2 的 B 粗加工服务为 7.5h。order_2 经过毛坯加工和粗加工,总计用时 20h。

order_2 到达 B 精加工服务时,需等待 4h(等待 order_4 加工完成 3h 和 B 精加工切换时间 1h)才能进入 B 精加工(6h)。这是因为 order_4 较 order_2 早 5.5h 到达 B 精加工服务(表 3.11 中 B 精加工服务下的订单 order_2、order_4 会互换顺序)。order_4 完成毛坯加工和粗加工总计用时 14.5h(B 毛坯加工 6.5h 和 A 粗加工 8h)。

通过以上分析,可知 order_2 结束时间为 30h,验证了表 3.12 中的 order_2 的结束时间。其他订单分析同 order_2 的分析。

(2)云制造服务供应商的协同建模。云制造服务供应商协同模型如图 3.38 所示,其中,粗加工服务商模型的订单等待策略是:向上游服务商询问订单状态和进度(订单加工剩余时间),若上游服务商订单加工剩余时间大于订单切换时间,则不等待而切换其他订单,否则继续等待[图 3.38(a)]。精加工服务商模型的订单等待策略是:对于每个订单服务,若上游服务商正在加工,则等待,否则切换订单[图 3.38(b)]。

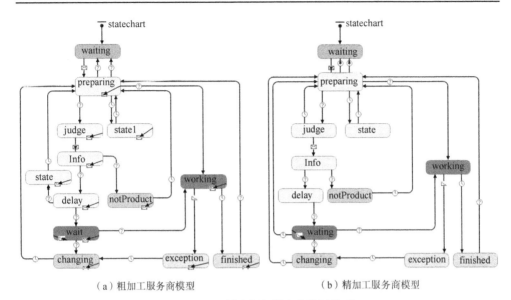

（a）粗加工服务商模型　　　　　（b）精加工服务商模型

图 3.38　云制造服务供应商协同模型

Info 即信息（交互节点）；delay 即延迟；notProduct 即未（完成）生产；judge 即判断

仿真运行结果如图 3.39 所示。此时，订单完成总时间为 52.001h。

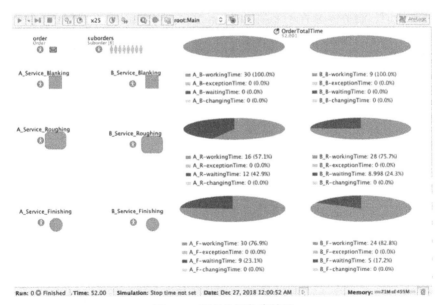

图 3.39　服务协同仿真结果

该模式下的服务供应商实际服务执行顺序同表 3.11 所示，而订单的加工时间发生了变化，如表 3.13 所示。

表3.13　服务协同下的订单的加工时间

订单	开始时间/h	结束时间/h
order_1	0	16
order_2	6	28
order_3	0	20
order_4	3	22
order_5	12	42
order_6	6	31
order_7	18	35
order_8	24	52

　　以 order_2 为例进行分析，在表 3.13 其结束时间较传统模式下（表 3.12）缩短了 2h。这是因为 order_2 在 B 精加工时提前了 2h。在 order_2 进行 B 精加工之前，供应商 B 已完成了 order_1 和 order_4 加工。根据表 3.7 和表 3.11，可知完成 order_1 的完成时间为 16h，即在 16h 这一时刻供应商 B 完成了 order_1 的精加工，而 order_4 到达 B 精加工是 14h，较传统模式下其时间缩短了 0.5h（order_4 到达 B 毛坯加工时，服务商 B 在毛坯加工 order_3 时已同步完成订单切换）。在服务协同模式下，由于 B 精加工服务对 order_4 的 B 毛坯加工服务和 A 粗加工服务可以进行实时监控，实现 order_4 订单的跟踪。所以 order_4 的准备工作在 order_1 的精加工时间内同步提前完成。故 order_4 的精加工缩减了 1h（B 精加工服务的订单切换时间）。order_2 到达 B 精加工服务时，其准备工作在 order_4 的加工时间内同步提前完成。所以 order_2 精加工就提前了 2h，其结束时间也由之前的 30h 变成了 28h。

　　（3）仿真结果分析。分析两种制造模式下各服务供应商的加工时间、等待时间、订单切换时间等仿真结果。选择供应商精加工服务的执行时间进行对比，如表 3.14 所示。WS-CDL 协议能够实现各服务供应商对订单的实时跟踪，即下游供应商精加工服务能实时了解到订单在上游供应商毛坯加工服务和粗加工服务处的状态和进度，能动态更新自己当前的生产安排。比如，在了解到订单即将到达精加工服务时，及时完成订单的切换。订单到达后就能立即安排加工，而无须等待。在服务协同模式下，精加工服务的服务等待时间和订单切换时间减少，从而导致精加工时间占总服务时间的比重更大。因此，这说明服务协同模式能够在一定程度上提高各个服务参与主体的效率。

表 3.14　精加工服务仿真结果对比

参数		传统制造模式	基于服务协同交互的制造模式
A 精加工	workingTime	30h（69.7%）	30h（76.9%）
	waitingTime	10.02h	9h
	switchingTime	3h	0h
B 精加工	workingTime	24h（64.8%）	24h（82.8%）
	waitingTime	10.02h	5h
	switchingTime	3h	0h

参 考 文 献

[1] Berio G，Vernadat F B. New developments in enterprise modelling using CIMOSA. Computers in Industry，1999，40（2/3）：99-114.

[2] Beeckman D. CIM-OSA computer integrated manufacturing—open system architecture. International Journal of Computer Integrated Manufacturing，1989，2：94-105.

[3] Williams T J. The purdue enterprise reference architecture. Computers in Industry，1994，24（2/3）：141-158.

[4] 徐用懋. 流程工业的CIMS. 微计算机信息，1995，（6）：22-24.

[5] Bruce M R. Back to the Future：MES From 1999-2000. Boston：AMR Inc，1995.

[6] Greefhorst D，Proper E. Architecture Principles：The Cornerstones of Enterprise Architecture. Berlin：Springer Publishing Company，2011.

[7] Scheer A W. Conception of the ARIS architecture for integrated information systems//Scheer A W. Architecture of Integrated Information Systems. Heidelbery：Springer，1992：1-55.

[8] Wen X，Xu X，Wang G，et al. An extended GRAI model for enterprise process diagnosis. International Journal of Computer Integrated Manufacturing，2007，20（2/3）：189-198.

[9] Doumeingts G，Chen D，Vallespir B，et al. GIM（GRAI integrated methodology）and its evolutions—a methodology to design and specify advanced manufacturing systems. Workshop on Information Infrastructure Systems for Manufacturing，1993.

[10] Hanxleden R V，Lee E A，Motika C，et al. Multi-view modeling and pragmatics in 2020. Monterey Workshop，2012.

[11] 乔非，祝军，李莉. 钢铁企业多视图能耗模型体系结构研究与应用. 计算机集成制造系统，2015，21（3）：758-765.

[12] Shah A A，Kerzhner A A，Schaefer D，et al. Multi-view modeling to support embedded systems engineering in SysML. Graph Transformations & Model-driven Engineering，2010，5765：580-601.

[13] Persson M，Tersson M，Qamar A, et al. A characterization of integrated multi-view modeling in the context of embedded and cyber physical systems. 2013 International Conference on

Embedded Software，2013.

[14] Chang L L, Cheng B, Li M J, et al. Multi-view and network modeling for technology system of systems. 2012 International Conference on System Science and Engineering （ICSSE），2012.

[15] Liu B, Mi D, Du X M, et al. Research on complex system's simulation conceptual model architecture based on multi-views. Application Research of Computers, 2011, 28（10）: 3782-3785.

[16] Li Q, Tang Q L, Chen Y T, et al. Smart manufacturing standardization: reference model and standards framework. Computer Integrated Manufacturing Systems, 2018, 24（3）: 539-549.

[17] Lu Y, Morris K C, Frechette S. Current standards landscape for smart manufacturing systems. NIST Interagency/Internal Report（NISTIR）-8107，2016.

[18] Hankel M, Rexroth B. Reference architectural model industrie 4.0 （rami 4.0）. ZVEI, 2015, 2（2）: 4-9.

[19] 杨继伟. 两部门印发《国家智能制造标准体系建设指南（2018 年版）》. 信息安全与通信保密，2018 （11）: 8.

[20] Shin H J, Cho K W, Oh C H. SVM-based dynamic reconfiguration CPS for manufacturing system in industry 4.0. Wireless Communications and Mobile Computing, 2018: 1-13.

[21] Adamson G, Wang L, Moore P. Feature-based control and information framework for adaptive and distributed manufacturing in cyber physical systems. Journal of Manufacturing Systems, 2016, 43: 305-315.

[22] Zhang Y, Qian C, Lv J, et al. Agent and cyber-physical system based self-organizing and self-adaptive intelligent shopfloor. IEEE Transactions on Industrial Informatics, 2017, 13（2）: 737-747.

[23] 郭楠, 贾超.《信息物理系统白皮书（2017）》解读（下）. 信息技术与标准化，2017，（5）: 42-47.

[24] 刘宇佳. 基于数据驱动的建模方法仿真研究. 沈阳: 东北大学，2009.

[25] 杨思. 数据—模型融合驱动的地铁车轮磨耗预测分析. 北京: 北京建筑大学，2019.

[26] Ma Z, Wang Z, Xiong R, et al. A mechanism identification model based state-of-health diagnosis of lithium-ion batteries for energy storage applications. Journal of Cleaner Production, 2018, 193: 379-390.

[27] Liu J, Wang W, Ma F, et al. A data-model-fusion prognostic framework for dynamic system state forecasting. Engineering Applications of Artificial Intelligence, 2012, 25（4）: 814-823.

[28] 杨帆, 刘彦, 李仁发, 等. 一种基于数据驱动的CPS建模方法研究. 计算机学报，2016，39 （5）: 961-972.

[29] 张琪, 战洪飞, 余军合, 等. 数据驱动的专家知识资源建模方法与原型系统开发研究. 计算机应用与软件，2019，36（2）: 62-69.

[30] Li J Q, Yu F R, Deng G, et al. Industrial internet: a survey on the enabling technologies, applications, and challenges. IEEE Communications Surveys & Tutorials, 2017, 19（3）:

1504-1526.

[31] Taratukhin V V，Yadgarova Y V. Industrial Internet Reference Architectures and Agent-Based Approach in Design and Manufacturing. Berlin：Springer International Publishing，2016.

[32] Li B H，Lin Z，Lei R，et al. Typical characteristics，technologies and applications of cloud manufacturing. Computer Integrated Manufacturing Systems，2012，18（7）：1345-1356.

[33] Xie C，Cai H，Xu L，et al. Linked semantic model for information resource service toward cloud manufacturing. IEEE Transactions on Industrial Informatics，2017，13（6）：3338-3349.

[34] Lin T Y，Yang C，Zhuang C，et al. Multi-centric management and optimized allocation of manufacturing resource and capability in cloud manufacturing system. Proceedings of the Institution of Mechanical Engineers Part B Journal of Engineering Manufacture，2017，231（12）：2159-2172.

[35] Warnecke H J. The Fractal Company：A Revolution in Corporate Culture. Berlin：Springer-Verlag，1993.

[36] Shin M，Mun J，Jung M. Self-evolution framework of manufacturing systems based on fractal organization. Computers & Industrial Engineering，2009，56（3）：1029-1039.

[37] Pirani M，Bonci A，Longhi S. A scalable production efficiency tool for the robotic cloud in the fractal factory. IECON 2016-42nd Annual Conference of the IEEE Industrial Electronics Society，2016.

[38] Bider I，Perjons E，Elias M，et al. A fractal enterprise model and its application for business development. Software & Systems Modeling，2017，16（3）：1-27.

[39] Kannengiesser U，Müller H. Towards agent-based smart factories：a subject-oriented modeling approach. 2013 IEEE/WIC/ACM International Joint Conferences on Web Intelligence and Intelligent Agent Technologies，2013：83-86.

[40] Krückhans B，Meier H，Bakir D. Benefit of integrated agent-based simulation in smart factories to reduce resource consumption of interlinked production lines. The 24th International Conference on Flexible Automation & Intelligent Manufacturing，2014.

[41] 吕赛. 基于复杂适应性系统的众包翻译平台的模型与仿真. 计算机系统应用，2015，24（2）：7-13.

[42] Monostori L，Kádár B，Bauernhansl T，et al. Cyber-physical systems in manufacturing. CIRP Annals，2016，65（2）：621-641.

[43] 程颖，戚庆林，陶飞. 新一代信息技术驱动的制造服务管理：研究现状与展望. 中国机械工程，2018，29（18）：2177-2188.

[44] 易树平，刘觅，温沛涵. 基于全生命周期的云制造服务研究综述. 计算机集成制造系统，2016，（4）：871-883.

[45] 张霖，罗永亮，陶飞，等. 制造云构建关键技术研究. 计算机集成制造系统，2010，（11）：2510-2520.

[46] 任磊，张霖，张雅彬，等. 云制造资源虚拟化研究. 计算机集成制造系统，2011，（3）：

511-518.

[47] 李伯虎，张霖. 云制造. 北京：清华大学出版社，2015.

[48] 虞飞华. 基于SOA的中小型企业业务集成应用研究. 杭州：浙江工业大学，2009.

[49] 魏瑞珍. 基于QoS的Web服务选择研究与应用. 北京：北方工业大学，2019.

[50] 段彦忠. 基于QoS的可信Web服务组合优化方法研究. 大连：大连理工大学，2019.

[51] McIlraith S A，Son T C，Zeng H. Semantic web services. IEEE Intelligent Systems，2001，16（2）：46-53.

[52] Bussler C，Fensel D，Maedche A. A conceptual architecture for semantic web enabled web services. ACM Sigmod Record，2002，31（4）：24-29.

[53] Mikalsen T，Rouvellou I，Tai S. Reliability of composed web services from object transactions to web transactions. Workshop on Object-Oriented Web Services，2001.

[54] Peer J. Bringing together semantic web and web services. International Semantic Web Conference，2002.

[55] Martin D，Burstein M，Hobbs J，et al. OWL-S：semantic markup for web services. https://www.w3.org/Submission/OWL-S/[2022-03-10].

[56] Peltz C. Web services orchestration and choreography. Computer，2003，36（10）：46-52.

[57] 吕博文. 基于SOA的服务组合工作流引擎研究与设计. 西安：西安石油大学，2019.

[58] 方若洁. 基于BPMN/BPEL的全过程建模工具的设计与实现. 北京：北京邮电大学，2015.

[59] 任文娜. 基于BPEL的Web服务组合可靠性分析研究. 西安：西安电子科技大学，2018.

[60] 耿晓强，唐向红，陆见光，等. 云加端的嵌套滑动窗口故障信号在线检测方法研究. 计算机应用研究，2017，34（12）：3717-3720.

第4章　基于工业大数据分析的智能工厂知识管理

4.1　概　　述

4.1.1　知识管理的基本概念

知识管理是近几年兴起的一个新概念，它是管理科学、社会科学以及信息科学的交叉学科。知识管理是知识经济时代政企单位运作的主要管理体系和管理工具，能够促进团队成员的创造性思维，提高团队创造力[1]。知识管理是从管理显式知识到知识共享，再到创建新知识的过程[2]，是企业对其所拥有的知识资源及其使用环境进行管理的过程，而且企业知识管理是一个不断循环优化的过程[3]。知识管理贯穿于企业运作的整个过程，从这个意义上说，知识管理就是为相关人员提供一个知识交流和共享的平台，以确保用最短的时间将最恰当的知识传递给最需要的人。

知识管理运用集体智慧提高企业的应变和创新能力。企业进行知识管理的主要目标是对知识进行搜集和整理，并使每一个员工都最大限度地贡献出其积累的知识，并提高知识编码化水平，使企业实现知识共享，从而运用知识创造价值[4]。知识管理要求企业为知识的识别、获取、开发、分解、存储和共享提供各种机制、方式和途径，并注重显性知识与隐性知识之间的共存与转换，利用所掌握的知识资源为企业的运营管理做出正确适时的决策。

知识管理以信息管理为基础，是信息管理的延伸和扩展。数据、信息、知识包含的价值不同。数据直接体现了客观对象的各种属性和行为状态，数据经过处理凝练为信息，信息包含了数据的基本特征，信息被应用于一定的行为领域经过沉淀成为知识，知识揭示了客观对象的内在特征。信息管理利用技术采集、处理、存储和组织信息，方便人们利用查询和检索以提高效率。而知识管理则是利用技术去分享知识（或信息）并把它们作为创新（或发明）的手段或杠杆。知识管理是通过一组解决方案的集合寻找和识别与问题有关的关键性信息，并将这些信息进行提取，形成对某一问题的专门认识作为决策的依据。知识管理把信息转化为知识，用知识指导决策并付诸行动，使知识通过被重用、共享而达到知识创新和增值的目的。知识管理特别强调知识共享的重要性，要求把知识共享变成工作本身一个有机的部分。

4.1.2　知识管理方法的发展状况

1. 数据治理研究状况

"大数据"这一概念最早由 20 世纪 80 年代著名未来学家阿尔文·托夫勒提出，他将"大数据"称为"第三次浪潮的华彩乐章"，但由于受到当时信息技术的限制，有关大数据研究的浪潮直到 2009 年才逐渐出现。数据治理的实践早在 20 世纪 90 年代已经出现，例如，IBM 在 1993 年就开始了数据治理的探索，通过不断加以完善，目前数据治理在实践方面已经卓有成效。由于数据治理[5]是一个新兴的研究领域，其理论研究仍处在发展阶段。

到目前为止，学术界对于数据治理还没有达成共识和形成一个确切一致的定义。IBM 数据治理委员会认为：数据治理是针对数据管理的质量控制范围，将严密性和纪律性植入企业的数据管理、利用、优化和保护过程中[6]。数据治理研究所（Data Governance Institute，DGI）给出的研究策略是：针对信息相关过程的决策权和职责体系，遵循"在什么时间和情况下、用什么方式、由谁、对哪些数据、采取哪些行动"的方法来执行[7]。数据管理知识体系（data management body of knowledge，DMBOK）则是重点关注对数据资产管理行使权力和控制的活动集合（计划、监督和执行）。Newman 和 Logan[8]认为数据治理是一系列将信息作为企业资产进行管理、维护和开发的决策权、流程、标准、政策以及技术的集成研究。Thomas[9]将数据治理看作企业人员和信息系统为完成与信息相关的流程而涉及的组织结构、规则、决策权以及责任的综合体，同时进一步指出数据治理事实上为组织使用数据设立了相应的管理规则。Weber 等[10]借鉴 Weill 关于信息技术治理的定义，在数据使用过程中建立期望的行为及决策权归属的框架。

2. 知识发现研究状况

基于数据库的知识发现（knowledge discovery in database，KDD）也称为知识发现，是识别数据本身规律特征的过程，主体上分为基于统计的知识发现方法、基于可视化的知识发现方法和基于机器学习的知识发现方法。

1）基于统计的知识发现方法

基于统计的知识发现是根据事件或事物发生的数量来推断其潜在规律的过

程。科学规律性的东西一般隐藏较深,统计方法作为初级的知识发现方法用于挖掘数据表面的一些线索,借助这些线索进一步挖掘深层次的知识。该类方法主要分为概率知识发现方法和相关性知识发现方法,随着人类认知和数据的多元化,基于模糊集和基于文本的知识发现方法也受到了学者关注。

2)基于可视化的知识发现方法

可视化是将数据、信息和知识转化为可视表示形式的过程。可视化方法提供了一种人脑与计算机的通信接口,通过对数据的可视化建模,激发人的想象和联想能力,提升数据转化为知识的速度。文献[11]将可视化方法从数据到知识的流程分解为五个阶段:数据转换分析、过滤、匹配、渲染以及用户界面控制。数据转换分析是针对不同结构的数据进行去噪、聚类分类等预处理使其适合相应的可视化模型,过滤主要通过自动或半自动的方法选择需要被可视化的数据模块,之后需要根据数据属性特征匹配合适的几何元素,渲染阶段则是将生成的几何数据转化成可视化的图像,最终通过用户界面实现人机交互完成知识发现过程。文献[12]提供了一种人机可视化的交互流程,根据用户所需知识层级的不同,对多种可视化方法进行从低到高的分层,将规律、关联、极值、范围等作为低级知识用图、表、网络等可视化模型进行知识发现,运用对比、理解、评估、分析等相关知识采取基于孤立点、对比、识别等相关可视化模型进行知识发现。目前,常用的可视化知识发现方法主要包括文本可视化、图可视化、时空数据可视化以及多元数据可视化等方法。

3)基于机器学习的知识发现方法

机器学习是研究计算机模拟或实现人类学习行为过程,以获取新的知识或技能,重新组织已有的知识结构使其不断改善自身性能的一门学科。机器学习最早起源于 20 世纪 50 年代,在控制理论中,一般使用多项式作为基函数,利用优化方法建立模型,用来刻画被控对象的行为;此外,还可以使用感知机模型,以多神经元的多感知机网络模仿人类的思维活动构建模型。由于对数据出色的处理和建模能力,后期大量的学者将其应用于知识发现。传统的基于机器学习的知识发现方法包括基于案例推理[13, 14]、支持向量机[15]和神经网络[16, 17],大量学者利用上述方法结合不同的数据处理方式以适应不同的知识需求。文献[18]对支持向量机的优化目标取相反结果,实现了基于支持向量的回归知识发现模型。神经网络模型起源于神经科学,通过模仿人脑信息传递构建了大量感知机模型,由于强大非线性映射能力,神经网络受到了大量关注,反馈神经网络[19, 20]作为基础的网络结构,由于训练速度快,拟合效果好,在初期有很好的应用。受限于反馈神经网络隐层数量和隐层神经元数量难以确定的问题,RBF(radial basis function,径向基函数)神经网络[21]和极端学习机模型[22]被提出。自组织映射(self organizing maps,SOM)神经网络是一种并列多神经网络模型,其特点在于考虑到存在大量的未标记样本，模型通过样本自适应调节网络权值，达到知识发现的目标。20 世纪八九十年代，机器学习发展得非常缓慢，首先，由于数据集的规模太小，数据并不能反映出全部的客观特征，其次，计算机的计算能力不足，难以对复杂的知识模型进行训练，而最关键的问题在于，基于 sigmoid 的神经网络模型存在梯度衰减的问题，即当神经网络结构过于复杂时，后层网络基本不能够对模型有任何的非线性变化能力。

3. 知识建模技术研究状况

知识模型是对客观事物的一种抽象，将事物中的复杂机理抽象为计算机可以识别的模式，用于知识的存储、表达和推理。利用知识模型可以帮助开发人员简化各种繁杂重复的工作，从而实现知识的共享和重用。较著名的知识模型是知识获取的文档化与结构化（knowledge acquisition documentation and structuring，KADS）模型，是由欧美多家企业以及大学历经多年开发的知识工程方法，该知识模型以组织模型、任务模型以及主体模型为基础，由领域知识、推理知识以及任务知识组成，分别对应于知识模型的领域层、推理层和任务层，该知识模型主要用于识别、编码知识[23]。Zhou 和 Zeng[24]研究了人工神经网络的知识表示方法，使用神经网络表示石油设备故障诊断知识。Wang 等[25]、Wang 和 Boukamp[26]通过对工作危害分析的相关研究，设计了一种基于本体表示的支持作业危害分析的架构，通过本体模型表示作业的活动、工作步骤以及危害，并且运用本体推理机制识别安全危害因素。Yurchyshyna[27]通过构建一致性检查过程本体模型提出了一种形式有效的代码检查的应用方法，该方法主要包括：形式化、语义标注、分类、基于上下文调度和一致性检验五个步骤。

国内许多学者针对知识建模同样做了大量研究。马雪芬和戴旭东[28]提出了一种包括学科、产品、资源单元、应用流程、形式表达和设计域的六维产品设计知识分类体系，并将该体系用于知识建模和知识服务中。常智勇等[29]针对 CAPP（computer-aided process planning，计算机辅助工艺规划）系统中零件工艺知识的重用问题，提出了一种三维工艺知识重用的知识建模方法，该方法通过零件的三维几何特征提出加工元概念，并通过因素空间理论引出工艺知识元的因素集，然后根据加工元序列和因素集建立零件工艺知识空间表达模型。冯志强和柳存根[30]深入研究模糊集理论和粗糙集理论，设计了一种基于模糊粗糙集的知识建模方法，并通过数据采集、数据模糊化、模型简化、构建规则和模型推理等步骤建立了舰船高强结构焊接变形过程的预测模型。

根据上述国内外研究现状分析可知，本体是进行知识建模的主流方法，其优势在于：本体具有较强的知识表达能力，在本体中通过建立知识的概念、属性和关系，从而形成一张具有紧密联系的网状知识结构，然后再将具体的知识等信息

"嵌套"在所建立的网状知识结构中，可以更加方便地表示丰富复杂的知识关系；本体提供了明确的、规范化的词汇表，从而减少了领域知识中概念之间的差异，便于知识在不同的应用领域、不同的操作平台中进行共享和交流；本体提供了概念共享机制，即本体中的任意两个类均可由对象属性进行关联，采用本体建模方法对领域知识进行描述时，建立概念之间的共享联系可避免概念的冗余以及不同领域中概念不一致的问题，从而方便了知识的表示，提高了知识的集成效率。

4. 知识推理技术研究现状

知识推理是依托于计算机等平台利用形式化的知识进行问题分析、求解、优化的过程，主要包含两个方面的因素：用于推理的知识和方法，其中知识是推理的前提，方法是推理的手段。国外学者针对知识推理做了众多研究。Pan 等[31]通过研究语义网规则语言（semantic Web rule language，SWRL）模糊推理、网络本体语言描述逻辑（Web ontology language description logics，OWL DL）规则扩展，提出了本体规则的模糊描述语言（fuzzy SWRL，f-SWRL），解决了在多媒体和Web 中常见的不完全或者不精确信息推理的问题。Zhao 和 Deng[32]考虑了智能决策技术中的知识获取的难题，提出了一种基于粗糙集的数据分类方法，并将该方法用于故障知识发现，得出应该用数据模式来解决原始故障知识的结论。Costa等[33]在贝叶斯网络的基础上，对描述逻辑进行扩展，实现了不确定性知识的表示。Ding 和 Peng[34]利用贝叶斯网络将 OWL 扩展为 BayesOWL，用以进行知识表示和不确定性知识推理，在 BayesOWL 中定义了本体–贝叶斯网络的结构转换规则，转换后的贝叶斯网络既包含概率知识也包括本体知识。Kannan[35]构建了设备风险因素贝叶斯网络模型，利用贝叶斯网络推理方法结合敏感度分析排查影响设备安全的风险因素。

在国内知识推理研究领域，阎红灿等[36]将粗糙逻辑的思想运用到描述逻辑中，把描述逻辑 TBox 中的普通概念置换为粗糙概念建立粗糙逻辑描述框架，并针对 Tableau 算法不能完成多值一致性检测的问题，改进了 Tableau 算法，使用粗糙逻辑描述框架和改进的 Tableau 算法共同完成知识推理。谭慧琳和刘先锋[37]提出了一种基于遗传算法的知识推理方法，该方法将选择算子与贪心算法相结合得到交叉算子和变异算子，并通过仿真验证了改进的遗传算法的收敛速度优于传统算法。吴旭等[38]通过构建电网故障的模糊规则以及隶属函数集，利用模糊推理方法对电网故障进行等级划分，将故障发生概率与等级相结合，再根据所构建的隶属函数集确定电网故障风险。蒋婷和丁晟春[39]总结了案例推理、不确定性推理、混合推理以及语义网推理技术在产品设计方向的发展。

贝叶斯网络在众多知识推理技术中具有较大的优势，主要体现在：①贝叶斯网络在求解变量概率时，只需考虑与该变量相关的部分变量，可以简化求解问题的难度，能够在不确定信息条件下进行复杂问题的学习和推理；②贝叶斯网络的图形结构知识表示与概率推理是可以分开的，更加有利于与其他技术相结合；③贝叶斯网络是一种概率网络模型，其推理是利用已知变量的概率信息，根据变量之间的关系，通过贝叶斯公式、条件概率公式、联合概率公式来获取其他变量的概率信息的过程，其实质为概率推理。

4.1.3　知识管理的体系架构

知识管理的基础是大数据治理，过程是知识发现，通过知识建模进行系统化管理，再通过知识推理向外提供知识输出。大数据治理根据大数据的特性，在数据治理的基础上扩展定义，负责制定与大数据有关的数据优化、隐私保护与数据变现的政策。利用大数据治理之后形成的高质量数据，通过机器学习等新型知识发现方法对数据进行价值挖掘是目前知识发现研究的热点方向之一。通过知识建模将领域知识中的复杂机理抽象为计算机可以识别的模式，从而用于知识的存储、表达和推理；知识推理模拟人的推理方式，制定推理策略，运用知识求解复杂问题。

大数据的知识管理体系架构如图 4.1 所示，包括大数据治理、知识发现、知识建模、知识推理四个子模块。大数据治理通过对数据源的数据进行采集、存储、管理与分析，对大数据的整个生命周期进行管理，为知识发现、知识建模、知识

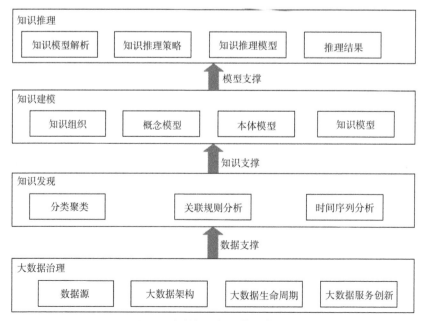

图 4.1　大数据的知识管理体系架构图

推理提供数据支撑；知识发现对经过大数据治理之后形成的具有较高价值的数据进行进一步的数据挖掘，揭示数据之间的潜在关联；知识建模通过知识组织管理，构建概念模型、本体模型和知识模型；知识推理通过解析知识模型、制定推理策略、构建推理模型，进而形成推理结果，用于解决具体问题。四者相辅相成，密不可分。

4.2　基于语义网的大数据治理方法

目前，业界比较权威的大数据治理的定义是由桑尼尔·索雷斯在《大数据治理》[40]一书中给出的：大数据治理是广义信息治理计划的一部分，即制定与大数据有关的数据优化、隐私保护与数据变现的政策。大数据治理的定义可以分解为以下六个方面。

（1）信息治理机构必须将大数据治理整合到信息治理框架中，实施全方位信息管理。

（2）大数据治理需要识别使用大数据的核心业务流程和关键政策。

（3）大数据治理必须对元数据、主数据、数据质量、数据生命周期进行优化。对于元数据，需将因大数据新增的元数据与其所在组织的元数据库进行整合；对于主数据，将有关大数据整合到主数据管理环境中；关于数据质量，包括数据概要分析、数据审核、数据修正及数据整合；数据生命周期应根据业务需求和规则，决定对数据的删除及存档操作。

（4）大数据的隐私保护非常重要，大数据治理需识别敏感数据，并制定有关使用政策。

（5）大数据必须变现，使公司具备将大数据转换为价值的能力。

（6）大数据展现了跨功能的自然冲突，因此大数据治理必须能够协调多种跨功能的冲突性目标。

该定义明确了大数据治理应该重点关注的领域，如大数据的优化、大数据的隐私保护以及大数据的变现，明确了大数据治理需要协调各个职能部门来制定策略，并且大数据治理必须整合到信息治理框架中。

4.2.1　大数据治理理论基础

1. 大数据治理框架

图 4.2 描述了《大数据治理与服务》[41]中提出的大数据治理框架，从大数据治理的原则、范围、实施与评估三个维度展示了大数据治理的主要内容。

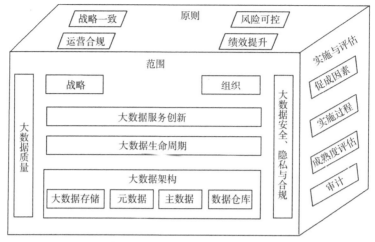

图 4.2　大数据治理框架

原则维度给出了大数据治理中必须遵循的指导性法则，即战略一致、风险可控、运营合规和绩效提升。这四项原则对大数据治理实践有指导的作用，只有将其融入实践中，才能更好地执行大数据治理的战略和实现大数据治理的目标。

范围维度描述了大数据治理的关键域，即明确了大数据治理决策层应该在哪些关键域内做出决策。该维度包含七个关键域：战略，组织，大数据质量，大数据安全、隐私与合规，大数据服务创新，大数据生命周期和大数据架构。

实施与评估维度主要包括促成因素、实施过程、成熟度评估与审计四个方面，涉及大数据治理所需的实施环境、实施步骤和实施效果评价。

企业用户可根据原则维度中的四项指导原则，按照实施与评估维度中的方法论，对范围维度中的七个关键域进行科学的决策，持续稳步地推进大数据治理工作。

大数据治理框架中的大数据架构如图 4.3 所示，主要包括五部分：大数据采集层、大数据存储层、大数据管理层、大数据分析层和大数据应用层。

2. 大数据采集层

大数据采集层负责采集多源异构数据，数据主要包括关系型数据库中的结构化数据，XML、HTML（hypertext markup language，超文本标记语言）文件等半结构化数据和文本、视频、图像等非结构化数据。其中，对关系型数据库数据的采集可使用 Sqoop 工具，它的主要功能是在 Hadoop 和关系型数据库之间传递数据，将关系型数据库（MySQL、Oracle、PostgreSQL 等）中的数据导入 Hadoop 的 HDFS（Hadoop distributed file system，Hadoop 分布式文件系统）中，也能将 HDFS 的数据导出到关系型数据库中。对 XML、HTML 等半结构化数据可采用日志采集框架 Flume 工具，它支持在日志系统中定制各类数据发送方，也具有对数据进行简单处理，并将各种数据写到数据接受方的功能。对文本、视频、图像等

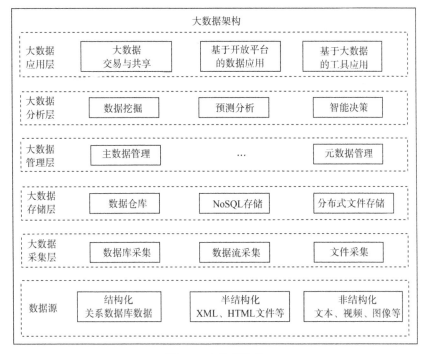

图 4.3　大数据架构

非结构数据可采用文件数据处理工具 Kettle，它是一个 ETL（extract transformation load，抽取、转换、装载）工具集，允许用户管理来自不同数据库的数据。

3. 大数据存储层

大数据存储层的功能是对采集层所采集的数据进行存储，可采用数据仓库、NoSQL 数据库、分布式文件系统进行数据存储。

有学者将数据仓库定义为"数据仓库是支持管理决策过程的、面向主题的、集成的、稳定的、不同时间的数据集合"[42]。根据定义可得出数据仓库的四个特性：面向主题的、集成的、不可更新的、包含历史数据的。数据仓库是面向主题进行组织数据的，"主题"对应于客观分析领域的对象，用于明确集成哪些部门或系统的相关数据。"集成"体现在数据仓库中的数据是从分散的数据源中抽取出来的，由于每一个主题对应的原始数据可能存在重复、冲突和不一致的地方，因此数据进入数据仓库需要进行集成处理。"不可更新"是因为数据在导入数据仓库后，企业对数据进行时间趋势、区域状况的分析决策，只需进行查询操作，而不需要进行增加、修改和删除操作。"包含历史数据"是指数据仓库记录的是企业的历史数据，通过分析历史数据来预测企业未来的发展趋势。

传统的数据仓库采用 MySQL、Oracle 等关系型数据库，新型的数据仓库可采用基于 Hadoop 的 Hive 等。NoSQL 数据库摒弃了关系模型的约束和弱化了一致性的要求[43]，以解决大规模数据集合中多种数据种类带来的挑战，尤其是大数据的应用难题。

目前，NoSQL 数据库主要有四大类：键值存储数据库（如 Redis）、列存储数据库（如 HBase）、文档型数据库（如 MongoDB）和图形数据库（如 Neo4J）。键值存储数据库主要使用哈希表，表中有一个特定的键和一个指向特定数据的指针。键值存储数据库在 IT 系统中容易部署，使用简单。然而在对部分值进行查询或更新的时候，键值模型效率比较低。列存储数据库主要功能是分布式存储海量数据，其键仍然存在，但是一个键指向多个列，这些列是由列家族来安排的。文档型数据库的数据保存载体是 XML 或 JSON 文件，以支持灵活丰富的数据模型。一般文档型数据库可以通过键值或内容进行查询。图形数据库使用灵活的图形模型，将数据保存在图中的节点或者节点间的关系上，同时能够扩展到多个服务器上。

根据上述四种类型的 NoSQL 数据库的描述，得出 NoSQL 数据库所具有的特性：数据模型比较简单、数据库性能比较好、存储在数据库中的数据不是高度一致的、对于给定键比较容易映射复杂值等。

分布式文件系统指管理网络中跨多台计算机存储的文件系统，即文件系统管理的物理资源是分布式部署的若干台独立的计算机，计算机之间通过网络进行互联[44]。分布式文件系统的设计是基于客户机/服务器模式，一个分布式文件系统可能包括多台供多用户访问的服务器，或因对等特性，系统允许某些计算机扮演客户机和服务器的双重角色。目前，常见的分布式文件系统有 Google 文件系统（Google file system，GFS，Google 公司为了满足本公司需求而开发的基于 Linux 的专有分布式文件系统）、HDFS（Apache Hadoop Core 项目的一部分，是一个高度容错性的系统，适合部署在廉价的机器上）、Lustre（由 SUN 公司开发和维护的一个大规模的、安全可靠的、具备高可用性的集群文件系统）等，它们都是应用级的分布式文件存储服务，可根据具体的应用领域进行选择。

4. 大数据管理层

大数据管理层主要包含元数据管理、主数据管理等。

1）元数据管理

元数据通常被用来表达实体数据的描述信息，即可称为"数据的数据"[45]。抽象出这种用来表述数据特征的数据，如数据的存储位置、数据的语义描述、数据的结构描述，其核心是对数据的统一管理，实现数据资源的科学整合，便于数据的长期保存。在大数据时代，元数据还包括对各种新型数据类型的描述，如用户的点击次数、文件标签、传感器位置、传感器感应方向等描述。

元数据通常按照功能分为三种类型：业务元数据、技术元数据和操作元数据。

业务元数据是描述信息系统的业务领域术语、业务规则、运算法则及业务语言等，一般业务用户比较感兴趣；技术元数据描述了信息系统正常运行所需的信息，如系统数据表结构信息、数据处理流程信息，以及对存储过程、函数等的描述信息等。操作元数据是指描述信息系统的运行日志记录，如用户访问量、记录数，以及各个组件的分析和其他统计信息等。

在大数据时代，将元数据管理与大数据进行结合，可以对大数据中敏感信息进行分类、标记，可以对大数据在信息供应链中的流动进行监测，及时了解流程中某处的工作是否出现故障或某些数据的丢失情况，也可以支持数据血缘和影响分析，回答诸如"数据来自何处""数据要到哪里去""数据流动中发生了什么事件""一个数据产品如何影响另一个数据产品"等基本问题，也可以创建针对非结构化数据的结构化索引，以支持非结构化数据的检索。

2）主数据管理

企业主数据是企业运营中担当关键角色的核心业务实体，一般指客户、供应商、产品、物料以及组织架构等数据，分散地存放于企业的各个业务系统中。只有确保企业主数据的完整和准确，才能保证企业业务流程的正确执行和应用系统产生正确的交易数据。

主数据管理是一组约束、方法和技术解决方案，主要功能是保证整个信息供应链中企业主数据的完整性、一致性和准确性，为报表提供一张主数据整合视图，或者为交易提供一个主数据的中央数据源，避免主数据的歧义，降低外部应用系统访问主数据的复杂性。

在大数据时代，将主数据管理与大数据进行整合，可以提升数据质量或达到大数据治理等目的，同时也为大数据分析提供了一个可靠的支撑载体。

5. 大数据分析层

要挖掘大数据的价值必然要对大数据进行内容上的分析与计算。目前，越来越多的应用涉及大数据，而大数据的特性（包括数量、速度、多样性等）都呈现出不断增长的复杂性，因此分析方法十分重要，分析方法决定了能否从大数据中分析出需要的数据价值。大数据分析的理论核心是数据挖掘，基于不同的数据类型和格式的各种数据挖掘算法，可以呈现出数据本身的特征，使得大数据内部的价值得以发现。大数据分析的应用核心是大数据预测。大数据预测完全依赖大数据来源，具有"全样非抽样、效率非精确、相关非因果"的特征。大数据分析的结果主要是应用到智能决策领域。

在大数据应用的过程中，无论是数据的使用者还是数据的开发者，都是通过数据访问接口来获取数据。数据访问接口为大数据的应用提供了通用机制，因而实现了数据访问与平台语言、通信协议无关的数据交换服务。在平台可视化和应用接口的支撑下，大数据应用层主要有三种典型的应用模式：大数据共享和交易、基于开放平台的数据应用、基于大数据的应用工具。通过数据资源共享、数据接口以及服务接口的聚集，实现了数据交易及数据定制服务等共享服务、接口服务以及开发支撑服务。

4.2.2　大数据治理关键技术

1. 语义标注

语义网通过对数据添加语义标注和逻辑关系，使机器能够理解词语本身概念与词语间逻辑关系[46]。为了让计算机理解数据的语义，需要有统一的规范描述数据，通过语义网可以规范相互关联的数据来表达语义。语义网的基本思想可以归纳为以下几点。

（1）能够准确表达概念语义，消除一词多义、同义词等所带来的歧义问题，避免同一概念因为词汇使用不一致造成数据分散。

（2）方便计算机对数据进行描述，并能够表达数据之间的关联关系。

（3）让计算机能够自动识别和理解数据，治理来自不同数据源的数据。计算机能够更好地完成数据的检索工作，方便数据分析。

（4）提供基于语义的数据检索语言。

语义网通过对数据添加语义标注和逻辑关系，让计算机理解数据的概念以及数据之间的关联关系，提高了计算机交互能力与自动化处理数据能力。随着对语义网研究的深入，语义网的体系结构也趋于完善。Tim Berners-Lee 为了构建语义网制定构建规范，参考开放系统交互模型，提出了如图 4.4 所示的语义网体系结构，语义网体系结构主要由七个层次构成，上层的数据信息由下层所支持，每一层的功能都逐渐提高。

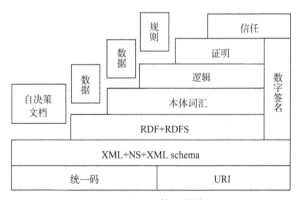

图 4.4　语义网体系结构图

RDFS 即 RDF schema，资源描述框架模式

第一层：基础层，包括统一码（unicode）和统一资源标识符（uniform resource identifier，URI）。统一码能够表示 65 536 个字符，每个字符对应唯一的二进制编码，可以将世界上所有字符统一编码和检索，从而让机器理解任何语言的字符。URI 可以对网上任意资源包括 HTML 文档、程序、图片、语音等进行唯一标识，实现对资源的定位。

第二层：语法层，它的核心是 XML+NS+XML schema。XML 可以结构化地表示数据间的关系，对数据内容进行描述，可以在 XML 自由定义标记名称，但会导致标记重名的问题，该问题可以通过 NS（namespaces，命名空间）解决。XML schema（XML 模式）的作用是对上述 XML 文档数据进行校验。

第三层：资源描述框架层，RDF+RDFS。RDF 是一种计算机语言，一般通过三元组进行表示，主语表示资源，谓语表示性质，宾语表示性质的值，计算机能通过 RDF 理解所描述的信息资源。RDFS 是在 RDF 的概念基础上进行扩展，通过将有关词汇嵌入的机制，让计算机能够理解信息资源词汇。

第四层：本体层，本体词汇（ontology vocabulary）定义概念和描述抽象关系，准确描述知识之间的关系。本体层在 RDF 和 RDFS 的概念之上增加了各种资源的概念及其关系。

第五层：逻辑层提供定义公理和推理规则，为推理提供基础。

第六层：证明层提供认证机制，负责验证逻辑层的推理结果。

第七层：信任层提供信任机制，保证语义网的数据和结果的可信度。

其中本体是语义网体系结构中最核心的部分，用于描述实体之间的语义关系。

2. 本体构建

1）本体构建方法

目前，本体的构建大部分针对某一特定领域，所以需要标准的方法作为模板，才能保证不同领域所构建的本体一致性。传统的本体构建方法有骨架法、TOVE 法（Toronto virtual enterprise，企业建模法）、Methontology（ontology method，本体论方法）、集成计算机辅助制造（integrated computer aided manufacturing，ICAM）定义法（ICAM definition method，IDEF）中的 IDEF5（本体论描述获取方法）、SENSUS 法（用于自然语言处理本体的方法）、KACTUS 法（modelling knowledge about complex technical systems for multiple use，多用途复杂技术系统的知识建模方法）和七步法[47]。以下三种构建方法较为常见。

骨架法专门用于构建企业本体，为本体构建提供指导方针。骨架法的开发流程是确定领域本体的应用目的和范围，分析本体并定义本体的术语，通过语义模型表示本体，对本体进行评价，评价标准包括清晰性、一致性、完善性和可扩展性。

TOVE 法又称企业建模法，是由多伦多大学实验室所提出的构建商业和公共企业的本体方法，主要包括以下几个步骤：确定目标领域，在应用场景的基础上，通过问题形式提出构造本体的需求，抽取和定义术语，把非形式化问题转换为形式化术语定义，并将本体的公理用一阶谓词逻辑表示，调整问题解决方案，使知识更加完备。

七步法最早用于医学领域，主要用于领域本体的构建，它的本体构建主要包括以下七个步骤：确定领域和范围，考虑复用现有本体，列出本体重要术语，定义类和类的等级体系，定义类的属性（包括内在属性、外在属性和与其他类的关系），定义属性的取值类型、容许的取值范围等其他特征，最后创建实例。每个步骤都细分了详细的目标和任务。

在构建领域本体过程中还需要遵守一定的原则，如表 4.1 所示。

表 4.1　领域本体构建规则

规则	简要说明
明确性和客观性	对所定义术语给出明确的、客观的语义定义
一致性	根据术语得出的推论与术语本身含义不会产生矛盾
最大单调可扩展性	添加通用或专用的术语时，不修改已经存在的术语
最小约束	尽可能少的对数据属性的约束
最小编码偏差	尽可能独立于具体的编码语言

2）本体构建工具

本体的构建非常复杂，选择有效的本体编辑工具可以实现本体的构建及可视化。其中 Protégé 是目前最著名的本体编辑器。

（1）Protégé 软件。

Protégé 软件是由美国斯坦福大学医学院开发的基于 Java 的本体构建工具。Protégé 作为开放资源，支持多种文件输出格式，包括 XML、RDF 和 OWL 等。Protégé 提供了本体中类、属性、关系、实例的构建，同时具有可扩展性，可以通过插件来扩展新的功能，如推理、提问、XML 转换等。

Protégé 可以实现本体的推理，且自带 Pellet 和 FaCT++，可以计算所有的子类关系，并且提供 SWRL 支持，能够和 Jena 结合使用。

（2）D2R。

D2R 能够利用本体模型与实例数据构建本体库，主要完成映射文件的编写和映射引擎的调用工作[48]。D2R 由 D2RQ mapping（映射）语言、D2RQ engine（引擎）以及 D2R server（服务器）组成。图 4.5 描述了 D2R 的结构体系。

D2RQ mapping 语言定义了将关系型数据与本体转换成 RDF 格式的映射规则。

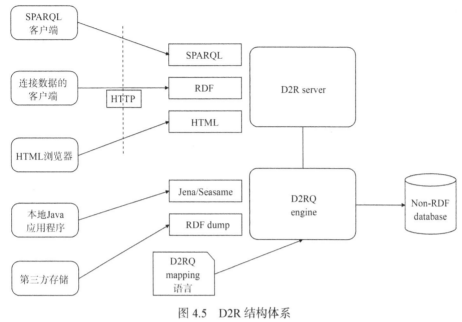

图 4.5　D2R 结构体系

database 即数据库

D2RQ engine 根据定义的映射规则，将关系型数据库中的数据转换成 RDF。D2R server 作为 HTTP 服务器，能够提供 RDF 数据的查询接口。

目前共有两种方案通过 D2R 实现对关系型数据库的转换。第一种是将关系型数据库的数据转换为虚拟的 RDF 数据，首先需要制定映射文件，然后根据映射文件将关系型数据转换为虚拟 RDF 文件。通过 D2R server 访问关系型数据，或者通过调用 Jena/Seasame 的 API 访问数据。第二种是直接将关系型数据库的数据包装成真实的 RDF 文件。

D2R 提供了生成映射文件的执行脚本，默认生成的映射文件非常简单。实际情况中，很多数据之间虽然有联系，但数据库的创建者并没有为之建立主外键的关系。在这种情况下，就需要根据一定的领域常识或经验，手动地修改映射文件，建立一些必要的关联关系。

4.3　基于工业大数据的知识发现方法

4.3.1　知识发现的理论基础

1. 知识发现的内涵

知识发现是人类的重要知识活动之一，是指人类从现实生活中积累和总结经验，形成知识；或者是在网络、数字信息活动中，将数据加工为信息，并且从信息中抽取知识的活动。知识发现作为一个明确的概念最早在 1989 年被提出，随着信息化时代的到来，传统的知识生产方式受到了较大的冲击，资源的数字化、技术的网络化和自动化带给人类新的契机和新的困惑。为了更好地适应新的信息环境和数字资源，知识发现的概念和研究被提出，目标是解决相关的问题和挑战。

知识发现是随着数据库和机器学习的发展而兴起的[49]，出现在 20 世纪 80 年代末，泛指所有从源数据中发掘模式的方法，并用知识发现来描述整个数据挖掘的过程，包括最开始的制定业务目标到最终的结果分析，数据挖掘来描述使用挖掘算法进行数据挖掘的子过程。

知识发现的定义是：从大量数据中提取出可信的、新颖的、有用的并能被人理解的模式的高级处理过程。"模式"可以看作知识的雏形，经过验证、完善后形成知识。知识发现是一个高级的处理过程，它从数据集中识别出以模式来表示的知识。高级的处理过程是指一个多步骤的处理过程，多步骤之间相互影响、反复调整，形成一种螺旋式的上升过程。严格地说，知识发现被认为是从数据中发现有用知识的整个过程，而数据挖掘指的是知识发现整个过程中的一个特定步骤，是知识发现中最核心的部分。然而在通常情况下，许多人把数据挖掘与知识发现广泛地认为是同一个概念，一般在科研领域中称为知识发现，而在工程领域则称为数据挖掘。

知识发现包含狭义知识发现与广义知识发现两个类别[50]。计算机领域中常说的数据库知识发现即为狭义层面的知识发现。广义的知识发现泛指新事物的发现，通常情况下，不需要从大量的数据信息中进行分析、判断和提炼等。

狭义知识发现具有有效性、新颖性、潜在有用性和可理解性。有效性是指借助数据库知识发现模式进行分析与判断，使筛选出来的数据具有绝对的准确度；新颖性表示提取出的数据模式是先前所未有的新规则；潜在有用性是指所搜索到的数据能够为用户的决策提供可靠的依据；可理解性是指将从计算机数据库中提取的众多的隐含数据转化为显性数据，便于客户识别和采用。

知识发现的早期研究主要以算法为主，以解决海量数据和信息的处理以及挖掘问题为主要目标。知识发现算法的研究也通常被归为数据挖掘的研究，并且产生了大量的研究成果，形成了较为丰富的产品。但是，从知识发现的实质上来讲，它是一个综合的知识活动和知识生产过程，涉及规律、策略和技术的集成，以及多学科和领域之间的相互渗透。孤立的算法和技术研究难以形成有效的应用，必须将发现方法和应用研究结合才能体现出更好的效果和更大的价值。因此，知识发现研究的重点也越来越转向基于发现环境、面向领域和服务的综合应用研究。

不过，随着计算机智能化的发展，知识发现的定义与外延也逐步扩展。鉴于知识发现可以分为四个阶段，即结构化知识发现、复杂类型知识发现、系统性知识发现、知识库的数据发掘，知识发现有了新的定义：在现实世界中，针对客观存在的具有海量性、不确定性、不完全性的量的、质的、复杂形态的知识源，挖掘其中潜在的、先前未知的、用户感兴趣的、最终可被用户理解的模式的非平凡提取过程[51]。

2. 知识发现的过程

目前普遍认可的知识发现过程模型是 Fayyad 在 1996 年提出的知识发现处理过程模型。数据一般来源于不同类型的数据库，知识发现活动的最终目的是从数据库中挖掘出有价值的数据，经过数据预处理可以有效处理错误的、不完整的、不一致的数据，形成高质量的待挖掘数据仓库或数据库，然后选择适当的数据挖掘算法进行挖掘，得到不同的模式，最后对得到的不同模式进行评估，筛选出真正有意义的模式，这些模式就是知识发现要发现的知识，然后以可视化的方式提供给用户。由此可见，知识发现的过程由数据预处理、数据挖掘、结果的表达和解释三个核心步骤组成[52]，具体如下。

1）数据预处理

数据预处理是知识发现过程的起点，是对数据源的初步分析处理，预处理后数据的质量直接关系到知识发现活动的最终结果。数据预处理的意义在于保证数据的准确性、完整性以及一致性，数据源所包含的数据需要经过处理后才能转换成适合挖掘的形式。数据预处理一般包含数据清洗、数据集成、数据规约和数据变换等多个子步骤。

数据清洗的目标是填充缺失的值、光滑噪声并识别离群点、纠正数据中的不一致。当要分析来自多个数据源的数据时，就要通过数据集成合并来自多个数据源的数据，恰当的集成有助于提高数据的一致性和准确度，从而保证挖掘结果的质量。数据规约的目的是得到原始数据集的简化表，虽然它只是原始数据集的一部分，但可以产生几乎一样的分析结果。数据变换使得数据的挖掘能够在多个抽象层上进行，一般通过规范化、数据离散化和概念分层等实现，数据变换是引导数据挖掘过程成功的附加预处理过程。

2）数据挖掘

数据挖掘是知识发现活动的核心，数据挖掘算法的选择在整个知识发现活动中至关重要。在数据挖掘任务执行之前必须对不同的数据挖掘算法以及挖掘需求有充分的理解，在明确挖掘需求的基础上，选择最佳的挖掘算法，这个过程可能需要业内专家的参与。同一个任务可以由很多算法实现，但产生的效果却截然不同，此时要分析两个主要素：一是要在对不同的算法的前提和适用性深刻理解的基础上，比较不同算法的执行效率，选择最佳算法；二是根据具体的需求和硬件配置，选择合适的算法。有的挖掘任务对最终结果的可理解程度要求很高，所以最终结果应该更侧重于获得描述型的知识，而有的挖掘任务更倾向于取得准确度尽可能高的预测型知识。

3）结果的表达和解释

结果的表达和解释是知识发现活动的最后一步，主要完成模式评估和知识表示的任务。模式评估是对挖掘出来的模式进行评测和判断的过程，一般使用某种兴趣度指标度量，剔除低于兴趣度阈值的不相关模式，从而最终向用户提供真正有用的模式。模式评估是每一个知识发现系统必不可少的环节，它不仅起到了过滤无用模式的功能，也起到了反馈和交互的功能，模式评估模块可以将评估结果反馈给数据挖掘或数据预处理模块，从而指导其他模块实现深度挖掘。知识表示是挖掘结果的最终展示过程，一般通过图形、图像以及用户界面等可视化形式表示。知识表示强调人性化以及交互性，将结果以最直观、最容易理解的形式展示给用户，是每一个知识表示的最根本要求。此外，要注重与用户的交互，用户不仅可以查看最终结果，并且可以实现评估挖掘模式、指导挖掘过程等。

3. 知识发现的任务

运用多种模型和算法从大量的数据当中发现潜在的、有价值的、易于理解的规律或者模式是知识发现的根本任务。根据发现的知识，可以将其分为广义型知识、分类型知识、预测型知识、偏差型知识和关联型知识，如图4.6所示[53]。

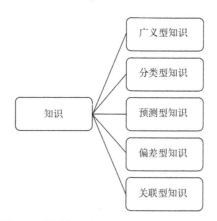

图 4.6　按照知识发现过程理解的知识分类

（1）广义型知识是根据数据的微观特性，发现其表征的、带有普遍性的、高层次概念的、中观或宏观的知识，如领域、系统、机构等。

（2）分类型知识反映同类事物共同性质的特征型知识和不同事物之间差异型特征知识，用于反映数据的汇聚模式或根据对象的属性区分其所属类别，如颜色、尺寸等。

（3）预测型知识通过时间序列型数据，由历史的和当前的数据去预测未来的情况。它实际上是一种以时间为关键属性的关联知识，比如，带时间戳的机器运行数据可以用来做故障预测。

（4）偏差型知识。通过分析标准类以外的特例、数据聚类外的离群值、实际观测值和系统预测值间的显著差别，对差异和极端特例进行描述，如超出阈值的数据。

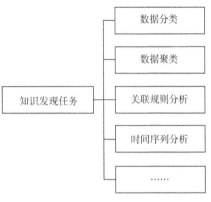

（5）关联型知识是反映一个事件和其他事件之间依赖或关联的知识，又称依赖关系。这类知识可用于数据库中的归一化、查询优化等，如关联、原因、后果等。

知识发现的任务主要有数据分类、数据聚类、关联规则分析、时间序列分析等，如图 4.7 所示[53]。

图 4.7　知识发现任务分类

1）数据分类

数据分类就是把具有某种共同属性或特征的数据归并在一起，通过其类别的属性或特征来对数据进行区别。换句话说，就是将相同内容、相同性质的信息以及要求统一管理的信息集合在一起，而把相异的和需要分别管理的信息区分开来，然后确定各个集合之间的关系，形成一个有条理的分类系统。

数据分类是数据挖掘和知识发现的重要研究方向之一，分类的目标是通过分析训练数据集，构造一个分类模型（即分类器），该模型能够把数据库中的数据记录映射到一个给定的类别，从而可以通过数据分类来预测数据的类别。

2）数据聚类

数据聚类是指根据数据的内在性质将数据分成一些聚合类，每一聚合类中的元素尽可能具有相同的特性，不同聚合类之间的特性差别尽可能大，如图 4.8 所示[54]。

数据聚类的方法主要有划分方法、层次方法、基于密度的方法和基于网格的方法等。划分方法中的 K-Means 算法（又叫 K 均值算法）是目前最著名、使用最广泛的聚类算法。在给定一个数据集和需要划分的数目 k 后，该算法可以根据某个距离函数反复把数据划分到 k 个簇中，直到收敛为止。K-Means 算法用簇中对象的平均值来表示划分的每个簇，其大致的

图 4.8　聚类效果图

步骤是，首先将随机抽取的 k 个数据点作为初始的聚类中心（种子中心），然后计算每个数据点到每个种子中心的距离，并把每个数据点分配到距离它最近的种子中心；一旦所有的数据点都被分配完成，每个聚类的聚类中心（种子中心）按照本聚类（本簇）的现有数据点重新计算。这个过程不断重复，直到收敛，即满足某个终止条件为止。

3）关联规则分析

关联规则分析又称关联挖掘，就是在交易数据、关系数据或其他信息载体中，查找存在于项目集合或对象集合之间的频繁模式、关联、相关性或因果结构。关联分析是一种简单、实用的分析技术，用于发现存在于大量数据集中的关联性或相关性，从而描述了一个事物中某些属性同时出现的规律和模式。

关联分析的一个典型例子是购物篮分析。该过程通过发现顾客放入其购物篮中的不同商品之间的联系，分析顾客的购买习惯，了解哪些商品频繁地被顾客同时购买，这种关联的发现可以帮助零售商制定营销策略。其他的应用还包括价目表设计、商品促销、商品的排放和基于购买模式的顾客划分。

4）时间序列分析

在实际生产生活中，大量的数据与时间有着十分密切的关系，发现此类数据的数据值随时间变化的趋势具有极大的研究及应用价值。时间序列分析常用在国民经济宏观控制、区域综合发展规划、企业经营管理、市场潜量预测、气象预报、水文预报、地震前兆预报、农作物病虫灾害预报、环境污染控制、生态平衡、天文学和海洋学等方面。

4.3.2　基于信息论的离散变量特征发现

知识发现需要通过信息传递和通信来完成，而从数据中发现的特征往往就是知识发现的主要内容。因此，基于信息论的离散变量特征发现是工业大数据知识发现的重要途径，基于信息论的数据特征选择可实现强耦合数据的解耦，以此为基础，通过频繁项挖掘可发现数据间的耦合模式，进而通过互信息理论可筛选出独立的数据特征，实现数据特征的知识发现。具体包含以下两个步骤。

1. 基于信息增益的数据离散化方法

独立特征选择的难度在于将原始连续取值的参数划分为合理的离散区间，并最大限度地对数据进行区分。连续值变量的离散化方法[如基于卡方检验的离散方法和基于信息增益（information gain）的离散方法]均是通过将值域划分成若干小区间，再分别针对样本分布和信息增益变化最终确定最佳划分方式。其中，信息增益是一种用于度量两种概率分布差异的指标，在分类问题中主要用于衡量某一特征对目标类的分类程度，越大表明分类准确度越高。

基于信息论的离散变量特征发现首先需要对参数离散化，该方法采用一种二次离散化的方法得到变量的最优离散区间，首先基于数据分布特征进行最小区间划分，结合信息增益和启发式算法对多个小区间进行组合并识别最优的离散区间，具体过程如下。

首先，变量被初次离散化，离散值和二元值的变量 P_i 取值为 $\{1,2,\cdots,k_i\}$，k_i 表示值域空间大小。连续取值变量采用等分的离散空间，设变量 P_i 的最小值为 $P_i^{\min}$，最大值为 $P_i^{\max}$，离散空间的区间范围定义为

$$P_i^{A_j} \in [P_i^{\min}+(j-1)(P_i^{\max}-P_i^{\min})/k_i, \quad P_i^{\min}+j(P_i^{\max}-P_i^{\min})/k_i] \qquad (4.1)$$

其中，$j=1,2,\cdots,k_i$。

其次，简化变量 P_i 的离散区间，实现 P_i 区间数最小化同时使类别区分最大化。结合信息论对变量二次离散化，设 $\tilde{P}_j^A$ 是 j 对应的新的分类结果，信息增益表示 j 对原有分类结果的影响程度，信息增益越大，表示 j 能为分类提供更大的准确度。信息增益定义为

$$\text{Gain}(\tilde{P}_j^A, Y) = H(Y) - \sum_i^{d_j} p(\tilde{P}_j^{A_i}) H(\tilde{P}_j^A) \qquad (4.2)$$

其中，

$$H(X) = -\sum p(X)\log_2 p(X) \qquad (4.3)$$

表示信息熵（entropy），信息熵是信息的基本单位，用以描述随机变量的散乱程度的统计量，信息熵越大，表示变量越混乱，离散程度越高；$\tilde{P}_j^A$ 表示变量 P_i 二次划分后的结果；$\tilde{P}_j^{A_i}$ 表示二次划分后在离散值域中的一个取值；d_j 表示值域空间大小。

式（4.2）剩余部分表示为

$$p(\tilde{P}_j^A) = \frac{\sum_r^v Q_{ri}}{n_i} \qquad (4.4)$$

$$H\left(\tilde{P}_j^A\right) = -\sum_r^v p\left(Y^r|\tilde{P}_j^{A_i}\right)\log_2 p\left(Y^r|\tilde{P}_j^{A_i}\right) \qquad (4.5)$$

其中，Q_{ri} 表示属于类 Y^r 的样本在 $\tilde{P}_j^{A_i}$ 中的数量；n_i 表示属于 $\tilde{P}_j^{A_i}$ 的样本总数量。方法中，式（4.2）的 $H(Y)$ 是常量，所以最优的变量离散区间划分表示为

$$\left(\tilde{P}_j^\Delta\right)_{\text{opt}} = \arg\min_{\tilde{P}_j^\Delta} \sum_i^{d_j} p\left(\tilde{P}_j^{\Delta_i}\right) H\left(\tilde{P}_j^\Delta\right) \tag{4.6}$$

最后，计算并得到每个变量的二次划分结果，重新设定原始数据的参数，得到处理后的数据集 1，同时采用 TOP k 的方案选取前 k 个信息熵最小的变量作为知识发现的潜在单工艺特征，记作 $(B_1, B_2, \cdots, B_K)$，$B_i = \left(\tilde{P}_j^\Delta\right)_{\text{TOP}\,k}$。

2. 基于互信息的重要变量发现

强关联关系的工艺特征主要指分类结果相同或近似，相互之间无法获取更多的信息使分类更加细化。在信息论中，通常采用互信息表示两个或多个变量之间共享的信息量。互信息越大，表示变量之间的相关性越强，即强关联关系。设事件 X 和事件 Y 的互信息定义为

$$l(X;Y) = H(X) + H(Y) - H(X,Y) \tag{4.7}$$

其中，$H(X, Y)$ 表示联合熵（joint entropy），定义为

$$H(X,Y) = -\sum\sum p(x,y)\log_2 p(x,y) \tag{4.8}$$

式（4.6）是基于条件信息熵变量离散化标准，在已知变量 $\tilde{P}_j^\Delta$ 的情况下，判断类别 Y 的不确定程度。当值为 0 时，表示利用变量完全可以将产品区分出来。特征对的关联性问题可以转换为研究变量 $\tilde{P}_{q_1}^\Delta$ 和 $\tilde{P}_{q_2}^\Delta$ 的联合互信息的大小。已知

$$l\left(\tilde{P}_{q_1}^\Delta, \tilde{P}_{q_2}^\Delta; Y\right) = l\left(\tilde{P}_{q_1}^\Delta, Y\right) + l\left(\tilde{P}_{q_2}^\Delta, Y\right) + H\left(Y \mid \tilde{P}_{q_1}^\Delta, \tilde{P}_{q_2}^\Delta\right) - H(Y) \tag{4.9}$$

将式（4.7）代入化简得

$$\left(l\tilde{P}_{q_1}^\Delta, \tilde{P}_{q_2}^\Delta; Y\right) = H(Y) - H\left(Y \mid \tilde{P}_{q_1}^\Delta\right) - H\left(Y \mid \tilde{P}_{q_2}^\Delta\right) + H\left(Y \mid \tilde{P}_{q_1}^\Delta, \tilde{P}_{q_2}^\Delta\right) \tag{4.10}$$

其中，

$$H\left(Y \mid \tilde{P}_{q_1}^\Delta, \tilde{P}_{q_2}^\Delta\right) = -\sum_i^{d_{q_1}}\sum_j^{d_{q_2}}\sum_r^v p\left(\tilde{P}_{q_1}^{\Delta_i}, \tilde{P}_{q_2}^{\Delta_j}\right) p\left(Y^r \mid \tilde{P}_{q_1}^{\Delta_i}, \tilde{P}_{q_2}^{\Delta_j}\right) \log_2 p\left(Y^r \mid \tilde{P}_{q_1}^{\Delta_i}, \tilde{P}_{q_2}^{\Delta_j}\right) \tag{4.11}$$

$$p\left(Y^r \mid \tilde{P}_{q_1}^{\Delta_i}, \tilde{P}_{q_2}^{\Delta_j}\right) = \frac{Q_{rij}}{n_{ij}} \tag{4.12}$$

其中，n_{ij} 表示同时具有 $\tilde{P}_{q_1}^\Delta$ 和 $\tilde{P}_{q_2}^{\Delta_j}$ 的样本总数量；Q_{rij} 表示属于类 Y^r 的样本同时属于 $\tilde{P}_{q_1}^\Delta$ 和 $\tilde{P}_{q_2}^{\Delta_j}$ 的数量。$H\left(\tilde{P}_{q_1}^\Delta, \tilde{P}_{q_2}^\Delta\right)$ 取值非负，$H\left(\tilde{P}_{q_1}^\Delta, \tilde{P}_{q_2}^\Delta\right)$ 越大表示两个特征相关性越大，可供交互的信息量越小，则对生产产品特征区分难度越大。相反地，

$H\left(\tilde{P}_{q_1}^{\Delta}, \tilde{P}_{q_2}^{\Delta}\right)$ 越小，两个变量特征对分类目标区分程度越大，组合分类效果越好。鉴于此，提出一种基于互信息理论的变量关联性判别指标 φ，定义为

$$\varphi = \frac{l\left(\tilde{P}_{q_1}^{\Delta}, \tilde{P}_{q_2}^{\Delta}; Y\right)}{l\left(\tilde{P}_{q_1}^{\Delta}, Y\right) + l\left(\tilde{P}_{q_2}^{\Delta}, Y\right) - l\left(\tilde{P}_{q_1}^{\Delta}, \tilde{P}_{q_2}^{\Delta}; Y\right)} \tag{4.13}$$

表示两个特征在对分类进行区分时的相似程度，当 φ 越大，两个特征关联性越强，反之则相互独立。剔除较大的 φ 对应的工艺特征中的一个，可获得独立参数的工艺特征，从而实现离散变量特征发现。

4.4　基于本体的知识建模方法

4.4.1　知识建模基本方法

知识建模能够将复杂的领域知识抽象为计算机可识别的模式，进而用于知识的存储、表达与推理等过程，解决实际问题并实现知识的共享与重用。典型的知识建模方法有粗糙集建模、神经网络建模、本体建模方法等，如图 4.9 所示。

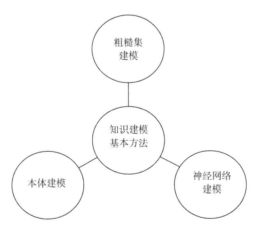

图 4.9　知识建模方法

1. 粗糙集建模方法

粗糙集建模方法主要用于研究不完整的数据与不精确的知识，将不完备的信息用已有的知识近似表达。基于已知的知识库，分类归纳出知识库中的概念和规则，保持已有的分类能力，并将不完整、不精确的对象划分到不同的对象族中，

通过不可分辨关系划分研究对象的上下近似域，从而将这些不完备信息用知识库中已有的知识来近似表达[55]。

2. 神经网络建模方法

神经网络能够抽象模拟人脑神经元，其中以 BP 神经网络（back propagation neural networks，BPNN）较为典型。BP 神经网络由输入层、隐藏层和输出层组成，各层之间相互连接，同层之间无相互连接。BP 神经网络的训练过程是反复进行信息的正向传播和误差的反向传播的过程。信息的正向传播是指输入层接受外界信息，该信息由输入层传递到隐藏层，在隐藏层中进行信息转换，处理之后的信息从输出层输出。当神经网络的实际输出结果与期望值有误差时，进入误差反向传播过程，即误差通过输出层按照连接通路向隐藏层、输入层逐层反传，并在传播的过程中修正各层的权值，直到误差达到设定值，则传输停止，模型构建完成[56]。

3. 本体建模方法

本体的知识表达能力强，有利于解决复杂丰富的知识关系，广泛用于知识建模。本体是计算机领域与信息领域中的新兴领域，能够对特定领域中的知识、概念及其关系进行明确、规范化的描述。本体通过定义规范化的词汇表，明确地界定术语以及术语之间的关系，从而消除领域知识中的一词多义、多词一义、词义含糊等问题。本体建模方法具有以下特点。

（1）支持知识的重用。本体模型具有良好的重用性，减少对领域知识分析的重复性。

（2）便于知识的交流。本体提供了明确的、规范化的词汇表，便于知识在不同的应用领域、不同的操作平台中进行共享和交流。

（3）提高知识的集成效率。本体通过建立概念间的共享联系，能够避免概念的冗余及不同领域中概念不一致的问题，从而提高知识的集成效率。

4.4.2　基于本体的知识建模

基于本体的知识建模方法应用广泛，从建模流程与建模技术两个方面介绍基于本体的知识建模技术。基于本体的知识建模包括知识组织、构建概念模型、构建本体模型、生成知识模型四个步骤，流程如图 4.10 所示。

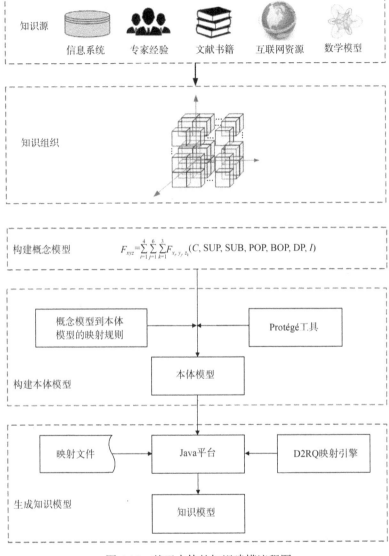

图 4.10　基于本体的知识建模流程图

1. 知识组织

企业知识的来源复杂，类型多样，多源化、异构性、碎片化特征明显，主要包括信息系统、专家经验、文献书籍、互联网资源、数字模型等。为了有效组织和管理知识的多源性、规范知识的异构性、整合知识的碎片性，可分别从产品维、工序维、目标维三个维度描述智能工厂的领域知识。其中，产品维描述了产品的产品类型，工序维描述了产品制造的全工艺流程，目标维描述了智能制造实现的具体目标，包括高效化、智能化、绿色化、安全化等。

2. 构建概念模型

概念模型用函数的形式表达组成本体的概念、属性、关系以及实例等元素，简化了概念分析过程中存在的知识点和知识关系凌乱的问题，其中，C、SUP、SUB、POP、BOP、DP、I 分别表示当前类、父类、子类、当前类与父类实例的关系、当前类与子类实例的关系、数值属性、实例。概念模型清晰地表达出本体所要表示的知识结构和内容，便于指导本体模型的构建。

根据知识的三维组织框架，对知识进行抽取，确定知识的类、关系、属性以及实例，明确各类之间的层次结构，以及个体之间的对象属性和数值属性，从而建立知识的概念模型，该概念模型中体现了概念所属的类、类之间的层级关系、类与类之间的对象属性、类与数据之间的数值属性以及属于该类的实例。

知识的概念模型的构建方法如图 4.11 所示。

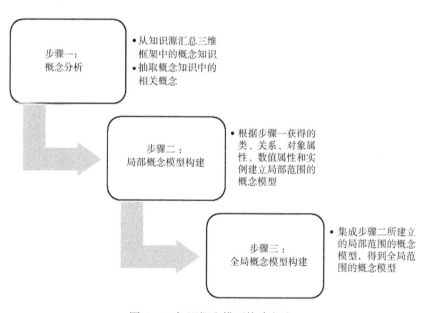

步骤一：
概念分析
• 从知识源汇总三维框架中的概念知识
• 抽取概念知识中的相关概念

步骤二：
局部概念模型构建
• 根据步骤一获得的类、关系、对象属性、数值属性和实例建立局部范围的概念模型

步骤三：
全局概念模型构建
• 集成步骤二所建立的局部范围的概念模型，得到全局范围的概念模型

图 4.11　知识概念模型构建方法

3. 构建本体模型

由知识概念模型到知识本体模型，需要经过映射，部分映射规则如表 4.2 所示，其中知识的本体模型采用 OWL 本体描述语言。

表 4.2　知识的概念模型到本体模型的映射规则

概念模型 $F_{x_i y_j z_k}$ (C, SUP, SUB, POP, BOP, DP, I)	本体模型
$F_{x_i y_j z_k}$ (C, null, null, null, null, null, null)	\<owl:Class　rdf:about="C"\> \</owl:Class \>
$F_{x_i y_j z_k}$ (C, null, null, null, null, DP, null)	\<owl:DatatypeProperty rdf:about="DP"\> 　\<rdfs:domain　rdf:resource="C"/\> 　\<rdfs:range　rdf:resource="数值类型"\> \</owl:DatatypeProperty\>
$F_{x_i y_j z_k}$ (C, SUP, null, POP, null, null, null)	\<owl:ObjectProperty　rdf:about="POP" \> 　\<rdfs:domain　rdf:resource="SUP"/\> 　\<rdfs:range　rdf:resource="C"/\> \</owl:ObjectProperty\>
$F_{x_i y_j z_k}$ (C, null, null, null, null, null, I)	\<owl:NamedIndividual　rdf:about="I"\> 　\<rdf:type　rdf:resource="C"/\> \</owl:NamedIndividual\>

在表 4.2 中，当概念模型表述为 $F_{x_i y_j z_k}$ (C, null, null, null, null, null, null)时，表示当三个维度分别为 x_i、y_j、z_k 时，对 C 的描述；当概念模型表述为 $F_{x_i y_j z_k}$ (C, null, null, null, null, null, I)时，表示对 C 中实例 I 的描述；当概念模型表述为 $F_{x_i y_j z_k}$ (C, SUP, null, POP, null, null, null)时，表示对 C 与 SUP 之间的对象属性 POP 的描述；当概念模型表述为 $F_{x_i y_j z_k}$ (C, null, null, null, null, DP, null)时，表示对 C 中数值属性 DP 的描述。

本体模型构建的第三方开发工具选择 Protégé，根据上述概念模型到本体模型的映射规则，将概念模型中的知识一一映射为本体中的类、对象属性等。

4. 生成知识模型

由于知识数据种类繁多，提取和整合难度较大，采用 D2RQ 语义映射技术可以将结构化数据转化为 RDF 数据，能够实现自动化地语义集成大批量数据。利用 D2RQ 语义映射技术将本体模型与生产工艺数据进行映射，生成的知识模型可以用于知识检索和知识推理等服务。本体模型与生产数据的数据映射流程如图 4.12 所示，该数据映射基于 Java 开发平台，首先由本体模型制定 D2RQ 映射规则、编写相应的映射文件，然后在 Java 开发平台上调用 D2RQ 映射引擎，载入本体模型和映射文件，建立本体模型与数据源的连接，从而实现将生产数据映射为本体的实例数据。

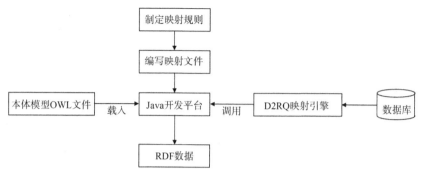

图 4.12　本体模型与生产数据的数据映射流程

4.5　基于贝叶斯的知识推理方法

4.5.1　知识推理基本方法

知识推理是利用形式化的知识进行问题分析、求解、优化的过程，典型的知识推理方法有遗传算法、模糊推理和贝叶斯网络。

1. 遗传算法

遗传算法具有良好的全局寻优能力，可以自适应调整搜索的方向，不需要了解求解问题的全部特点，其强鲁棒性适用于解决非结构化的复杂问题。遗传算法的执行流程如图 4.13 所示[57]。

图 4.13　遗传算法流程

染色体编码是将问题的全部解集映射为染色体集，初始化种群用于设定算法初始解，确定适应度函数作为目标函数，通过选择—交叉—变异，从种群中选择适应度高的染色体到下一代，具体操作包括，将两个染色体随机进行部分结构的重组和交换形成新的染色体，以小的变异概率改变染色体的基因，当迭代次数达到设定次数或适应度函数达到阈值时算法停止迭代。

2. 模糊推理

模糊推理是从不精确的前提集合中得出可能的不精确结论的过程，一类普遍被应用的方法是 Zedeh 的合成推理规则（compositional rule of inference，CRI），模糊推理有三种基本的模式，分别是假言推理、拒取式推理和三段论推理[58]。

1）模糊假言推理

设 $A \in F(U)$，$B \in F(V)$，并且 A 和 B 具有关系：IF x is A THEN y is B，其中 $F(U)$ 和 $F(V)$ 是定义在 U 和 V 上的模糊集的集合，如果 $A' \in F(U)$，并且 A 与 A' 模糊匹配，则有结果 y is B'。这种推理模式为假言推理，可以表示为以下形式。

知识： IF x_1 is A_1 AND x_2 is A_2 AND $\cdots$ AND x_n is A_n THEN y is B

事实： x_1 is A_1' x_2 is A_2' $\cdots$ x_n is A_n'

结果： y is B'

2）模糊拒取式推理

模糊拒取式推理可以表示为以下形式。

知识： IF x is A THEN y is B

事实： y is $\overline{B}$

结果： x is $\overline{A}$

其中 $\overline{A}$ 和 $\overline{B}$ 是 A 和 B 的模糊否定。

3）模糊三段论推理

模糊三段论推理可以表示为以下形式。

知识： IF x is A THEN y is B

　　　　IF y is B' THEN z is C

结果： IF x is A' THEN z is C'

以上三种推理模式中的知识和事实均是模糊命题，表示其中都包含模糊的概念，同时 A 和 A'、A_i 和 A_i' 可能不完全匹配，所以其结果 B' 一般情况下也不等于 B。正因为这些不完全匹配的原则才导致模糊推理的本质是一种近似推理，这种近似推理对处理不完全的模糊信息具有良好的适用性。

3. 贝叶斯网络

贝叶斯网络是基于概率的推理，其中贝叶斯公式、条件概率公式、联合概率公式是贝叶斯网络进行推理的基础。贝叶斯网络由于具有条件独立性，被广泛用于解决不确定性、不完善性等问题。贝叶斯网络的特点如图 4.14 所示。

4.5.2　基于贝叶斯网络的知识推理方法

相较于遗传算法与模糊推理，贝叶斯网络推理具有简化求解问题的难度、更加有利于与其他技术相结合的优点，适用于解决知识的多源异构、碎片化等问题。

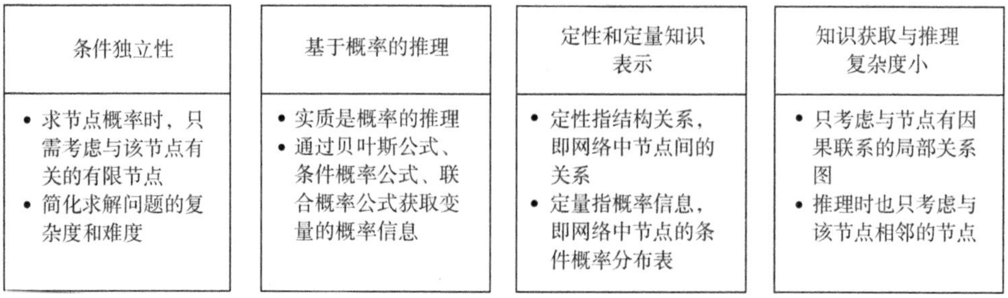

条件独立性
• 求节点概率时，只需考虑与该节点有关的有限节点
• 简化求解问题的复杂度和难度
基于概率的推理
• 实质是概率的推理
• 通过贝叶斯公式、条件概率公式、联合概率公式获取变量的概率信息
定性和定量知识表示
• 定性指结构关系，即网络中节点间的关系
• 定量指概率信息，即网络中节点的条件概率分布表
知识获取与推理复杂度小
• 只考虑与节点有因果联系的局部关系图
• 推理时也只考虑与该节点相邻的节点

图 4.14　贝叶斯网络的特点

基于贝叶斯网络的知识推理流程如图 4.15 所示。

知识模型解析
Jena API
知识模型
贝叶斯网络构建
概念与节点的转换
关系与弧的转换
建立条件概率分布表
贝叶斯网络推理
贝叶斯网络
预测推理
诊断推理
预测与诊断推理
应用
证据输入
推理结果

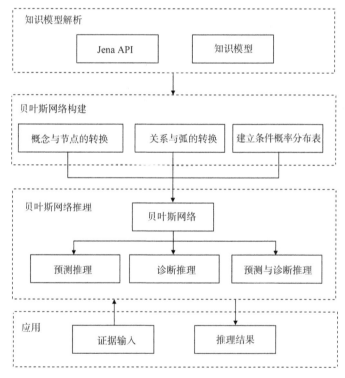

图 4.15　基于贝叶斯网络的知识推理流程

1. 知识模型解析

作为构建贝叶斯网络的准备，采用 Jena API 对知识模型进行语义解析，在 Jena API 中定义本体解析的函数接口，进而解析出知识模型中的类、属性和实例。

2. 贝叶斯网络构建

贝叶斯网络的构建以知识模型为基础，具体流程包含概念与节点的转换、关系与弧的转换、建立条件概率分布表等步骤。其中，建立条件概率分布表是构建贝叶斯网络的重点，可根据知识模型中的状态数值属性和条件概率数值属性构建节点的条件概率分布表。

3. 贝叶斯网络推理模式

贝叶斯网络的知识推理模式有三种：预测推理、诊断推理和预测与诊断推理。预测推理是已知求解问题的原因进而推理出结果；诊断推理是已知求解问题的结果进而推理出导致结果的原因；预测与诊断推理是预测推理与诊断推理相结合的推理。

4. 贝叶斯网络推理的应用

用户推理时，输入推理条件作为贝叶斯网络的证据输入，经过贝叶斯网络推理得到推理结果，再将结果返回给用户，其核心技术是基于知识模型的贝叶斯网络构建。其中，知识模型采用本体建模技术构建，构建流程如图 4.10 所示。贝叶斯网络中的网络节点、网络边以及条件概率等信息数据均来自知识模型，在 Jena API 中定义了对 OWL 文件各类型元素读取的方法，迭代调用Jena API 的读取方法，解析出知识模型中的类、属性和实例，从而得到构建贝叶斯网络所需的信息。知识模型到贝叶斯网络模型的结构转换主要分为概念与节点的转换、关系与弧的转换、建立条件概率分布表三个部分，如图 4.16 所示。

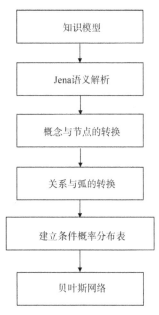

图 4.16　知识模型到贝叶斯网络结构转换流程图

1）概念与节点的转换

在贝叶斯网络中，节点有可能是知识模型中的某一特定概念，也可能是与该知识模型相关的概念。在此建立的贝叶斯网络中的节点来自知识模型。

贝叶斯网络的节点主要通过以下步骤进行转换。

（1）将知识模型中定义的类 C 映射为贝叶斯网络的节点 L_C，节点 L_C 是一个二元变量节点，包括真、假两个状态值。

（2）知识模型中的对象属性由其定义域 domains 和值域 ranges 限定，将该对象属性映射为贝叶斯网络中的节点 L_p，节点 L_p 是一个二元变量节点，包括真、假两个状态值。

（3）贝叶斯网络中的节点 L_p 均拥有子节点 GR_L_p，节点 GR_L_p 是一个二元变量节点，包括真、假两个状态值。

（4）在知识模型中，通过属性定义的一些匿名类 C' 映射为贝叶斯网络的节点 Res。知识模型中拥有属性的类由其定义域 domains 和值域 ranges 限定，因此该 Res 节点有子节点，属性的定义域 domains 用于限制匿名节点 L_C_Res ，属性的值域 ranges 用于限制匿名节点 LR_Res ，匿名节点 $L_C\_$Res 、LR_Res 称为 Res 的投影节点。

2）关系与弧的转换

知识模型中的类转换为贝叶斯网络中的节点之后，下一步要用弧（具有因果关系的节点才可以用弧）将网络中的这些节点联系起来。通过以下步骤可将知识模型中类之间的关系转换为贝叶斯网络中节点之间的关系。

（1）构造函数"rdfs:subClassOf"，在知识模型中 subClassOf 用于定义父类节点与子类节点的关系，在贝叶斯网络中通过父类结点到子类节点的有向弧来表示。

（2）构造函数"owl:intersectionOf"，在知识模型中 intersectionOf 用于定义类 $\{C_1,C_2,\cdots,C_n\}$ 的交类 C，即为 $C=\bigcap_{i=1}^{n}C_i$ ，在贝叶斯网络中建立每个节点 C_i 到节点 C 的有向弧。

（3）构造函数"owl:unionOf"，在知识模型中 unionOf 用于定义类 $\{C_1,C_2,\cdots,C_n\}$ 的并类 C，即为 $C=\bigcup_{i=1}^{n}C_i$ ，在贝叶斯网络中建立节点 C 到每个节点 C_i 的有向弧。

（4）构造函数"owl:complementOf""owl:equivalentClass""owl:disjoinWith"，在知识模型中两个类 C_1 、C_2 通过 complementOf、equivalentClass、disjoinWith 相关联，则表示这两个类分别为互补类、等价类、互斥类，在贝叶斯网络中通过建立投影节点 L 来表示，分别在贝叶斯网络中添加节点 L 的互补节点、等价节点、互斥节点，节点的连接方向为从节点 C_1 、C_2 到相应的节点 L。

3）建立条件概率分布表

贝叶斯网络转换的核心内容是建立条件概率分布表，在知识模型中通过条件概率数值属性来表示不确定知识发生的程度，在进行知识模型到贝叶斯网络结构转换时，需要将每个节点的条件概率数值属性通过一定的规则和算法进行相应的转换，从而建立每个节点的条件概率分布表。对于贝叶斯网络中的一个给定节点，条件概率分布表代表该给定节点的父节点处于不同的状态时，该节点取不同值的条件概率，表明节点之间的概率依赖关系，是进行知识推理的依据。

条件概率分布表的创建从两个方面进行。

（1）当前节点无父节点时，即该节点的发生不以其父节点的发生为前提时，应当给当前节点实体分配一个先验概率，此处分配的先验概率是领域专家或者经验所得的概率数据。

（2）当前节点有父节点时，即该节点的发生以其父节点的发生为前提时，需要考虑该节点发生的条件状态是否满足，即判断当前节点的父节点的发生状态。若发生条件满足，则计算该节点发生的条件概率；若发生条件不满足，则以该节点的先验概率作为其条件概率。

4.6　案例验证

4.6.1　电气企业物料信息检索与供应商评估

某电气集团是一家国有大型综合电气生产、销售、运营企业，其业务涉及电站、输配电、重工、轨道交通、机床、环保、电梯、印刷机械等多个领域。其原材料供应商众多，制造工艺复杂，物料信息种类繁多。因此，需要通过大数据治理来实现物料信息检索与供应商评估。

1. 物料信息检索

1）物料关联信息检索

在已构建的企业运营大数据治理模型中检索物料相关信息，只需在文本框中输入"物料"或者选中树状列表中的"物料"，然后点击"提交"按钮，即可获得物料的关联信息。

图 4.17 界面展示了物料的关联信息，如描述物料的信息有"物料描述信息""物料常规信息""物料工厂信息""物料仓储位置信息"等，与物料相关联的实体

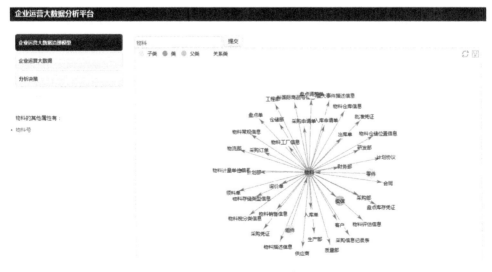

图 4.17　物料的关联信息

有"供应商""询价单""合同""采购订单""研发部"等。若需要查询"物料描述信息",可通过点击表示"物料描述信息"的节点或在文本框中输入"物料描述信息"进行查询,查询结果如图 4.18 所示。

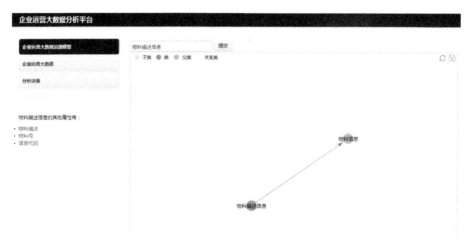

图 4.18　"物料描述信息"的具体信息

图 4.18 展示了"物料描述信息",包括物料的"物料号""语言代码""物料描述"等信息。

2)物料实例数据检索

图 4.19 展示了目前企业运营所涉及的实例数据,如物料、供应商等的实例数据。用户可通过对实例标识的查询,获得所查询实例的数据。例如,对编号为"10000031"的物料实例进行查询,可在图 4.19 中双击"10000031"或者在文本框中输入"10000031",点击"提交"按钮,进入物料"10000031"的实例数据展示界面。

2. 供应商评估

1)供应商评估的应用背景

在激烈的竞争环境下,企业面临着必须快速反应的市场需求,以掌握市场先机,而要达到这个目标,企业必须拥有一个良好的供应商管理系统。供应商管理主要包含供应商的调查和开发、供应商的评估与选择、供应商的使用与战略合作等,所有环节中最关键和最重要的是供应商的评估与选择。因为企业在选择供应商时,若选择到良好的供应商,则对企业的发展非常有利。反之,轻则造成发货不及时、物料存在质量问题,重则影响企业正常运营,造成企业信誉度降低及金钱的损失。

图 4.19　企业运营大数据

　　然而，目前我国企业在供应商评估与选择环节，大部分都依赖供应商的自我评价、专家考评、市场口碑等，存在一定程度的人为主观判断的因素。还有一部分企业虽然使用了 SAP 系统中的供应商评估应用，评估结果相对比较客观，但是供应商评估应用由于内嵌在 SAP 系统中，评估时系统自动获取相关评估数据，用户无法获知评估数据的具体来源以及无法获得评估过程中的中间结果，导致供应商评估结果不可追溯。另外由于评估的支撑数据源是固定的，不易于扩展支撑数据源以及评估指标，导致供应商评估指标体系欠缺灵活性。

　　为此，在企业运营大数据治理的基础上进行供应商评估应用，使供应商的评估指标与支撑数据之间建立语义关系，方便供应商评估结果的追溯。

　　2）供应商评估应用本体模型检索

　　在平台界面中，通过输入"供应商评估、供应商评估所需信息"，点击"提交"按钮，即可进入供应商评估应用本体模型展示界面。该界面展示了与"供应商评估"相关联的实体，如"物料""采购信息记录表""合同""供应商"等，与"供应商评估所需信息"相关联的有"供应商评估结果信息""供应商评估主指标信息""供应商评估次指标信息""供应商评估原始信息"等。

　　在供应商评估应用本体模型展示界面中双击"供应商评估次指标信息"节点，即可展示"供应商评估次指标信息"包含的具体信息，如图 4.20 所示。图 4.20 中界面的左侧显示了"供应商评估次指标信息"类的数据属性，如"按时交货""收货""数量可靠性""市价差"等。

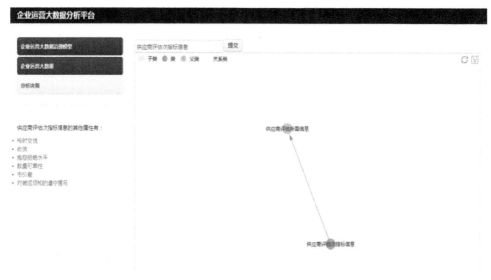

图 4.20　"供应商评估次指标信息"的具体信息

3）供应商评估结果展示

在分析决策模块中，如图 4.21 所示，在"选择应用"的下拉列表框中选中"供应商评估"应用，并输入物料名称为"10000031"的物料和选择 4 家供应商，通过点击"评估"按钮，对供应商进行评分，评分结果在界面列表中显示。

如果用户觉得分析出来的评估结果与主观判断存在偏差，可以点击"查看"按钮，进入"评估结果世系分析"界面。在该界面中，可以查看评估的基本数据、中间结果和最终结果的数值，使用户可再次判断分析结果是否合理。

图 4.21　供应商评估界面

4.6.2　钢铁企业智能制造知识库的组织与管理

我国钢铁企业发展迅速, 在钢铁生产技术、高端和高附加值产品开发、产品工艺设计、产品控制系统等方面已经积累了大量的经验, 具备了硅钢、汽车板、高等级管线钢、高强度钢、耐候钢等大量高等级、高附加值产品制造能力。但同时, 部分企业存在产业硬件好而软件差的局面, 在生产领域高附加值产品工艺设计、开发与生产控制、优化方面存在不足。

高端、高附加值产品的生产是具有创新性的知识密集型生产过程, 涉及生产案例、材料信息、工艺信息、设计方法、规则和经验等多领域知识。随着钢铁工业生产过程中高附加值产品种类的增加和品质的提升, 工艺人员疲于应付新产品的工艺准备和工艺改进, 这使得不论是管理人员还是工艺人员都意识到, 建立一个覆盖各工艺单元的模型库、参数库、知识库, 并对知识库进行组织与管理, 挖掘知识规律, 将知识得以应用, 必将对有效利用生产过程积累的工艺知识、快速提高工艺设计的效率、提高工艺过程水平发挥重要的作用。

面对钢铁高附加值产品对知识库的迫切需求, 可以基于产品-工序-目标的多维智能制造知识库组织与管理体系对钢铁知识进行有效管理。该体系针对钢铁高附加值产品类型的不同生产特征, 从绿色化、安全化和智能化的角度, 提供炼钢、精炼、热轧等不同生产工序的知识组织与管理方法, 包括基于信息论的精品钢的精轧工艺知识发现、基于本体的钢铁知识建模、基于贝叶斯的钢铁知识推理。

1. 基于信息论的精品钢的精轧工艺知识发现

热轧环节为钢铁的塑形阶段, 钢铁生产部门决定生产某种钢板后, 会根据产品工艺要求和工艺流程确定每个工艺环节的工艺参数进而展开生产, 对于相近特性的钢板通常由热轧专家根据工艺要求调整各环节工艺参数。而精轧是带钢热轧环节的重要工艺步骤, 是决定带钢质量的最终环节, 精轧工艺包含多个精轧机, 每个精轧机压下量的不同都可能影响钢板的内外在特性, 工艺参数的设定需要工艺专家具有非常丰富的生产经验。

高附加精品钢的精轧机组包含 7 台连续精轧机, 如图 4.22 所示。钢坯离开精轧机后便会通过冷却形成固定规格的带钢。在热轧环节中, 除了要对带钢外在特性如尺寸、凸度等进行严格规定外, 带钢本身的内在特性如硬度、韧度等也是决定钢板质量的重要因素, 而这些因素往往难以直接在生产过程中进行度量, 只能通过对成品取样检测得到结论。因此, 在带钢生产中经验因素往往占主导地位, 对于带钢热轧的产品质量评估通常是参考精轧出口温度来实现。因为涉及复杂的物理和化学反应以及快速的轧制速度, 造成精轧环节是整个热轧环节中难以控制且最为复杂的工艺环节。因此，在此以带钢生产环节中的精轧机为例，应用基于工艺特征选择的工艺知识推荐算法，为带钢精轧参数选择提供知识辅助决策。

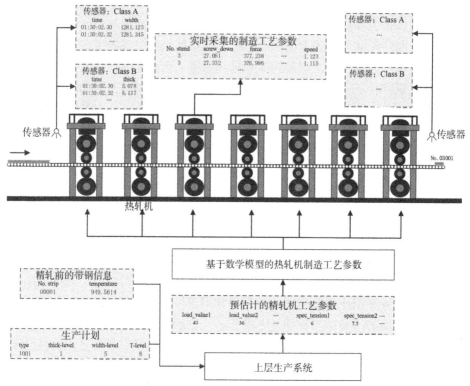

图 4.22　高附加精品钢精轧机组示意图

time：生产时间。width：宽度。thick：厚度。No.stand：机器号。screw_down：压下位置。force：轧制力。speed：机器速度。No.strip：带钢号。temperature：温度。type：带钢类型。thick-level：厚度等级。width-level：宽度等级。T-level：温度等级。load_value：负荷。spec_tension：张力

1）精轧工艺数据说明

在具体的精轧工艺参数生成中，由于大量的工艺参数需要在轧机和高级自动化系统中被配置，精轧参数的初始设定必须在带钢进入轧制任务前完成，整个工艺参数设定步骤如图4.23所示，共包含三个环节：①上层根据带钢的制造标准通过比对历史记录快速获取相近的历史记录，然后专家根据现场设备的实际工况约束选择易于操作并使产品质量达到最高的生产记录进行修正，在该步骤，精轧出口温度和带钢外在规格已经由制造标准给定；②上述过程产生的新参数将会传递到中间层级生成更多基于机理模型的精轧机控制参数；③实际生产中的工艺参数主要通过底层进行修正。

由于存在设备磨损和控制精度等问题，实际工艺参数往往与预计算参数有所偏差，在带钢生产中，通过控制系统根据前工艺环节或前一轧机的结果对当前工艺参数进行微调，将带钢质量控制在标准范围内。工艺参数的配置过程和生产条

件都会给带钢质量的控制造成难以预期结果，匹配合适的历史记录能够极大降低后续工艺配置的难度。

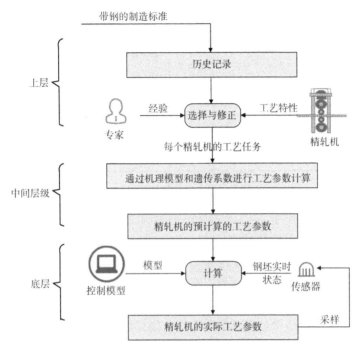

图 4.23　轧制工艺参数配置流程

轧制工艺的外部质量通常是可观测或可度量的特征，如几何形状、凸度、平直度等。目前，制造过程中对带钢外部质量的监控主要采取传感器采集信息的方式。由于传感器只能采集某一时刻的带钢质量信息，所以对整段带钢的质量检测通常观测命中总数，即传感器所采集带钢上满足质量要求的总点数，例如，对温度传感器在某条带钢上采点 1000 次，其中有 965 个检测点在标准出口温度范围内，那么命中总数为 965。

本次试验数据来自某钢厂热轧产线 2016 年某三个月的钢板精轧数据，共有44 760 条生产记录，通过与工艺专家沟通，其中具有相同工艺路线的钢板数据有31 563 条。主要数据包括历史的精轧工艺数据、钢板工艺要求和对应钢板统计数据表等，以上数据均已存储在企业的结构化数据库系统中。对这些数据进行带钢质量筛选，钢板的统计数据表存储钢板质量结果，分别从出口平直度、出口厚度、出口温度、出口宽度、凸度等 32 个指标对钢板质量进行分级评价，根据统计结果选取满足最优指标的产品工艺记录，共 25 432 条，包括了 26 种不同标准的产品类型。

最后，从数据中筛选合适的工艺参数进行算法实施。根据钢板前一工艺环节结果和热轧工艺要求，将硅含量、微量元素含量以及热轧终点的厚度宽度和温度作为热轧段工艺参数的主要决定要素，以上 5 个要素的值已被企业离散到钢种中分类号、钢种小分类号、厚度级、宽度级和温度级 5 个变量的不同等级中，如表 4.3 所示。

表 4.3　处理后的精轧数据

钢种中分类 C_1	钢种小分类 C_2	厚度级 C_3	宽度级 C_4	温度级 C_5	精轧入口温度 /℃	精轧入口速度 /（m/s）	负荷量 F1	…	穿带速度 /（m/s）
1	1	17	3	6	975.2	0.723	41	…	7.000
13	3	16	2	5	962.6	0.919	45	…	8.500
2	4	5	8	5	986.2	0.804	42	…	9.775

针对精轧工艺的特征选取，首先通过专家经验和统计方法将不重要的数据属性和常量剔除掉，选出 35 个工艺参数，分别为 7 个机架的负荷状态和负荷值、6 个机架间水量和张力、轧制时间、精轧入口速度、精轧出口速度、穿带速度、精轧平均温度、精轧入口温度、温度偏差、平均宽度、平均厚度。

2）精轧工艺特征发现

针对工艺参数 $P_1 \sim P_{35}$ 提取相应的工艺特征，将每个工艺参数离散到 30 个等分区间内，之后计算最优的离散区间和信息熵，如表 4.4 所示。

表 4.4　工艺参数的最优离散区间和对应的信息熵

工艺参数 P_i	最优信息熵 $(\tilde{P}_j^\Delta)_{opt}$	离散区间大小 d_i	工艺参数 P_i	最优信息熵 $(\tilde{P}_j^\Delta)_{opt}$	离散区间大小 d_i	工艺参数 P_i	最优信息熵 $(\tilde{P}_j^\Delta)_{opt}$	离散区间大小 d_i
P_1	2.461	7	P_{13}	2.158	28	P_{25}	3.629	8
P_2	2.551	25	P_{14}	2.142	27	P_{26}	**0.085**	3
P_3	2.555	29	P_{15}	2.051	24	P_{27}	**0.090**	2
P_4	2.843	24	P_{16}	**0.962**	3	P_{28}	**0.072**	2
P_5	2.834	22	P_{17}	**0.098**	2	P_{29}	**0.147**	2
P_6	3.378	28	P_{18}	**1.478**	13	P_{30}	**0.098**	2
P_7	3.378	28	P_{19}	2.399	25	P_{31}	**0.042**	4
P_8	**0.014**	2	P_{20}	2.327	24	P_{32}	3.299	24
P_9	**1.762**	13	P_{21}	**0.014**	2	P_{33}	2.675	26
P_{10}	2.488	3	P_{22}	**0.028**	2	P_{34}	**1.323**	15
P_{11}	2.529	27	P_{23}	**0.498**	2	P_{35}	3.137	18
P_{12}	3.309	15	P_{24}	3.538	5			

注：加粗为信息熵最小 Top 15

表 4.4 中信息熵值越低表示区间划分越容易区分带钢类别，当信息熵值为零时，该工艺可以完全地区分某类型带钢，即所划分的区间能够完全将某类带钢识别出来且其他区间不含此类带钢。选取信息熵最小 Top 15 作为单工艺初始特征集，并基于新划分区间对数据重新编码，挖掘频繁工艺参数组合，通过统计该类组合共有 18 个，选取信息熵最小 Top 12 作为组合工艺特征。

计算 27 个工艺特征的关联性（φ 值），φ 值越大则两个工艺特征对产品分类越相近，不能有效地减小 Y 的条件信息熵。由于是同一个工艺特征求解的 φ 值，所以对角线上的值为 1。为了选择合适的特征数量，引入判别式 J_φ，其中 f_i 表示第 i 个实例的工艺要求通过相似度函数计算的相似度值，f_i^{max} 表示第 i 个实例的工艺要求通过相似度函数与所有实例匹配后最大的相似度值，$|Y^i|$ 表示全体实例中具有 f_i^{max} 的产品种类数量。

$$J_\varphi = \sum_i^n \frac{\left[\!\left[f_i = f_i^{max} \right]\!\right]}{|Y^i|}$$

如表 4.5 所示，根据 φ 值进行特征选择，设定的 φ 值过小或过大，会导致一些产品要求在总体中影响比重过高或过低，导致部分不同产品要求的产品无法被区分。鉴于此，当以 $\varphi > 0.5$ 作为阈值时具有最大的 J_φ，即选取的工艺特征在构建相似度函数中具有相对准确且唯一的匹配特性。此时工艺特征共 14 个作为构建子分类器的分类目标。工艺特征提取后的数据经重新处理，如表 4.6 所示。

表 4.5　不同 φ 取值的 J_φ

φ 取值	特征数量	J_φ
$\varphi > 0.3$	9	16 750.9
$\varphi > 0.5$	14	23 772.8
$\varphi > 0.7$	19	18 254.8

表 4.6　工艺特征提取后的数据表

钢种中分类 C_1	钢种小分类 C_2	厚度级 C_3	宽度级 C_4	温度级 C_5	工艺参数 B_1	工艺参数 B_2	…	工艺参数 B_{13}	工艺参数 B_{14}
1	1	17	3	6	2	1	…	1	1
13	3	16	2	5	5	3	…	1	0
2	4	5	8	5	7	1	…	0	0

2. 基于本体的钢铁知识建模

基于本体的知识建模技术，可以建立钢铁智能制造的概念模型、本体模型。

1）钢铁智能制造概念模型

根据三维框架对钢铁智能制造知识进行组织和整合，确定知识的类、关系、属性以及实例。钢铁智能制造知识按照产品生命周期、工序、目标三个类进行划分，其中部分概念层次关系示例如图 4.24 所示，展示了在产品生命周期的制造阶段与绿色化目标，与炼铁、炼钢、精炼、连铸、热轧、冷轧等工序相关的钢铁智能制造知识。概念之间的层次关系主要有继承关系和并列关系两种，例如，炼铁、炼钢、精炼、连铸、热轧、冷轧与工序之间是继承关系，属于父子类层级；而炼铁、炼钢之间是并列关系，属于兄弟类层级。钢铁智能制造知识的属性分为对象属性和数值属性，对象属性和数值属性均通过其定义域和值域来声明。

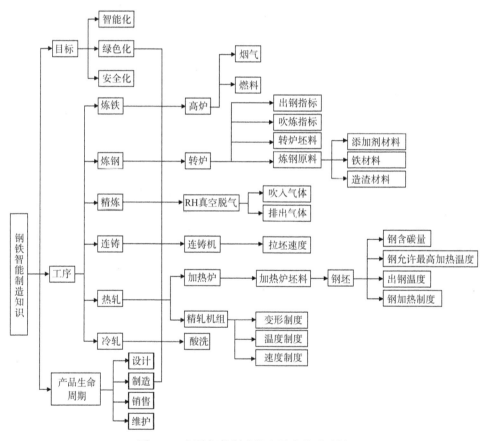

图 4.24　钢铁智能制造概念层次关系示例

2）钢铁智能制造本体模型

钢铁智能制造的本体模型的构建以其概念模型作为指导，根据概念模型到本体模型的映射规则建立钢铁智能制造的本体模型。

对应于已建好的概念模型,根据表 4.2 所述的概念模型到本体模型的映射规则,利用 Protégé 本体构建工具分别建立模型中的类、对象属性和数值属性,Protégé 提供的 OntoGraf 控件可以对建立的本体模型进行可视化展示,如图 4.25 所示,用户可以直观地观察到本体模型中各个元素之间的关系。

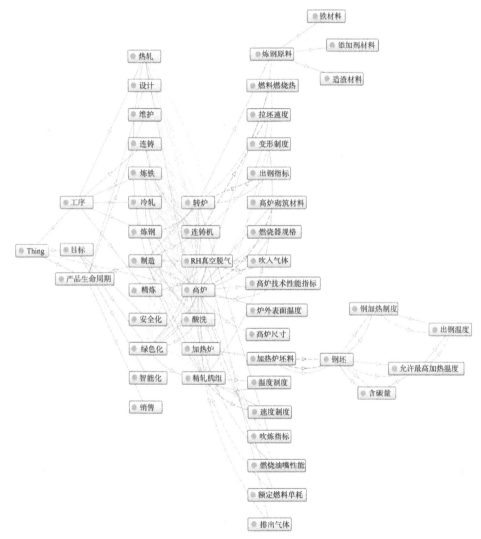

图 4.25　OntoGraf 中部分本体模型的可视化

3. 基于贝叶斯的钢铁知识推理

以知识模型中的加热炉坯料——钢坯为例说明钢铁智能制造知识推理的过程。根据知识模型可知,钢坯类型、钢坯含碳量、钢坯允许最高加热温度、钢加热制度、出钢温度等变量之间具有因果关系。根据知识模型建立这些变量之间的贝叶斯网络模型，基于贝叶斯网络可进行变量之间的推理，即已知其中一个或者两个变量推理出其他变量的结果。首先进行钢坯知识模型与钢坯贝叶斯网络的结构转换，其次构建钢坯贝叶斯网络各个节点的条件概率分布表，最后按照贝叶斯网络的三种推理模型进行知识推理，具体过程如下所述。

1）知识模型与贝叶斯网络的结构转换

知识模型中加热炉坯料下的类包含钢坯类以及与钢坯类有因果关系的子类，子类包括直接子类（含碳量、允许最高加热温度、钢加热制度）以及间接子类（出钢温度），将这些类均转换为贝叶斯网络的节点，如表 4.7 所示。钢坯类以及与钢坯有因果关系的子类通过构造函数"rdfs:subClassOf"进行关联，因此将钢坯类与其子类含碳量、允许最高加热温度和钢加热制度映射到所对应的贝叶斯网络。

表 4.7 钢坯知识模型类到网络节点的转换

类	网络节点
钢坯	L_Steel
含碳量	L_Carbon
允许最高加热温度	L_Heating
钢加热制度	L_SteelHeating
出钢温度	L_SteelOutTemp

2）构建条件概率分布表

在贝叶斯网络中，每一个节点均拥有一个条件概率分布表，通过查询各个节点的条件概率数值属性，可获得每个节点的条件概率分布表，如表 4.8 所示。将每个节点的条件概率分布表加入图 4.26 中，得到最终的钢坯贝叶斯网络，如图 4.27 所示。

表 4.8 L-Carbon 节点的条件概率分布表

$P(b\|a)$	b_1	b_2	b_3	b_4	b_5	b_6	b_7	b_8
a_1	0.125	0.125	0.125	0.125	0.125	0.125	0.125	0.125
a_2	0.125	0.125	0.125	0.125	0.125	0.125	0.125	0.125
a_3	0.4	0.2	0.2	0	0	0	0	0
a_4	0.125	0.125	0.125	0.125	0.125	0.125	0.125	0.125

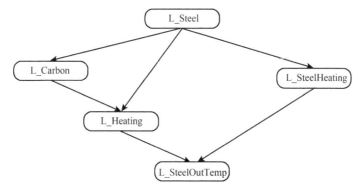

图 4.26　钢坯知识模型中关系到网络边的转换

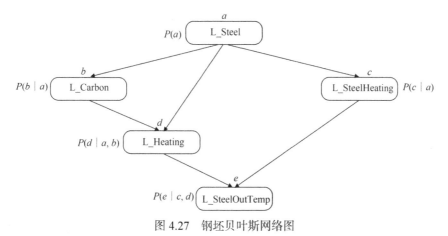

图 4.27　钢坯贝叶斯网络图

3）知识推理

A. 预测推理

要求 L_Steel 为中小型碳素钢，L_Carbon 为 0.3%，即将 $P(a_1)=1$ 和 $P(b_3)=1$ 作为程序的输入，其运行结果如图 4.28 所示，可知网络中的节点 L_Steel、L_Carbon、L_SteelHeating、L_Heating、L_SteelOutTemp 的概率值最大的实例分别是中小型碳素钢、0.3%、三段加热制度、1280℃、1150℃，各个节点的概率分别为 1、1、0.5、0.88、0.581 12。即当生产含碳量 0.3%的中小型碳素钢时，得到如图 4.28 所示的结果：该种钢的允许最高加热温度为 1280℃，钢加热制度为三段加热制度，出钢温度为 1150℃。

B. 诊断推理

要求 L_Carbon 为 0.7%，L_SteelOutTemp 为 1100℃，即将 $P(b_5)=1$ 和 $P(e_5)=1$ 作为程序的输入，其运行结果如图 4.29 所示，可知网络中的节点 L_Steel、L_Carbon、L_SteelHeating、L_Heating、L_SteelOutTemp 的概率值最大的实例分别是中小型碳素钢、0.7%、三段加热制度、1180℃、1100℃，其各个节点概率分

别为 0.592、1、0.5、0.716、1。即当生产含碳量 0.7%、出钢温度为 1100℃的钢时，得到的结果为：该种钢为中小型碳素钢，该种钢的允许最高加热温度为 1180℃，钢加热制度为三段加热制度。

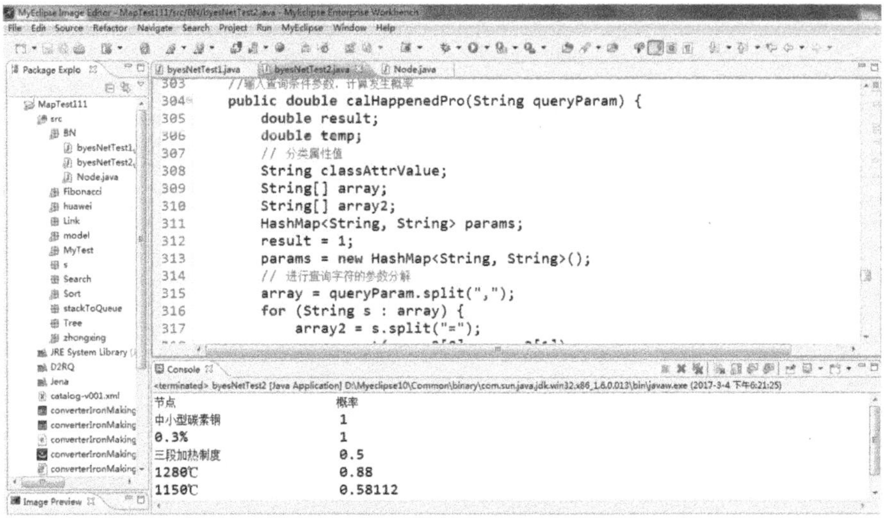

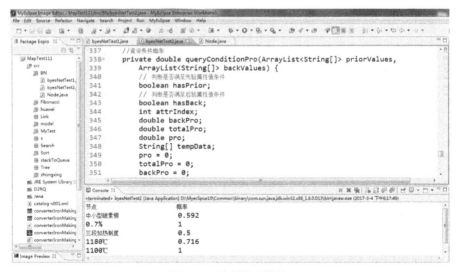

图 4.28　预测推理结果

图 4.29　诊断推理结果

C. 解释推理

要求 L_Steel 是大型合金钢的概率为 $P(a_4) = 0.8$，其余钢的概率分别为 $P(a_1) = 0.05$、$P(a_2) = 0.15$、$P(a_3) = 0.1$；要求 L_SteelOutTemp 是 1200℃的概率为 $P(e_2) = 0.7$，其余出钢温度的概率分别为 $P(e_1) = 0.08$、$P(e_3) = 0.07$、

$P(e_4)=0.05$、$P(e_5)=0.04$、$P(e_6)=0.03$、$P(e_7)=0.03$。将上述给定概率作为程序输入，其运行结果如图 4.30 所示，可知网络中的节点 L_Steel、L_Carbon、L_SteelHeating、L_Heating、L_SteelOutTemp 的概率值最大的实例分别是大型合金钢、0.1%、二段加热制度、1350℃、1200℃，其各个节点概率分别为 0.8、0.55、0.68、0.63、0.7。即当 $P(a_4)=0.8$、$P(e_2)=0.7$ 时，得到的结果为：该种钢为大型合金钢，含碳量为 0.1%，该种钢的允许最高加热温度为 1350℃，钢加热制度为二段加热制度，出钢温度为 1200℃。

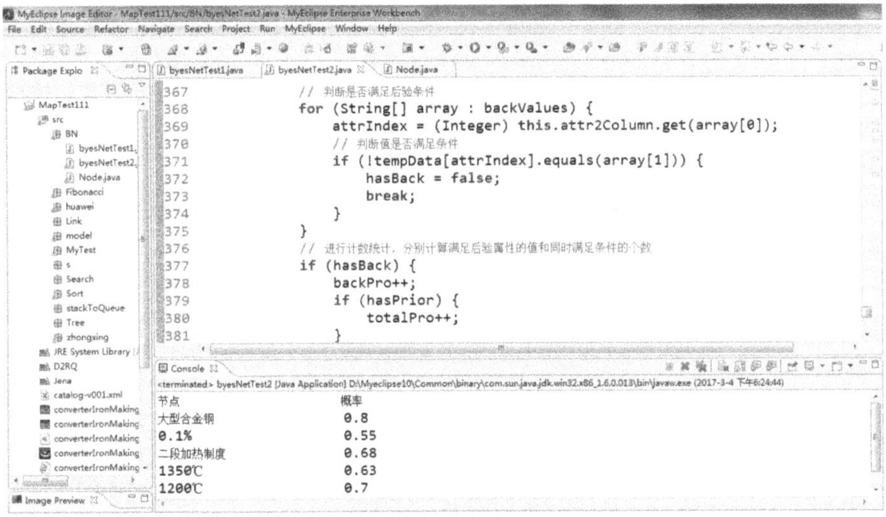

图 4.30　解释推理结果

将贝叶斯网络知识推理得到的结果与某工业炉工程技术有限公司提供的热轧加热炉实际生产数据对比，其结果如表 4.9 所示。

表 4.9　推理值与实际值对比表

已知	推理项	推理值	实际值
钢坯：中小型碳素钢 含碳量：0.3%	钢加热制度	三段加热制度	三段加热制度
	允许最高加热温度	1280℃	1280℃
	出钢温度	1150℃	1145~1160℃
含碳量：0.7% 出钢温度：1100℃	钢坯	中小型碳素钢	小钢坯、碳素钢
	钢加热制度	三段加热制度	三段加热制度
	允许最高加热温度	1180℃	1180℃
钢坯：大型合金钢 出钢温度：1200℃	含碳量	0.1%	0.05%~0.15%
	钢加热制度	二段加热制度	二段加热制度
	允许最高加热温度	1350℃	1320℃

由表 4.9 可以看出，贝叶斯网络推理在证据输入的条件下，其推理结果与实际数据之间的误差极小，由此可见基于贝叶斯网络的知识推理在钢铁智能制造领域具有实际应用价值。

通过知识发现、知识建模与知识推理技术在钢铁企业中的应用，企业的生产案例、材料信息、工艺信息、设计方法、规则和经验等多领域知识得到了充分的利用，能够加快企业工艺知识的沉淀、积累、共享、重用等知识管理活动，提升企业制造过程的智慧化决策水平，从而推动企业向智能工厂运行模式的快速转型。

参 考 文 献

[1] Zammel I B，Najar T. Toward a conceptual framework of reflexivity and practices in knowledge management. Management Decision，2021，59（12）：2809-2826.

[2] Spanellis A，Macbryde J，Dorfler V. A dynamic model of knowledge management in innovative technology companies：a case from the energy sector. European Journal of Operational Research，2021，292（2）：784-797.

[3] 蒂瓦纳 A. 知识管理十步走——整合信息技术、策略与知识平台. 2版. 董小英，李冬，祁延莉，等译. 北京：电子工业出版社，2004.

[4] 王卫东. 知识管理与企业智能初探. 长江论坛，2003，（3）：46-48.

[5] 李鸣，郝守勤，何震. 数据治理国际标准研究. 信息技术与标准化，2017，（1）：48-52.

[6] IBM Corporation. IBM Data Governance Council maturity model：build a roadmap for effective data governance. Governance：An International Journal of Policy and Administration，2007，1（10）：1-16.

[7] Thomas G. The DGI data governance framework. The Data Governance Institute，2006.

[8] Newman D，Logan D. Governance is an essential building block for enterprise information management. Gartner Research，Stamford，2006.

[9] Thomas G. Alpha Males and Data Disasters. Gainesville：Brass Cannon Press，2001：19.

[10] Weber K，Otto B，Osterle H. One size does not fit all：a contingency approach to data governance. ACM Journal of Data and Information Quality，2009，1（1）：1-27.

[11] Liu S，Cui W，Wu Y，et al. A survey on information visualization：recent advances and challenges. Visual Computer，2014，30（12）：1373-1393.

[12] Pike W A，Stasko J，Chang R，et al. The science of interaction. Information Visualization，2009，8（4）：263-274.

[13] Kolodner J. Judging which is the best case for a case-based reasoner. Proceedings of the Second Workshop on Case-Based Reasoning，1989，11：155-162.

[14] de Caro F，Vaccaro A，Villacci D，et al. Spatial and temporal wind power forecasting by case-based reasoning using big-data. Energies，2017，10：252.

[15] Cho S，Asfour S，Onar A，et al. Tool breakage detection using support vector machine learning

in a milling process. International Journal of Machine Tools and Manufacture，2005，45（3）：241-249.

[16] Luca D. Neural networks for parameters prediction of an electromagnetic forming process of FeP04 steel shects. International Journal of Advanced Manufacturing Technology，2015，80（1/2/3/4）：689-697.

[17] Altinkaya H，Orak I M，Esen I. Artificial neural network application for modeling the rail rolling process. Expert Systems with Applications，2014，41（16）：7135-7146.

[18] Kavousi-Fard A，Samet H，Marzbani F. A new hybrid modified firefly algorithm and support vector regression model for accurate short term load forecasting. Expert Systems with Applications，2014，41（13）：6047-6056.

[19] Yu F，Xu X. A short-term load forecasting model of natural gas based on optimized genetic algorithm and improved BP neural network. Applied Energy，2014，134：102-113.

[20] Ren C，An N，Wang J，et al. Optimal parameters selection for BP neural network based on particle swarm optimization：a case study of wind speed forecasting. Knowledge-Based Systems，2014，56：226-239.

[21] Guo P，Qi Z，Huang W. Short-term wind power prediction based on genetic algorithm to optimize RBF neural network. 2016 Chinese Control and Decision Conference（CCDC），2016.

[22] Guo J，Li Y B，Du B G. Dynamic quality prediction of manufacturing process based on extreme learning machine. Advanced Materials Research. 2014，889：1231-1235.

[23] 马萍. Common KADS知识工程方法及其应用. 计算机与信息技术，2006，（9）：10-13.

[24] Zhou Q，Zeng H. A framework for integrated system of fault diagnosis in oil equipments based on neural networks. IEEE，2012.

[25] Wang H H，Boukamp F，Elghamrawy T. An ontology-based approach to context representation and reasoning for managing context-sensitive construction information. Journal of Computing in Civil Engineering，2011，25（5）：331-346.

[26] Wang H H，Boukamp F. Ontology-based representation and reasoning framework for supporting job hazard analysis. Journal of Computing in Civil Engineering，2011，25（6）：442-456.

[27] Yurchyshyna，A. Zarli A. An ontology-based approach for formalization and semantic organization of conformance requirements in construction. Automation in Construction，2009，18（8）：1084-1098.

[28] 马雪芬，戴旭东. 支持产品现代设计的六维度设计知识分类体系与知识建模研究. 机械设计与制造，2010，（9）：239-241.

[29] 常智勇，黄一波，万能，等. 零件工艺知识建模及其相似性度量方法研究. 机械科学与技术，2015，（6）：892-897.

[30] 冯志强，柳存根. 模糊粗糙知识建模及其在焊接变形预测中的应用. 模糊系统与数学，2015，（4）：173-185.

[31] Pan J Z，Giorgos S，Vassilis T，et al. f-SWRL：a fuzzy extension of SWRL. Lecture Notes in

Computer Science，2006，2（3697）：829-834.

[32] Zhao R，Deng L. Faults knowledge discovery based on data classification concept of rough set theory. Journal of Vibration，Measurement and Diagnosis，2012，32（1）：17-22.

[33] da Costa P C G，Laskey K B，Laskey K J. PR-OWL：a Bayesian ontology language for the semantic web. Lecture Notes in Artificial Intelligence，2008，5237：88-107.

[34] Ding Z，Peng Y. A probabilistic extension to ontology language OWL. The 37th Hawaii International Conference on System Science，2004.

[35] Kannan P R. Bayesian networks：application in safety instrumentation and risk reduction. ISA Transactions，2007，（46）：255-259.

[36] 阎红灿，闫宏图，刘保相. Tableau算法在粗糙逻辑知识推理中的应用. 贵州师范大学学报（自然科学版），2013，（1）：40-43.

[37] 谭慧琳，刘先锋. 基于遗传算法的知识推理研究. 电脑知识与技术，2011，（11）：7731-7733.

[38] 吴旭，张建华，赵天阳，等. 基于模糊聚类和模糊推理的电网连锁故障预警方法. 电网技术，2013，（6）：1659-1665.

[39] 蒋婷，丁晟春. 面向产品设计的知识推理综述. 现代情报，2012，（6）：169-173.

[40] 索雷斯 S. 大数据治理. 匡斌译. 北京：清华大学出版社，2014.

[41] 张绍华，潘蓉，宗宇伟. 大数据治理与服务. 上海：上海科技技术出版社，2016.

[42] 刘全. 基于数据仓库决策支持系统的研究与开发. 物流工程与管理，2013，35（4）：108-109.

[43] Stonebraker M. SQL databases v. NoSQL databases. Communications of the ACM，2010，53（4）：10-11.

[44] 周江，王伟平，孟丹，等. 面向大数据分析的分布式文件系统关键技术. 计算机研究与发展，2014，57（2）：382-394.

[45] Shadbolt N，Bernerslee T，Hall W. The semantic web revisited. IEEE Intelligent Systems，2006，21（3）：96-101.

[46] 彭秀丽. 语义技术在知识库系统中的应用研究. 农业图书情报学刊，2013，31（11）：138-140.

[47] 岳丽欣，刘文云. 国内外领域本体构建方法的比较研究. 情报理论与实践，2016，39（8）：119-125.

[48] Eisenberg V，Kanza Y. D2RQ/update：updating relational data via virtual RDF. The 21st international conference companion on World Wide Web，2012.

[49] 唐晓萍. 数据挖掘与知识发现综述. 电脑开发与应用，2002，15（4）：31-32.

[50] 陈晓美. 网络评论观点知识发现研究. 长春：吉林大学，2014.

[51] 杨炳儒，宋威，徐章艳. 基于内在认知机理的知识发现理论及其应用. 自然科学进展，2006，16（1）：107-115.

[52] 高劲松，李迎迎，刘龙，等. 基于关联数据的知识发现模型构建研究. 情报科学，2016，（6）：10-13，18.

[53] 孙吉红，焦玉英. 知识发现及其发展趋势研究. 情报理论与实践，2006，29（5）：528-530，527.

[54] 张蓉. 数据聚类技术的研究. 计算机工程与应用, 2002, 38 (16): 145-147.

[55] Li W H, Chen S B, Lin T, et al. Generalized rough set modeling method for welding process. Journal of Shanghai Jiaotong University (Scicnce), 2007, (3): 319-322, 327.

[56] 樊振宇. BP神经网络模型与学习算法. 软件导刊, 2011, (7): 66-68.

[57] 马永杰, 云文霞. 遗传算法研究进展. 计算机应用研究, 2012, (4): 1201-1206, 1210.

[58] 哈明虎, 李海军. 两种改进的相似度及模糊推理方法. 计算机工程与应用, 2005, 41(35): 31-34.

第5章 工业大数据驱动的智能工厂计划调度与优化

围绕智能工厂在复杂不确定环境下的适应性需求，本章借助大数据和CPS等新兴信息技术手段，研究智能工厂适应性调度方法。本章安排如下，5.1节介绍制造系统生产调度的基本概念，在分析相关研究现状的基础上进一步归纳智能工厂生产调度问题的挑战与适应性调度需求，提出基于CPPS的智能工厂适应性调度框架；针对其中的关键问题，5.2节研究针对不确定工序加工时间的鲁棒调度问题，提出基于场景的鲁棒调度方法，生成抗干扰的初始调度方案；5.3节构建面向适应性调度的CPPS环境，基于此，研究扰动的在线识别方法，提出基于工业大数据的调度知识获取和调度策略在线调整方法；5.4节针对调度知识的有效性问题，提出调度知识全生命周期管理方法，实现调度知识的自更新，从而实现智能工厂的闭环调度优化；5.5节以半导体智慧制造示范单元为对象，开展上述适应性调度方法的案例验证研究。

5.1 概　　述

5.1.1 制造系统生产调度基本概念

1. 经典生产调度问题模型

生产调度（production scheduling）是指针对一项可分解的生产任务（如产品制造），在尽可能满足约束条件（如工艺路线、资源情况、交货期等）的前提下，通过下达生产指令，安排其组成部分（操作）所使用的资源、加工时间及加工的先后顺序，以实现产品制造时间、成本、质量等的最优化。经典生产调度问题的描述如下。

1）定义

给定工件集 $J=\{J_1, J_2, \cdots, J_i, \cdots, J_n\}$（$n$ 为工件总数），设备集 $M=\{M_1, M_2, \cdots, M_m\}$（$m$ 为设备总数），资源集（s 为资源总数），工件 i 的加工流

程由工序集 $J=\{J_{i1}, J_{i2}, \cdots, J_{ij}, \cdots, J_{ip_i}\}$ 确定（p_i 为工件 i 工序总数）。生产调度问题指的是在满足对工件、设备及资源的约束条件下，把设备 M 和资源 R 按时间分配到工件的各个加工工序 J_{ij}，以使目标函数达到最优。

2）目标函数

生产调度的优化目标主要包括以下内容。

（1）最大完工时间 $C_{\max}$，一般使 $C_{\max}$ 最小：$\min\{C_{\max}\}$。

（2）完工时间和 $\{\sum C_i\}$，一般使完工时间和最小：$\min\{\sum C_i\}$。

（3）加权完工时间和 $\{\sum \omega_i C_i\}$，一般使加权完工时间和最小：$\min\{\sum \omega_i C_i\}$。

（4）最大误工时间 $L_{\max}$，一般使最大误工时间 $L_{\max}$ 最小：$\min\{L_{\max}\}$。

（5）误工工件数 U，一般使误工工件数 U 最少：$\min\{U\}$。

（6）准时交货率 ODR，一般使准时交货率最大：$\max\{\text{ODR}\}$。

（7）平均加工周期 MCT，一般使平均加工周期最小：$\min\{\text{MCT}\}$。

3）约束条件

制造系统调度的约束主要分为三类。

一是涉及产品加工工艺的约束，主要包括工艺流程、加工工序及订单交货期要求对制造过程的限制。生产调度问题的工艺流程约束是指制造系统中的工件必须按照预先规定的加工工艺流程进行加工；加工工序约束是指工艺流程中某些具体的加工工序间存在的约束条件，尤其在相邻工序间出现较多，例如，在晶圆制造中，存在着前一道工序结束后需要在规定的时间内必须加工下一道工序；订单交货期约束是指产品的完工交货时间需要满足订单交货期的要求。

二是涉及系统资源的约束，主要包括使用的设备、工具工装及人员对制造过程的限制。设备约束主要是指设备的使用条件以及设备的维修维护；工具工装约束是指制造系统使用的工具工装的数量及更换时间的约束；人员约束是指完成各类专业性要求较强的任务的人员技能和数量的限制。

三是涉及系统性能指标的约束。在制造系统中必须对性能指标加以考虑，但由于不同指标之间存在着不一致甚至矛盾，因此生产调度对这些性能指标的约束往往体现在重点针对某些重要指标，以及指标间的折中与平衡。

2. 生产调度基本问题模型

一般离散制造系统调度问题采用 $(\alpha \mid \beta \mid \gamma)$ 三邻域法来表示，其中 α 表示制造系统的设备情况，包括设备类型和设备数量等，直观地反映了问题规模复杂度；β 表示制造系统的加工特性，如生产约束条件（交货期约束等）；γ 表示生产调度性能指标，如最大完工时间、加工周期、准时交货率等。根据加工系统的复杂度，车间调度问题主要有四类基本问题模型：单机调度、并行机调度、流水车间

（flow-shop）调度及作业车间（job-shop）调度问题。

单机是指加工车间中只有一台设备，待加工的工件也都只有一道工序，所有工件都在这一台设备上进行加工。单机调度的任务是确定设备上待加工工件的加工顺序，以使得优化目标最优。

并行机调度问题中，加工系统有一组功能相同的设备，待加工的工件都只有一道工序，可选任一台设备进行加工。其中，根据相同功能的设备组内设备的加工能力是否相同，又可将并行机调度问题分为等效并行机调度问题和非等效并行机调度问题。

流水车间是指所有工件具有相同的单向工艺流程，需在每台设备上加工，但不出现回访设备的情况。流水车间调度的任务是确定工件在每台设备上的加工顺序，使得优化目标最优。

作业车间是指同时有多种类型工件进行加工，每种类型工件有其确定的工艺流程，每个工件严格按照其工艺流程进行加工，不同工件的工序间没有顺序约束。作业车间调度的任务是确定每台设备上的工件加工顺序，使得优化目标最优。

然而，实际制造系统呈现多种加工特征并存的高度复杂性，如并行机与单机并存、组批加工、工艺反流等，难以用上述四类基本问题来描述，因此，学者提出了一系列具有特殊约束的混合车间调度问题，如考虑瓶颈设备的作业车间、具有可重入特征的半导体生产线、工艺路线可变的柔性作业车间等。

3. 生产调度问题求解方法

根据求解调度问题所采用的算法不同，可将调度方法大致分为四类：基于运筹学的方法、基于启发式规则的方法、基于计算智能的方法、基于人工智能的方法[1]。

基于运筹学的方法是指运用运筹学和数学理论来求解调度问题，常用的方法包括数学规划和排队论等，采用这些方法可以对优化目标进行定量分析，然而其计算复杂度高，无法解决大规模复杂的生产调度。

基于启发式规则的方法是在加工过程中，通过工件优先级安排其加工顺序，其中的优先级由启发式规则确定，如先进先出（first in first out，FIFO）规则、最短加工时间（shortest processing time，SPT）规则、最早交货期（earliest due date，EDD）规则等[2]。该方法具有简单性和快速性等特点，但其缺乏对整体性能的把握和预见能力，因此通常与其他优化方法同时使用。

基于计算智能的方法包括遗传算法、蚁群算法、模拟退火算法等[3-5]。这些方法旨在有限的时间内寻找合理的解，为寻找复杂调度问题的解决方案提供了快速可靠的基础。在生产调度领域，可以单独使用某种计算智能算法，也可以将不同的计算智能算法相结合，或将计算智能算法与其他方法（如建模技术、启发式规则等）相结合共同解决复杂调度问题[3]。

基于人工智能的方法主要包括专家系统方法和人工神经网络方法[6,7]。其中，专家系统方法是将管理者、调度员等专业人员的常识和经验采用一定的方式封装为知识储存到计算机中，并采用知识推理等方法运用这些知识解决实际生产调度问题。人工神经网络方法主要是利用机器学习算法从历史数据或仿真数据中挖掘能够反映制造系统运行规律的网络模型，并将其用于指导调度决策。

5.1.2　不确定环境下的制造系统生产调度问题研究现状

1. 制造系统中的不确定因素分析

不确定因素有多种来源，Pistikopoulos 根据来源的性质把制造系统中的不确定因素归结为四类，分别是系统固有的不确定因素、生产过程固有的不确定因素、外部环境的不确定因素以及离散不确定因素[8]。

（1）系统固有的不确定因素主要指系统的各种动力学、热力学常数和传热系数等物理性质，能够对生产过程的精确建模造成极大的困难，进而影响生产过程的控制。

（2）生产过程固有的不确定因素主要包括生产过程中的流体介质或设备的温度、压力，以及设备的加工能力变化等，这类不确定因素会直接影响生产的性能。

（3）外部环境的不确定因素主要包括产品需求量、产品价格、能源供应变化等，这类不确定因素会影响生产计划的正常执行。

（4）离散不确定因素主要指设备故障、仪器仪表失效、人员操作失误等随机离散事件，此类事件的发生往往会对企业生产造成巨大的影响，甚至中断生产活动。

上述分类是基于企业设计、制造等综合活动考量的分析，并没有充分考虑对生产调度的影响。Stoop 和 Wiers 从企业生产部门的视角出发，将不确定因素分为三类，分别是生产能力相关的不确定因素、订单相关的不确定因素和测量相关的不确定因素[9]。

（1）生产能力相关的不确定因素分为由设备引起的扰动（如机器故障）、由操作人员引起的扰动（如操作人员缺勤）和由工具引起的扰动（如工具缺失）。

（2）订单相关的不确定因素包括原材料短缺、订单图纸无法获得、紧急订单到来以及不合格品报废等。

（3）测量相关的不确定因素指的是工序处理时间的估计、容量效率的估计等，多由其他相关部门产生，例如，由于缺乏新开发产品的加工时间的历史数据，工作准备部门所估计的工序处理时间常存在偏差。

鉴于第三类测量相关的不确定因素是一类生产部门无法避免和处理的扰动类型，因此普遍认为应更关注生产部门内部的不确定因素[9]。

随着智能制造的发展，企业生产活动不再是独立的环节，企业外部以及生产部门外部的不确定因素对生产系统的影响越来越受到重视，因此，本书强调增强生产调度系统对内外部全环境不确定性的自适应能力，从区分不确定因素来源的角度，将其分为两类。

（1）源于生产过程的不确定因素。这类不确定因素是由生产系统、原材料和待加工工件等的个体差异，以及人员因素造成。可以进一步分为设备相关（如设备故障、老化等）、资源相关（如工具、工装等短缺）、工件相关（如工序加工时间不确定、工件返工等）和人员相关（如操作人员缺勤、调度员决策失误等）的不确定因素。

（2）源于外部环境的不确定因素。这类不确定因素来源于生产系统以外的环境，如产品全生命周期中的其他过程、供应链中的其他环节等，常见的有产品需求变化、新产品试制、能源供应变化等。

2. 不确定环境下的生产调度方法

学者针对不确定因素从各个角度进行了分析与归类，这为企业如何避免和应对其影响奠定了基础。在生产调度环节，需要对各类不确定因素具备抗干扰与快速响应能力，在满足工件加工流程和其他约束条件的基础上，合理分配和利用生产线上有限的设备和资源，完成生产活动并尽可能优化系统的性能指标。根据调度方式不同，动态调度方法一般可以分为鲁棒调度（robust scheduling）、实时调度（real-time scheduling）、重调度（rescheduling）和适应性调度（adaptive scheduling）。

（1）鲁棒调度。鲁棒调度是指在生成初始调度方案时便将不确定因素考虑在内，生成具有一定抗干扰能力的调度方案。该方法与静态调度的主要区别在于初始调度方案是否具备抗干扰能力。根据对不确定因素的处理方式，可将鲁棒调度方法大致分为两类：一是将不确定调度问题转化为若干个确定性的调度问题，如基于场景规划的方法；二是采用模糊数表征不确定因素直接求解不确定性问题，如基于模糊理论的方法。

（2）实时调度。实时调度是事先不存在初始调度方案，直接按照制造系统的实时状态及加工任务信息，为空闲设备确定加工任务的过程。最常见的实时调度方法是启发式调度规则，如 FIFO、EDD、SPT 等。此类方法具有较好的实时性，但是在决策过程中往往只能考虑局部信息，因此得到的调度方案只是可行的，无法保证其最优性。

（3）重调度。重调度是在已有调度方案的基础上，根据系统的生产状态及加工任务信息，以一定的频率，对原有调度方案进行调整，或产生新的调度方案。与实时调度的区别在于，重调度是在已有静态调度方案的基础上，根据更多的和/或变化了的系统状态信息对原有方案进行动态调整，得到的调度方案不仅具有可行性，优化效果也更好。

（4）适应性调度。与上述面向单一调度环节的动态调度方法相比，适应性调度的复杂度最高，适应性调度是事先的鲁棒调度、事中的实时调度和事后的重调度的集成，在生产开始前生成具有抗干扰能力的调度策略（本书指启发式调度规则或组合式调度规则），然后在生产过程中根据调度策略实时地生成调度方案，当感知扰动发生后，能够根据当前生产状态调整调度策略。因此，在适应性调度中，不仅调度方案是动态可变的，而且生成调度方案的调度策略也是动态变化的。

5.1.3　智能工厂生产调度面临的挑战和需求

1. 智能工厂生产调度问题的挑战

1）生产调度问题更加复杂

生产调度问题的研究最早在 20 世纪 50 年代随着运筹学的发展而兴起，由最初的单机调度问题发展到并行机调度、流水车间调度、作业车间调度，以及具有特殊约束的混合车间调度问题，问题的复杂性越来越高。从系统规模角度看，从关注单机到生产线调度，设备数量增多，设备间的耦合关系更加复杂；从约束条件角度看，调度问题求解过程中，受到物料、设备、工艺、时间、人员等多种因素的影响和制约；从优化目标角度看，在经济维上从关注完工时间单目标到交货期、加工周期、产品质量等多目标协同优化，进一步向环境维（如减少碳排放、降低能耗等）和社会维（如提高效率、提高员工满意度等）扩展[10]。

2）生产调度环境更加多变

传统的调度方法强调在确定的生产环境下对生产调度问题构造精确的机理模型，并针对该模型采用高效的优化方法求解最优解或近似最优解。但在实际的制造系统中，常常存在许多不确定因素，如 5.1.2 节所述，本书将其分为源于生产过程的不确定因素，如设备故障或老化、工具或工装短缺、工序加工时间不确定、工件返工、操作人员缺勤、调度员决策失误等，以及源于外部环境的不确定因素，如产品需求变化、新产品试制、能源供应变化等。上述的不确定因素呈现巨大差异性，从可知性角度看，有完全可知、部分可知和完全不可知之分；从影响方式角度看，有突发型和渐变型之分；从产生原因角度看，有机因和人因之分。这使得智能工厂所处的内外部环境更加具有不确定性、随机性和难以预测。

3）生产调度优化方法智能化

自 20 世纪 50 年代生产调度问题的研究发展兴起以来，调度优化算法的研究取得了丰富的成果。运营优化问题研究初期，常采用基于经典运筹学理论的优化方法对生产中的优化目标进行定量分析，以求得精确最优解，如整数规划、动态规划、分支定界等方法。研究发现，针对高度简化的极小规模优化问题能够获得其最优解，但是对于智能工厂环境下的复杂制造系统，具有规模大、约束多等特点，加之不确定因素及动态环境的影响，使得求解其中的最优解较为困难，所以，在合理的计算复杂度内求解问题的近似最优解是近年来研究的一个方向。由于智能算法的发展，大多数的学者更加注重采用智能算法解决智能工厂的更复杂的生产调度问题[11, 12]。人工智能算法和大数据技术的引入，为生产调度问题提供了新的解决思路，通过采用人工智能的方法为生产调度提供知识支撑，可以更有效地指导调度决策。

2. 智能工厂生产调度的需求

通过上述分析，在智能制造环境下，制造系统的复杂性和环境的高度不确定性大大增加了生产调度问题建模与优化的难度，使生产调度系统面临新的挑战。智能工厂生产调度系统需要提升对复杂环境的自适应能力，即对各类不确定因素具备抗干扰与快速响应能力，具体体现在以下几个方面。

（1）鲁棒性：调度方案本身具有一定程度的抗干扰能力，在生产执行过程中可消化部分细微扰动，最小化对生产性能的劣化影响。

（2）实时感知：通过实时感知和分析，调度系统能够快速且精准识别扰动的发生并分析其对生产性能的影响，进一步判断是否需要调整调度方案或调度策略，其中调度策略指生成调度方案的算法或规则。

（3）在线优化：当调度方案需要被调整时，调度系统可以根据调度知识修正或重新生成调度方案，以适应当前的生产环境，其中调度知识一般指生产状态与近似最优调度方案之间的映射关系。

（4）知识更新：调度知识一般是从历史数据中挖掘得到的，由于历史数据不能涵盖新生产状态，调度知识存在"概念漂移"效应。在生产执行过程中，调度知识存在失效的可能性，进一步会导致调度系统无法有效运行。针对调度知识时效性特点，通过调度知识的在线学习、有效性评价和更新过程，保证调度系统的持续有效性。

5.1.4　智能工厂适应性调度方法框架

1. 面向智能工厂适应性调度的 CPPS 环境

从上述智能工厂适应性调度在鲁棒性、实时感知、在线优化和知识更新方面的需求出发，本书认为应突破传统的面向单一调度环节的"数学建模—问题求解"

的研究思路，以 CPS 技术为核心，辅以大数据分析和机器学习技术，系统化构建覆盖调度全流程的智能工厂适应性调度新架构。

CPS 一词可追溯到 2006 年 10 月美国国家科学基金会在美国得克萨斯州举行的第一届信息物理系统研讨会（Workshop on Cyber-Physical Systems）。2007 年，Lee 提出 CPS 是计算过程与物理过程的深度融合，嵌入式计算机和网络监控物理过程的执行，同时也受到物理过程的反馈影响，指出了信息物理系统的信息空间和物理空间集成和交互的本质特征[13]。随着信息技术的发展，CPS 的内涵进一步丰富和扩展。我国《信息物理系统白皮书（2017）》中认为，"信息物理系统通过集成先进的感知、计算、通信、控制等信息技术和自动控制技术，构建了物理空间与信息空间中人、机、物、环境、信息等要素相互映射、适时交互、高效协同的复杂系统，实现系统内资源配置和运行的按需响应、快速迭代、动态优化"[14]。具体来说，CPS 主要完成了信息空间与物理空间之间的交互融合。在该高度信息化的融合系统中，信息世界可以感知物理世界的实时状态与动态变化，并根据这些信息进行分析计算，实现对物理世界的有效控制。

从应用角度看，CPS 本质就是构建一套信息空间与物理空间之间基于数据自动流动的状态感知、实时分析、科学决策、精准执行的闭环赋能体系，解决生产制造、应用服务过程中的复杂性和不确定性问题，提高资源配置效率，实现资源优化[14]。CPS 的主要应用领域有制造业、农业、建筑、交通等，制造业作为 CPS 应用最广泛的场景之一，与之有着不可分割的联系，以 CPS 为基础的制造系统称为 CPPS[15, 16]。

基于上述 CPS 的状态感知、实时分析、科学决策、精准执行的闭环赋能体系，本书提出面向适应性调度的 CPPS 体系，如图 5.1 所示，四个阶段分别体现为生产数据获取、在线扰动识别、调度策略调整和调度方案生成。基于 CPPS 的智能工厂生产调度通过这四个环节的不断循环，构成具有适应性调度优化能力的闭环系统。

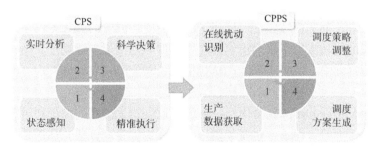

图 5.1　基于 CPPS 的适应性调度

（1）基于 CPPS 的生产数据获取：生产数据获取环节的主要任务是通过监测及通信网络从制造系统采集实时数据，建立数据库存储历史数据，并根据调度的需求从数据库中选取关键数据。该环节为适应性调度提供数据支持。

（2）基于 CPPS 的在线扰动识别：在线扰动识别环节的主要任务是将突发型扰动和渐变型扰动分类，并通过数据分析识别不同的扰动。该环节为调度策略调整提供触发信号。

（3）基于 CPPS 的调度策略调整：调度策略调整指的是生产过程中的调度策略适应性调整。一般采用数据驱动的方法离线挖掘历史数据中的调度知识，而后将调度知识应用于调度策略调整在线决策中。需要注意的是，调度知识具有时效性特点，如何适时更新调度知识，保证其持续有效性也是一个关键问题。

（4）基于 CPPS 的调度方案生成：调度方案生成环节的主要任务是将调度策略转化成生产线执行单元可处理的信号，并传送给物理制造系统，执行阶段是形成闭环数据流的关键。

按照调度系统执行流程顺序，归纳关键问题：①如何提高初始调度方案的抗干扰能力；②如何响应生产环境变化，适应性地调整调度方案；③如何确保调度知识的持续有效性。

2. 适应性调度方法框架

本章围绕上述关键问题，以前文提出的面向适应性调度的 CPPS 为核心，提出了智能工厂的适应性调度方法框架，包括基于场景规划的多目标鲁棒调度、基于 CPPS 的适应性调度和基于知识管理的闭环调度优化三个模块，如图 5.2 所示。

三个主要模块分别对应上述的三个关键问题。

基于场景规划的多目标鲁棒调度：结合场景规划与熵权法，提出了多目标鲁棒调度方法。在生产执行前，离线生成具有一定抗干扰能力的初始鲁棒调度方案。

基于 CPPS 的适应性调度：构建了面向适应性调度的在线 CPPS 环境，并针对不同类型的扰动提出了扰动识别方法及数据驱动的适应性调度方案调整方法。在生产执行过程中，实时监控生产执行情况，并能够及时调整调度方案以适应扰动的发生。

基于知识管理的闭环调度优化：研究了调度知识的在线评价和更新机制，提出了调度知识学习、评价、更新和应用的调度知识管理方法，从而实现闭环调度优化。

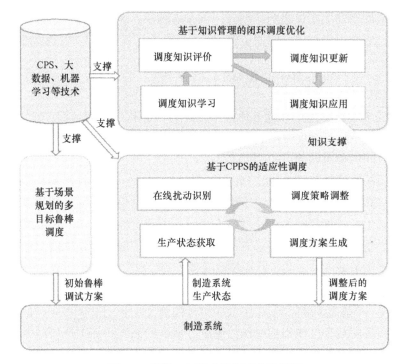

图 5.2　智能工厂适应性调度方法框架

5.2　基于场景规划的多目标鲁棒调度方法

5.2.1　基于场景规划的多目标鲁棒调度方法框架

鲁棒调度指的是在生产执行前生成具有一定鲁棒性的调度方案，能够在执行过程中吸收部分不确定性因素的干扰，旨在提高制造系统的前摄抗干扰能力，是系统应对环境不确定性尤其是微小渐变型不确定性影响和避免因频繁调整而运行不稳定的有效途径。

调度方案的鲁棒性可归纳为两个方面，一是生产性能上的鲁棒性，指的是调度方案在投入执行的过程中，制造系统的生产性能受环境变化的影响尽可能小，一般指尽量减小生产性能的损失；二是调度方案本身的鲁棒性，多称为稳定性，即在实际生产过程中，因随机事件的发生，系统无法按照原调度方案执行，由此造成的实际调度方案与原调度方案的偏差，偏差值越小，说明调度方案的稳定性越好。

本章所关注的是调度方案在生产性能上的鲁棒性，其基本含义是实际性能指标与理论或期望性能指标之间的偏差。偏差值越小，调度鲁棒性越好，反之，鲁棒性越差，通常用相对偏差的期望值表示：

$$f(s) = E[\delta'(s)] = \frac{E[O(s)] - O^0(s)}{O^0(s)} \qquad (5.1)$$

其中，$O(s)$ 表示实际生产环境下运行调度方案 s 获得的性能指标；$O^0(s)$ 表示在期望生产环境下运行调度方案 s 获得的性能指标；$\delta'(s)$ 表示实际性能指标和期望性能指标之间的相对偏差。

由于无法精确计算式（5.1）所示的鲁棒性，因此，学者提出了基于场景规划的鲁棒性计算方法。场景规划是不确定调度问题尤其是前摄性鲁棒调度中的常用方法。在基于场景规划的鲁棒性度量方法中，不确定性因素由一组可能发生的场景集表征，场景集中的一个场景表示实际生产过程中的可能发生的一种状态，假设场景集容量足够大。因此，鲁棒性定义式（5.1）中的期望值可以由场景集下的均值计算得到。

假设有一个静态调度问题，存在 M 个可行的调度策略，计作 s_m，$m = \{1, 2, \cdots, M\}$，其目标是获得使某个性能指标最优的调度方案。然而，实际生产环境中存在不确定扰动，调度方案需要最小化扰动对性能指标的劣化影响，此外，实际制造系统往往关注影响生产成本、效率和质量的多种性能指标，计作 O_i，$i = \{1, 2, \cdots, I\}$。因此，多目标鲁棒调度问题的优化目标是获得使多个性能指标鲁棒性最优的调度方案，其优化目标可以表达如下：

$$\min f_i(s_m)，\quad i = 1, 2, \cdots, I \qquad (5.2)$$

其中，$f_i(s_m)$ 表示调度方案 s_m 在性能指标 O_i 下的鲁棒性；I 表示优化目标的个数。

根据场景规划的思想，一个场景表示一种可能发生的实际生产情况，以工序加工时间不确定性为例，一个场景可用一组可能的工序加工时间表示，计作 C_n，假设共有 N 个场景，$n = \{1, 2, \cdots, N\}$。鲁棒性定义可计算如下：

$$f_i(s_m) = \frac{\frac{1}{N}\sum_{n=1}^{N} O_i(s_m, c_n) - O_i(s_m, c^0)}{O_i(s_m, c^0)} \qquad (5.3)$$

其中，$O_i(s_m, c_n)$ 表示调度方案 s_m 在场景 c_n 下运行得到的性能指标 O_i 的值；$O_i(s_m, c^0)$ 表示调度方案 s_m 在期望场景 c^0 下运行得到的性能指标 O_i 的期望值。式（5.3）表示的是一种常见的鲁棒性计算方法，通常表达为最小化所有场景下性能指标偏差值的期望值，除此之外，鲁棒性计算方法还包括：最小化所有场景下性能指标的期望值、最小化最坏场景下的性能指标值、最小化最坏场景下的后悔值（minimize worst-scenario regret，简称 WR）等[17]。每种鲁棒性计算方法的侧重虽有所不同, 但仅关注单一性能指标下的鲁棒性。

如前所述, 鲁棒调度的目标是获得在不确定环境中仍能正常运行的调度方案。换句话说, 鲁棒调度方案的性能是满足需求的, 并且对不确定性不敏感。因此, 基于上述场景规划的方法, 提出基于熵权法的多目标鲁棒调度方法[18]。该方法生成具有鲁棒性的调度策略（组合式调度规则）, 如图 5.3 所示。方法包含以下三个阶段。①可行调度策略生成：在确定的环境下, 采用多目标遗传算法求解确定多目标调度问题, 生成一组最优解作为可行调度策略集, 以满足性能指标的要求。②数据生成：引入不确定因素, 生成若干可能场景, 在所有场景下遍历仿真可行调度方案, 获取生产数据。③多目标鲁棒调度：基于上述生产数据, 根据鲁棒调度模型计算各可行调度策略的鲁棒性, 进而选取鲁棒性最优者为最终鲁棒调度策略。

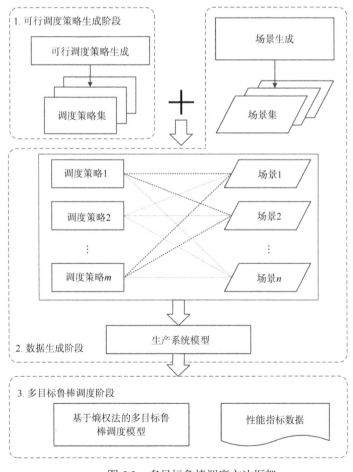

图 5.3　多目标鲁棒调度方法框架

各阶段的具体任务和目的如下。

在可行调度策略生成阶段，采用结合仿真的第二代非支配排序遗传算法（non-dominated sorting genetic algorithm-Ⅱ，NSGA-Ⅱ）方法求解确定环境下的多目标调度问题，得到了若干个帕累托最优解，并将其作为可行调度方案集输出到下一阶段。该阶段的多个目标是指所选择的性能指标，其目的是确保可行调度方案集对目标的优化效果。

在数据生成阶段，将工序加工时间的不确定性引入制造系统仿真系统中。本阶段的目的是通过在不同场景下遍历执行不同调度方案来获取性能指标数据。其中，仿真模型的建立是关键，过于简化的模型无法描述系统的重要属性和规律，而过于详细的模型会混淆次要矛盾和主要矛盾。应根据实际系统的逻辑结构和决策原则，并结合软件平台的特点建立仿真模型。

在多目标鲁棒调度阶段，基于熵权法的多目标鲁棒调度方法的目标是在可行调度策略集中选择最优的鲁棒调度策略。该方法是多目标优化的关键部分。利用传统的鲁棒调度模型对所选取的性能指标进行鲁棒性度量，并利用熵权法对其权重进行加权，计算得到调度方案在多个性能指标下的鲁棒性，从而选择最优的鲁棒调度策略。

5.2.2　基于场景规划的生产数据获取

加工时间的不确定性表示方法一般有三种：随机数、模糊数和区间数[19]。由于难以获得加工时间的概率分布及服从的模糊数，因此采用区间数表示不确定加工时间。工序 j 的期望加工实际时间 p_j^* 已知，假设实际加工时间服从区间 $\left[p_j^L, p_j^H \right]$ 内的均匀分布，$p_j^L = p_j^* - \delta_j$，$p_j^H = p_j^* + \delta_j$，且 $0 < \delta_j \leqslant p_j^*$。所有工序的加工时间序列可以表示一个场景，因此场景 c_n 用所有 J 个工序的一组实际加工时间的向量表示，$c_n = \left(p_1^n, p_2^n, \cdots, p_j^n, \cdots, p_J^n \right)$，$p_j^n$ 表示工序 j 在场景 c_n 下的实际加工时间，且 $p_j^n \in \left[p_j^L, p_j^H \right]$，所有场景的集合表示为 C。期望加工时间和区间分布已知，通过区间内随机取值，可以获得生产场景。考虑实际加工时间服从区间内的均匀分布，则每个场景的发生概率相等，$P(c_n) = \dfrac{1}{N} \times 100\%$。

生产数据获取步骤如下。

输入：M 个可行调度策略和 N 个场景。

输出：性能指标矩阵。

步骤 1：将一个可行调度策略 s_m 应用于制造系统的仿真模型中。

步骤 2：在 N 个场景下分别运行应用了可行调度策略 s_m 的仿真模型，对每个性能指标 O_i 得到一个性能指标向量 $\left(\beta_{m,1}^i, \beta_{m,2}^i, \cdots, \beta_{m,n}^i, \cdots, \beta_{m,N}^i\right)$，其中，$\beta_{m,n}^i$ 表示可行调度策略 s_m 在场景 c_n 下的性能指标 O_i 的值。

步骤 3：重复步骤 2 M 次，直到遍历 M 个调度策略，对于每个性能指标都得到 M 个性能指标向量。

步骤 4：对于性能指标 O_i，组合 M 个性能指标向量，得到性能指标矩阵 B_i，如式（5.4）所示。进而获得 I 个性能指标矩阵：$B_1, B_2, \cdots, B_i, \cdots, B_I$。

$$B_i = \begin{bmatrix} \beta_{1,1}^i & \beta_{1,2}^i & \cdots & \beta_{1,N}^i \\ \beta_{2,1}^i & \beta_{2,2}^i & \cdots & \beta_{2,N}^i \\ \vdots & \vdots & & \vdots \\ \beta_{M,1}^i & \beta_{M,2}^i & \cdots & \beta_{M,N}^i \end{bmatrix} = \left[\beta_{m,n}^j\right]_{M \times N} \tag{5.4}$$

5.2.3　基于熵权法的多目标鲁棒调度

如图 5.3 所示，该阶段的目标是从 M 个可行调度策略中选择鲁棒性最好的调度策略。首先，对得到的性能指标数据进行归一化处理以消除不同性能指标所产生的量纲问题；然后，通过基于熵权法的多目标鲁棒调度模型得到可行调度策略的综合鲁棒性，进而获得鲁棒调度策略。

1. 归一化处理

为了避免不同性能指标所造成的量纲问题，需要对 5.2.2 节获得的性能指标矩阵 B_i 进行归一化处理，假设本文的优化问题为最小化问题。

（1）针对值越小越好的性能指标，归一化处理方式如式（5.5）所示。

$$\overline{\beta_{m,n}^i} = \frac{\beta_{m,n}^i - \beta_{\min}^i}{\beta_{\max}^i - \beta_{\min}^i}$$

$$\overline{B_i} = \left[\overline{\beta_{m,n}^i}\right]_{M \times N} \tag{5.5}$$

（2）针对值越大越好的性能指标，归一化处理方式如式（5.6）所示。

$$\overline{\beta_{m,n}^i} = 1 - \frac{\beta_{m,n}^i - \beta_{\min}^i}{\beta_{\max}^i - \beta_{\min}^i}$$

$$\overline{B_i} = \left[\overline{\beta_{m,n}^i}\right]_{M \times N} \tag{5.6}$$

2. 多目标鲁棒调度模型

首先，根据传统鲁棒调度模型，计算各单目标下的鲁棒性，本节选择以 WR 模型为例说明，模型定义如式（5.7）所示[17]。

$$s^* = \text{argmin}\{W(s_m)\} \tag{5.7}$$

其中，$W(s_m) = \max_{c_n \in C} w(s_m, c_n)$；$w(s_m, c_n) = O_i(s_m, c_n) - O_i(s_m, c^0)$；$O_i(s_m, c_n)$ 表示调度方案 s_m 在场景 c_n 下运行得到的性能指标 O_i 的值；$O_i(s_m, c^0)$ 表示调度方案 s_m 在期望场景 c^0 下运行得到的性能指标 O_i 的期望值；$w(s_m, c_n)$ 表示调度策略 s_m 在场景 c_n 下的后悔值；$W(s_m)$ 表示调度策略 s_m 在所有场景下的最大后悔值。该 WR 模型的目标是选择最大后悔值最小的调度方案 s^*。

根据 WR 模型，计算所有可行调度策略在各个单目标下的鲁棒性度量值 $r_{m,i}$，进而获得鲁棒性度量矩阵 $r = [r_{m,i}]_{M \times I}$，如式（5.8）和式（5.9）所示。

$$r_{m,i} = \max_{c_n \in C} \left(\overline{\beta_{m,n}^i} - \overline{\beta_{s_{m^*},n}^i} \right) \tag{5.8}$$

$$r = \begin{bmatrix} r_{1,1} & r_{1,2} & \cdots & r_{1,I} \\ r_{2,1} & r_{2,2} & \cdots & r_{2,I} \\ \vdots & \vdots & & \vdots \\ r_{M,1} & r_{M,2} & \cdots & r_{M,I} \end{bmatrix} \tag{5.9}$$

其中的每一个元素表示某个调度方案在某单目标下的鲁棒性，元素 $r_{m,i}$ 表示调度方案 s_m 在性能指标 O_i 下的鲁棒性。

通过加权求和将多目标转化为单目标问题，是处理多目标优化问题的一种简单且有效的方法。本文采用熵权法赋予每个性能指标的鲁棒性一定的权重，通过加权求和获得综合鲁棒性指标，进而选取综合鲁棒性最优的调度策略作为最终决策，综合鲁棒性计算公式如式（5.10）所示。

$$R_m = \sum_{i=1}^{I} \alpha_i \cdot r_{m,i} \tag{5.10}$$

其中，R_m 表示调度策略 s_m 的综合鲁棒性；α_i 表示性能指标 O_i 的权重。

权重的确定是该方法的关键。在可行调度策略生成阶段，可行调度策略的选择已经充分考虑了性能指标的优化需求。因此，在多目标鲁棒调度阶段，鲁棒调度策略的选择基准变为对鲁棒性的考量。性能指标权重的大小需要反映出该性能指标鲁棒性对于调度策略变化的敏感度。举例说明，如果 M 个可行调度策略在某性能指标 O_i 下的鲁棒性值变化不大，$(r_{1,i}, r_{2,i}, \cdots, r_{M,i})$ 的平均差较小，则说明该性能指标的鲁棒性对调度策略的变化不敏感，那么在从中选取鲁棒调度策略时应当减少对该性能指标鲁棒性的考量，即该性能指标的鲁棒性权重应较小，α_i 值较小，反之则相反。最极端的情况是 $(r_{1,i}, r_{2,i}, \cdots, r_{M,i})$ 完全相等，说明不论采用哪种调度策略，所获得的性能指标 O_i 的鲁棒性是相等的，即鲁棒调度策略的选取对该性能指标的鲁棒性不会产生任何影响，那么在选取鲁棒调度策略时应当将其影响降到最低，即综合鲁棒性度量中的权重 $\alpha_i = 0$。

本节介绍一种采用熵权法来确定各单目标鲁棒性权重的方法。熵是一个热力学概念，可定义为一个信息量。在信息论中，熵被用来表示和衡量事物发生的不确定性。评价指标在评价对象上的波动程度是通过信息熵来反映的。如果某一指标在评价对象上的波动程度较大，则该指标的信息熵值就会较小，而该指标的熵权值就会较大。将上述分析延伸到本章问题，评价指标、评价对象和评价矩阵分别对应性能指标的鲁棒性、可行调度策略和鲁棒性矩阵。因此，利用信息熵模型计算各权重本质上就是利用鲁棒性矩阵计算各性能指标的熵权值。熵权值越高，该性能指标的鲁棒性越重要。采用该方法计算各权重，使基于评价结果确定鲁棒性的重要性更加客观，且不失准确性。具体步骤如下。

首先，根据式（5.11）对鲁棒性矩阵进行归一化处理，$z_{m,i}$ 表示归一化后矩阵中的元素。

$$z_{m,i} = \frac{r_{m,i}}{\sum_{m=1}^{M} r_{m,i}}, \quad i = 1, 2, \cdots, I \tag{5.11}$$

其次，对于每一个性能指标 O_i，根据式（5.12）计算其熵值 e_i。

$$e_i = -f \sum_{m=1}^{M} z_{m,i} \ln z_{m,i}, \quad i = 1, 2, \cdots, I \tag{5.12}$$

最后，对于每一个性能指标 O_i，根据式（5.13）计算该性能指标鲁棒性度量在综合鲁棒性度量中的权重 α_i。

$$\alpha_i = \frac{1 - e_i}{I - \sum_{i=1}^{I} e_i}, \quad i = 1, 2, \cdots, I \tag{5.13}$$

其中，$0 \leqslant \alpha_i \leqslant 1$，$\sum_{i=1}^{I} \alpha_i = 1$。

根据熵函数的定义和性质，可以得到熵权的以下性质。

若性能指标 O_i 的鲁棒性在所有可行调度策略下均相等，即所有 $z_{m,i}$ 完全相等，熵值 e_i 将达到最大值 1，熵权值为 0，即 $\alpha_i = 0$。这表示该性能指标的鲁棒性不能为鲁棒调度决策提供任何有用的信息，可被忽略。

若性能指标 O_i 的鲁棒性的值相差较大，则其熵值较小，熵权值较大。这表示该性能指标能够为决策提供有效信息，应该予以考虑。

性能指标的熵值越高，其熵权值越低，其重要性越低。

综上所述，基于熵权法的多目标鲁棒调度模型实现步骤如下。

输入：I 个性能指标矩阵 $B_1, B_2, \cdots, B_i, \cdots, B_I$，$M$ 个可行调度策略。

输出：选取的鲁棒性调度策略。

步骤 1：根据式（5.5）和式（5.6），对性能指标矩阵 B_i 中的元素作归一化处理，获得 I 个归一化后的性能指标矩阵 $\left\{ \overline{B_1}, \overline{B_2}, \cdots, \overline{B_I} \right\}$，$\overline{B_i} = \left[\beta_{m,n}^i \right]_{M \times N}$。

步骤 2：对于每一个调度策略 s_m，根据式（5.8）和式（5.9），计算它在每个性能指标下的鲁棒性度量值 $r_{m,i}$，进而获得鲁棒性度量矩阵 $r = \left[r_{m,i} \right]_{M \times I}$。

步骤 3：根据式（5.11）对鲁棒性矩阵进行归一化处理，$z_{m,i}$ 表示归一化后矩阵中的元素。

步骤 4：对于每一个性能指标 O_i，根据式（5.12）计算其熵值 e_i。

步骤 5：对于每一个性能指标 O_i，根据式（5.13）计算该性能指标鲁棒性度量在综合鲁棒性度量中的权重 α_i。

步骤 6：对于每一个可行调度策略 s_m，根据式（5.10）计算其综合鲁棒性度量。

步骤 7：选择鲁棒性度量最小的调度策略，即为鲁棒性调度策略。

根据上述多目标鲁棒调度方法，在生产执行前，从一组可行调度策略中选取鲁棒性最优的初始调度策略，进而将其应用于制造系统中。在实际运行过程中，该鲁棒调度策略具备一定的抗干扰能力，能够在一定程度上减弱渐变型扰动给性能指标带来的干扰影响。然而，若发生剧烈扰动事件，或渐变型扰动累积到一定程度，该调度策略会面临失效的风险，则需要对其进行适应性调整。何时需调整以及如何适应性调整的问题将在 5.3 节讨论。

5.3　基于 CPPS 的适应性调度方法

5.3.1　面向适应性调度的 CPPS 构建

1. CPPS 环境设计

5.1.4 节从理论上设计了面向适应性调度的 CPPS 框架的逻辑和各部分功能，本节将对 CPPS 系统的具体实现进行研究。结合主流制造业 CPPS 体系框架的特点，以及对于适应性调度需求下的 CPPS 架构分析，设计面向适应性调度的 CPPS 环境框架，如图 5.4 所示。该环境主要由物理层、通信层、信息层三部分组成。

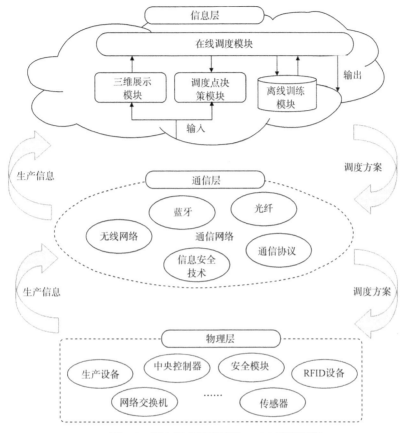

图 5.4　面向适应性调度的 CPPS 环境框架

　　物理层主要是指实体制造系统，包括生产设备、传感器等。物理层使用 RFID、有线或无线传感器采集实际生产设备的状态参数，并把数据传输到中央控制器进行后续处理。在此层级中，由于不同设备的数据采集模块各不相同，通常采用标准化的通信协议确保获取数据的一致性。在制造系统中，硬件设备间可采用工业以太网、现场总线等方式实现相互通信。

　　通信层由各类通信网络组成，主要完成物理层与信息层之间的数据通信功能。通信过程广泛采用光纤、无线网络、蓝牙等网络连接技术，并结合各类通信协议实现数据传输。同时，通信层还包括各类信息安全技术模块，保证信息在传输中的安全性、保密性。按照需求功能的不同，通信层有着方式各异的通信网络组建方法。

　　信息层是 CPPS 中实现适应性调度功能的核心，主要包括制造系统的三维展示模块、调度点决策模块、离线训练模块以及在线调度模块。其中三维展示模块注重对实际制造系统的可视化展示，能够在运行过程中实时采集制造系统生产数据，动态展示生产过程，并且感知数据变化；调度点决策模块根据突发事件或制造系统虚（仿真模型）实（物理系统）性能指标的差异来判断是否存在扰动；离线训练模块收集生产线历史数据形成数据库来训练不同的调度算法；在线调度模块在出现生产线扰动时，从调度模型库中选择合适的调度方法，并根据生产状态生成新的调度方案，实现 CPS 环境下制造系统的调度优化。

2. CPPS 环境实现方案

针对面向适应性调度的 CPPS 环境框架，本节从数据通信网络的建立、三维展示模型的设计以及适应性调度的实现三个方面，具体阐述相应的研究思路和解决方案。

1）数据通信网络的建立

针对 CPPS 环境的特点，为了实现信息层对生产过程信息的实时感知，需要建立一个快速、稳定、可拓展性强的数据传输网络，高效采集生产信息。一种基于 OPC（object linking and embedding for process control，对象链接与嵌入的过程控制）接口技术和 MQTT（message queuing telemetry transport，消息队列遥测传输）即时通信协议的通信网络是解决这一问题的有效途径。

OPC 接口技术是一种标准的数据访问机制，可以有效连接现场设备与客户端应用程序，为实现生产设备的数据采集与更改提供可能。OPC 有客户端和服务器端，由服务器端对接生产数据源，负责把生产数据传输到客户端。

MQTT 是一种轻量级的数据传输协议，由于对带宽需求低，MQTT 协议成为在机器之间实现数据通信的理想选择。MQTT 协议中包含三种角色，分别是发布者客户端、订阅者客户端和代理服务器。在运行过程中，代理服务器负责将发布者客户端上传的数据存储，并将数据传送给订阅者客户端。

从现场设备的角度出发，OPC 协议可以用于现场设备和具体应用程序之间的实时通信，实现制造系统 CPPS 环境下的数据采集；从应用程序的角度出发，MQTT 作为一个发布–订阅型的消息传输协议，支持多个客户端对同一消息代理服务器的订阅，因此可以用来实现 CPPS 环境下生产设备同时与多个不同的应用进行数据通信。

因此，根据 OPC 与 MQTT 二者相对于各自通信层级的不同特点将二者相耦合，实现由实际生产设备与多种应用程序的通信，完成实时数据的采集需求。将 OPC 的客户端和 MQTT 的发布者客户端合并开发编写，使得 OPC 客户端在实时获取 OPC 服务器端生产数据的同时，将其进一步发布到 MQTT 的代理服务器中，供不同应用程序的 MQTT 订阅者客户端获取。数据通信模型架构如图 5.5 所示。

图 5.5　通信模型架构

2）三维展示模型的设计

在 CPPS 环境中，对制造系统加工过程的展示是实现生产信息感知的关键要点之一。通过建立三维模型，一方面可以对制造系统的整体生产过程进行全方位的直观展示，另一方面也可以监视设备在生产过程中的状态变化，便于及时发现问题和变化。Unity3D 是一款优秀的三维引擎，具有上手简单、多平台技术支持、所见即所得等优点，因此本书主要选择 Unity3D 作为 CPPS 环境下的三维展示建模技术。在使用 Unity3D 进行三维建模和交互开发设计的过程中，重点在于对制造系统模型的刻画以及生产加工动作流畅性设计两个方面。

一方面，要完成制造系统静态三维模型的建立。对制造系统信息进行收集，包括物理实体的形状、尺寸信息等，并根据收集到的信息使用专业三维建模软件建立实际制造系统的模型。由于 Unity3D 引擎自身建模的精确度不高，为了实现更好的效果，就需要使用专业三维建模软件 3D Studio Max 进行建模、渲染和美化；之后，保存为软件支持的格式将其导入 Unity3D 引擎中，并对模型在导入后可能由兼容性引起的问题进行修正。至此，完成了制造系统静态三维模型的构建。

另一方面，对三维模型进行动作设计以及功能的开发。在静态模型的基础上，对生产线各组件运行的动作进行规划设计。以实际生产过程中各设备动作为参考，结合前期收集的资料数据，设计仿真模型运行时各部件的移动方向、大小以及旋转角度等参数变量。随后利用 Unity3D 强大的脚本开发功能，使用 C#、JavaScript等开发语言编写相关动作执行脚本，分模块描述各设备动作相关参数的变化逻辑，并挂载在仿真系统中实例化。在完成三维模型的建立并确保动作的流畅后，使用Unity3D 进行该模型的主要功能开发，如场景漫游、数据展示、监控报警等。

3）适应性调度的实现

适应性调度部分可分为调度点决策模块、调度模型离线训练模块和在线调度模块，将在下文详细分析。

5.3.2　基于 CPPS 的在线扰动识别机制

1. 扰动分类

从对制造系统影响的角度出发，通常来说，类似于设备故障、紧急订单追加等情况的突发型事件，往往会对制造系统原有的生产计划造成严重甚至破坏性的影响，短时间内容易引发制造系统设备（特别是瓶颈设备）缓存区工件负荷急剧上升，系统的生产效率大幅下降等严重后果。另外，类似于工件加工时间偏差、工艺的临时变更等情况的渐变事件，对制造系统原有生产计划的干扰则是逐渐累积的，其影响需要较长时间才可能会在制造系统中有所体现（如性能指标下降），有时甚至由于波动较小，而逐渐在生产过程中被弱化并消失。因此，可以针对影响程度及调度优化特点，将扰动分为突发型扰动以及渐变型扰动两类，如表 5.1 所示。

表 5.1　制造系统扰动分类及影响

分类	变化因素	直接影响	调度优化特点
突发型扰动	设备故障	可用设备减少	一旦发生，便会对原生产计划产生巨大或者破坏性影响，导致原调度方案失效，需要使用调度优化方法重新生成新的调度方案
	故障设备恢复	可用设备增加	
	客户紧急订单	加入紧急工件	
	大量客户订单取消	部分设备利用率低	
	物料短缺	部分生产设备等待	
	大量工件返工	待加工工件堆积	
	大量工件报废	投料计划大幅增加	
渐变型扰动	工件加工时间偏差	加工时间波动	单次发生不会明显影响原生产计划，当累积到一定程度时可能会产生较大影响，需要判断后决定是否进行调度优化
	临时工艺更改	设备加工任务变化	
	少量客户订单取消	设备生产率波动	
	少量工件返工	待加工工件增加	
	少量工件报废	投料计划增加	

2. 在线扰动识别机制

突发型扰动一般是直接由事件驱动的，而渐变型扰动需要先对其进行识别，再进行处理。无论是突发型扰动还是渐变型扰动都会对调度结果产生负面影响，因此在适应性调度中，首先需要对不同类型的扰动进行分析处理，如图 5.6 所示。

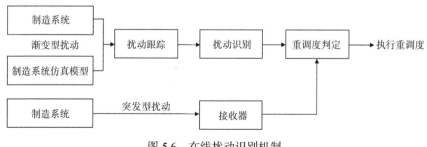

图 5.6　在线扰动识别机制

5.3.3　基于 ROC 曲线法的渐变型扰动识别方法

对于渐变型扰动而言，关键点和难点在于对扰动的识别。渐变型扰动的识别方法一般可以分为扰动跟踪和扰动判定两部分。在基于 CPPS 的适应性调度框架中，可基于共生仿真技术，得到实际性能与理想性能之差即扰动度的变化曲线，实现对生产线扰动程度的实时跟踪；以扰动跟踪为基础，利用扰动度和扰动阈值的比较来判定是否为扰动，此处的扰动阈值使用接收者操作特征（receiver operating characteristic，ROC）曲线法来确定[20]，如图 5.7 所示。

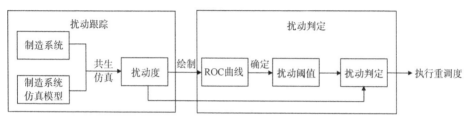

图 5.7　渐变型扰动识别流程图

1. 扰动跟踪

扰动跟踪的方法是构建制造系统的扰动函数。在扰动函数中将工件在设备的实际完工时间与上一次仿真的预计完工时间的差值 M_{FTD} 和短期性能指标总移动量 M_{OV} 的差值 S_{TID} 作为主要的变量。

平均完工时差 M_{FTD} 的计算公式：

$$T_k = \sum_{l=1}^{m_k} \left| \Delta t_l \right| \tag{5.14}$$

$$M_{\text{FTD}} = \frac{1}{N} \sum_{1}^{N} T_k \tag{5.15}$$

其中，N 表示工件数量；m_k 表示工件 k 的加工步骤数；Δt_l 表示工件 k 的第 l 加工步骤的完工时间差；T_k 表示工件 k 的各加工步骤的完工时间差的和；M_{FTD} 表示所有工件各加工步骤的完工时间差的总和的平均值。

总移动量的差 S_{TID} 为

$$S_{\text{TID}} = \left| M_{\text{OV}} - M_{\text{OV}}^0 \right| \tag{5.16}$$

其中，M_{OV} 表示实际制造系统在当前时刻为止的总移动量；M_{OV}^0 表示制造系统仿真模型到当前时刻为止的总移动量。

归一化成无量纲的 M_{FTD}^* 和 S_{TID}^*，其中，$T_{\text{总}}$ 表示总完工时间，M_{OV}^* 表示总移

动步数，即所有工件的总工序数，$T_\text{总}$ 和 M_OV^* 为定值：

$$\begin{cases} M_\text{FTD}^* = M_\text{FTD} / T_\text{总} \\ S_\text{TID}^* = S_\text{TID} / M_\text{OV}^* \end{cases} \qquad (5.17)$$

由此，可用归一化的平均完工时差和短期性能差的线性加和来表征制造系统的扰动程度，提出扰动度 D_R 的概念，定义如下：

$$D_R = \alpha \times M_\text{FTD}^* + \beta \times S_\text{TID}^* \qquad (5.18)$$

令参数 $\alpha + \beta = 1$，若 α、β 给定即可确定扰动度。一般来说，当制造系统存在渐变扰动时，扰动度 D_R 将会逐步上升（说明扰动造成的影响越来越大）。α、β 参数选取不同会使扰动函数的增长趋势有差异。

2. 扰动判定

基于扰动跟踪可以进行扰动的判定。扰动判定本质是一个二分类问题，即根据制造系统性能指标来判断是否有需要应变响应的扰动。

如表 5.2 所示，对一个二分类问题，实例可分成正类（positive）或负类（negative）。若一个实例是正类且被识别为正类，即为真正类（TP）；若实例是负类却被识别为正类，则称之为假正类（FP）。若一个实例是负类且被识别为负类，即为真负类（TN）；若实例是正类却被识别为负类，则称之为假负类（FN）。

表 5.2　分类结果混淆矩阵

项目	识别为正类	识别为负类
正类实例	TP	FN
负类实例	FP	TN

在一个二分类的分类器中，常采用敏感性与特异性来评估其性能。敏感性即真正类率（true positive rate，TPR），刻画的是分类器识别出的正实例占所有正实例的比例，计算公式为 TPR=TP/（TP+FN）。特异性即真负类率（true negative rate，TNR），计算公式为 TNR=TN/（FP+TN）。ROC 曲线是反映敏感性和特异性这两个连续变量的综合指标。它通过预先设定出多个不同的阈值进行样本分类，并与样本实际的正负类比较，从而计算出一系列样本的敏感性和特异性，再以敏感性为纵坐标、以特异性为横坐标绘制成曲线。在 ROC 曲线上，最靠近坐标图左上方的点为敏感性和特异性均较高的临界值，即最准确的分类阈值。

利用 ROC 曲线法确定扰动阈值时，首先采集实时样本进行分类，然后计算扰动度并绘制 ROC 曲线，确定阈值与扰动函数的最优参数，最后根据此最优参数与阈值判断是否发生渐进扰动，并进一步判定是否进行重调度。具体实现过程如下。

1）样本分类

首先确定样本的实际正负类，参考 Laeven 和 Valencia[21]和刘明周等[22]的经验法。即在每个采样点，计算所有在制品的当前加工工序的实际完工时间与期望完工时间的差值，若存在一个差值超过数据库中历史记录最大差值的 80%，则判定其为负类，记为"0"，否则，判定其为正类，记为"1"。

2）ROC 曲线绘制和参数确定

接下来绘制 ROC 曲线。预先设定一组扰动阈值和扰动函数参数，利用此扰动函数参数计算样本扰动度，再通过与扰动阈值进行比较实现预测分类，并结合样本实际正负类绘制一组 ROC 曲线图。

在 ROC 曲线的基础上进行扰动函数的最优参数与最优扰动阈值的确定，即确定式（5.18）中的 α、β，以及扰动阈值 ω_0。具体方法如下。

（1）确定扰动函数的最优参数 α_0、β_0。

在同一个扰动阈值 ω_0 下，对于任一组 (α,β)，可以画出一个确定的 ROC 曲线；改变 (α,β) 则可得到多个 ROC 曲线。ROC 曲线下的面积（area under curve，AUC）可以直观地描述和评价判别方法的有效性，是分类器准确性的体现。可利用 AUC 大小确定的最优参数 α_0、β_0 满足：

$$\forall \alpha,\beta \in [0,1]，\exists \mathrm{AUC}(\alpha_0,\beta_0) \geqslant \mathrm{AUC}(\alpha,\beta) \tag{5.19}$$

调整 α、β 可以得到不同参数下的 ROC 曲线，每条曲线对应一个 AUC 的值。ROC 曲线的 AUC 值越大，分类的效果越好；ROC 曲线的 AUC 值越小，分类的效果越差，如图 5.8 所示。

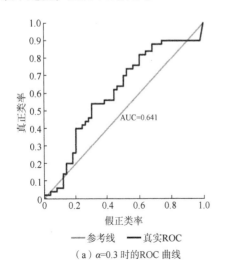

（a）α=0.3 时的ROC 曲线

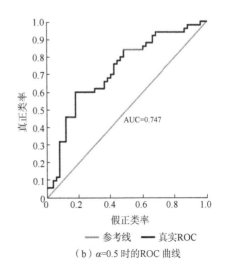

（b）α=0.5 时的ROC 曲线

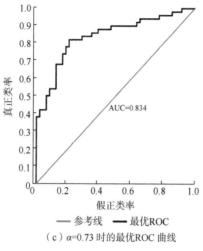

（c）α=0.73 时的最优ROC 曲线

图 5.8　不同 α 下的 ROC 曲线

（2）确定扰动阈值 ω_0 。

对于任一扰动函数，若其扰动函数的最优参数 (α, β) 确定，则能画出一个唯一的 ROC 曲线。确定 ROC 曲线后，将 ROC 曲线"最左上方"的点对应的阈值作为扰动度的最优阈值，可以用切线法来确定最优阈值 ω_0 ，如图 5.9 所示。

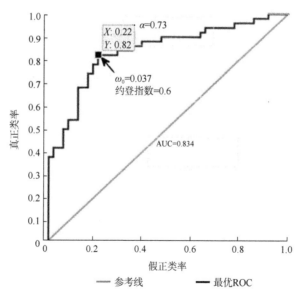

图 5.9　最优参数下的最优阈值确定

3）重调度判定

为了减少不必要的重调度，当通过 ROC 曲线法判定出现了渐进扰动时，不是立即重调度，而是根据该扰动造成影响的趋势进一步进行判定。为了衡量扰动度变化的趋势，引入差分扰动的概念：

$$D_{DR} = \left[D_R(t+1) - D_R(t)\right] / T \tag{5.20}$$

其中，T 表示采样周期；D_{DR} 表示差分扰动。$D_{DR}<0$ 说明扰动虽然存在，但是造成的影响越来越小，可以先继续观察；$D_{DR}>0$ 说明扰动存在，且造成的影响越来越大。因此，执行重调度的必要条件为：扰动度超过扰动阈值，且 $D_{DR}>0$。

在图 5.10 中，t_1 时刻的 $D_{DR}<0$，因此不执行重调度；t_2 时刻的 $D_{DR}>0$ 且扰动度 D_R 超过阈值，判定为需要执行重调度。

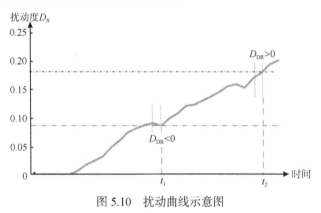

图 5.10　扰动曲线示意图

5.3.4　数据驱动的适应性调度方法

根据前文的研究分析，识别到扰动发生后，需要在短时间内重新生成新的调度方案。在适应性调度的实现过程中，准确且有效的调度方案生成方法是至关重要的。数据驱动的适应性调度解决方案可概述为：根据调度目标，采用机器学习的方法分析历史数据，并建立调度模型（调度知识）；基于调度模型，实现生产状态和近似最优调度方案之间的映射。在实际应用中，向调度模型输入当前的生产状态，即可输出近似最优的调度方案，如图 5.11 所示。

数据驱动的适应性调度方法可分成离线部分和在线部分，共有三个模块，分别如下。

（1）样本生成模块，该模块创建样本生产状态并为每个感兴趣的性能指标找到最佳决策，形成最优样本集。

（2）调度模型离线训练模块，在最优样本集的基础上，采用机器学习算法建立调度模型（调度知识），并保存在调度模型库中。

（3）在线调度模块，根据用户需求，在调度模型库中选择调度模型并应用于实际制造系统，以实时状态数据作为输入，获得近似最优的调度方案。

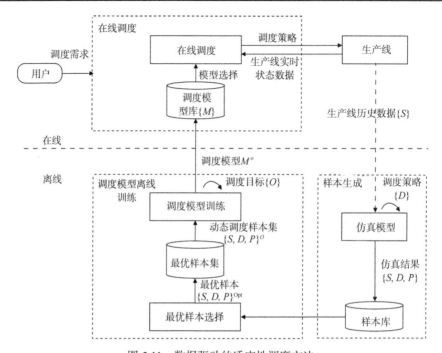

图 5.11　数据驱动的适应性调度方法

上标 Opt 表示最优样本集；上标 O 表示最优样本集的子集

由于历史数据仅为所做的调度决策提供制造系统性能，为了能获取所需的训练样本数据，需要建立仿真模型。通常是采用离散事件仿真模型，对实际制造系统的工作规模、到达时间、机器故障等历史数据进行统计描述，并用于描述关键模拟输入。对于每个模拟试验，评估所有可能的决定，并记录感兴趣的性能指标值。

1. 基于 CART 算法的适应性调度方法

针对突发型扰动，本书提出了一种基于 CART（classification and regression tree，分类和回归树）的适应性调度优化方法。CART 具有生成效率高、鲁棒性好等优点，符合 CPS 环境下快速响应生产线扰动的需求，因此可采用 CART 算法来处理突发型扰动的调度模型。

1）CART 算法描述

决策树是一种根据信息论来实现数据集分类的算法，其算法模型中的每一个叶节点分别对应一种分类，非叶节点（分叉点）对应数据集某一特征下不同特征值的划分。CART 通过产生二叉决策树，有效地避免了某一节点特征值较多时，分支过多而导致的决策树生成速度缓慢问题。

在 CART 的样本数据集中，使用了特征集合 X 作为输入，以相应分类结果集

合作为输出 Y。基于此样本训练生长而成的决策树模型，定义了输入与输出间存在的映射关系 $\varphi = (X, Y)$，即数据集分类的规则。因此，模型便具有计算及预测某一特定特征集 X' 下的分类结果 Y' 的能力。

在决策树生成的过程中，最为核心的问题是确定分支的标准。其中包括两个问题，分别是选择哪个特征作为分支依据，以及该特征值如何划分。CART 节点分支的依据是 Gini 系数的大小，Gini 值越小，表明样本的纯净度越高，即该样本只属于同一类的概率越高。衡量出数据集某个特征所有取值的 Gini 系数后，就可以得到该特征的 Gini Gain，即 Gini 信息增益。不考虑剪枝情况下，决策树递归创建的过程每次选择 Gini Gain 最小的节点做分叉点，直至子数据集都属于同一分类或所有特征都已判断完毕后结束。

假设样本数据集 D 共有 K 种分类，第 k 种类别的概率为 p_k，则 Gini 系数的表达式为

$$\text{Gini}(D) = \sum_{k=1}^{K} pk(1-pk) = 1 - \sum_{k=1}^{K} pk^2 \qquad (5.21)$$

按照 Gini 系数的计算公式，若数据集 D 中有 K 种分类，由第 k 种分类组成的子数据集为 C_k，则数据集 D 的 Gini 系数可表示为以下表达式。其中 $|C_k|$ 为 C_k 的样本数量，$|D|$ 为 D 的样本数量：

$$\text{Gini}(D) = 1 - \sum_{k=1}^{K} \left(\frac{|C_k|}{|D|} \right)^2 \qquad (5.22)$$

在决策树中，Gini Gain 作为判断分叉点的依据。由于 CART 算法生成得到的是二叉树，每一个节点按照其特征对应特征值的大小一分为二，因此 Gini Gain 的计算公式为

$$\text{Gini Gain}(D) = \frac{|D_1|}{D} \text{Gini}(D_1) + \frac{|D_2|}{D} \text{Gini}(D_2) \qquad (5.23)$$

分析 CART 的递归建树过程，可以发现模型存在数据过度拟合的问题。因此对于训练生成得到的决策树模型，还需要进行剪枝处理。常用的修剪技术有预剪枝（pre-pruning）和后剪枝（post-pruning）。预剪枝是根据一些原则限定训练中的阈值，及早停止决策树的生长防止过拟合，如设置决策树的最大深度、节点中样本最小量等；后剪枝则是在决策树生成后，通过删除节点的分支来剪去决策子树。以上两种剪枝方式，对于 CART 的训练均有一定优化效果，可根据实际应用情景选择适当的方式。

2）调度模型实现

在 CART 的基本原理及具体实现基础上，接下来要将其应用于面向突发型扰动的适应性调度中。首先，需要采集目标制造系统相关数据信息，作为训练数据

集。具体来说，该 CART 调度模型的训练数据集可以描述为

$$D = \{(X_i, Y_i) \mid X_i \in R^m, \quad Y_i \in R^n, \quad i = 1, 2, \cdots, N\} \quad (5.24)$$

其中，$X_i = (x_{i,1}, x_{i,2}, \cdots, x_{i,m})^{\mathrm{T}}$ 是输入向量，$Y_i = (y_{i,1}, y_{i,2}, \cdots, y_{i,n})^{\mathrm{T}}$ 是对应于 X_i 的输出向量。这里，输入向量 X_i 是由相关生产特征集而表示的制造系统状态，输出向量 Y_i 表示在应对突发事件扰动下，当前制造系统状态 X_i 所对应的最优调度方案。

采用从生产线获取的 N 条最优样本数据形成生产线样本数据集 $D\{((x_{i,1}, x_{i,2}, \cdots, x_{i,m}), (y_{i,1}, y_{i,2}, \cdots, y_{i,n})) \mid i = 1, 2, \cdots, N\}$，采用前文提到的分类决策树实现方法，将最优样本与 CART 的分类结果相结合。通过训练后得到 CART 模型，嵌入调度模块并作为一种生成式重调度方法。在突发型扰动发生时，获取当前的生产特征集 X_i'，实时计算得到新的调度方案 Y_i'，作为优化调度方案施加于制造系统。

2. 基于 ELM 算法的适应性调度方法

1）极限学习机及其在调度中的应用

针对渐变型扰动可采用极限学习机（extreme learning machine, ELM）算法实现制造系统的适应性调度[23]。ELM 是一种新兴的数据挖掘算法，通过对样本的学习将输入、输出参数形成网络映射结构，构建数学模型，由于其简单快速等特性，有着广泛的应用。

极限学习机具体算法描述如下[24]：对于 N 个样本 (X_i, Y_i)，其中 $X_i = [x_{i1}, x_{i2}, \cdots, x_{in}]^{\mathrm{T}} \in R^n$，$Y_i = [y_{i1}, y_{i2}, \cdots, y_{im}]^{\mathrm{T}} \in R^m$，隐层节点数为 L，激励函数为 $G(x)$，则其回归模型可表示为

$$f = \sum_{i=1}^{L} \beta_i G(W_i X_j + b_i) = Y_j \quad (5.25)$$

其中，$W_i = [w_{i1}, w_{i2}, \cdots, w_{in}]^{\mathrm{T}}$ 表示第 i 个隐层节点与输入节点的权重向量；$\beta_i = [\beta_1, \beta_2, \cdots, \beta_n]^{\mathrm{T}}$ 表示第 i 个隐层节点与输出节点的权重向量；b_i 表示第 i 个隐层节点的偏置，式（5.25）可简写为

$$H\beta = Y \quad (5.26)$$

其中，H 表示隐层输出矩阵，

$$H(W_1, \cdots, W_L, b_1, \cdots, b_L, X_1, \cdots, X_N) = \begin{bmatrix} G(W_1 X_1 + b_1) & \dots & G(W_L X_1 + b_L) \\ \vdots & & \vdots \\ G(W_1 X_N + b_1) & \dots & G(W_L X_N + b_L) \end{bmatrix}_{N \times L} \quad (5.27)$$

在 ELM 学习算法中，输入权重 W 和偏置 b 被随机初始化，则可确定隐层输

出矩阵 H。

输出权值矩阵 β 可通过求解线性方程组（5.26）的最小二乘解来获得，即

$$\|H\hat{\beta} - Y\| = \|HH^+ - Y\|$$
$$\hat{\beta} = \min_{\beta}\|H\beta - Y\| \tag{5.28}$$

最小二乘解为

$$\hat{\beta} = H^+Y \tag{5.29}$$

其中，H^+ 表示隐层输出矩阵 H 的 Moore-Penrose 广义逆[25]。

本节以采用 ELM 算法建立组合式调度规则中权重参数的回归模型为例来说明，其中调度策略是由权重参数确定的组合式调度规则，权重参数的不同即为不同的调度策略。设计 ELM 算法的输入、输出参数，其结构如图 5.12 所示。其中，m 表示生产状态特征的个数，$\{X_1, X_2, \cdots, X_m\}$ 表示样本的生产状态集；n 表示组合规则权重的个数，$\{Y_1, Y_2, \cdots, Y_n\}$ 表示最优的权重参数集，Y_n 表示组合规则中第 n 个规则的权重；L 为隐含层神经元个数。通过样本学习，构成复杂制造系统生产状态与组合规则权重参数的网络映射关系。

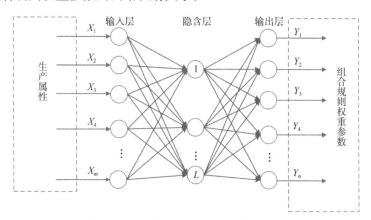

图 5.12　基于 ELM 的调度模型结构图

2）基于 ELM 的适应性调度算法设计

本节研究采用 ELM 算法，通过生产调度样本集，拟合智能车间状态到调度策略（组合规则权重参数）的回归模型，该回归模型即为用于调度决策的适应性调度模型。将该 ELM 回归模型应用于智能车间，根据给定的系统状态可获取最优的调度策略。

A. ELM 算法的样本集

对于每一个样本子集 $A_n = \left\{ S_i, D_i, P_i \mid S_i \in R^m, D_i \in R^n, P_i \in R^k, i = 1, 2, \cdots, h \right\}$，$h$

表示样本子集 A_n 中样本的个数。ELM 回归模型的样本为 $\{S_i, D_i \mid S_i \in R^m, D_i \in R^n,$ $i = 1, 2, \cdots, h\}$，其中 $S_i = (s_{i1}, s_{i2}, \cdots, s_{im})$ 是模型的输入，表示智能车间生产状态，s_{im} 为第 m 个生产特征；$D_i = (d_{i1}, d_{i2}, \cdots, d_{in})$ 表示当前生产状态 S_i 所对应的最优调度策略，即组合式调度规则的权重参数，d_{in} 为第 n 个规则的权重。

B. 回归算法评价标准

评价已建立的回归模型精度的方法有很多种，常用的有均方根误差（root mean square error，RMSE）、相对绝对误差（relative absolute error，RAE）、相对平方根误差（root relative squared error，RRSE）等，评价标准定义如下所述。

均方根误差：

$$\text{RMSE} = \sqrt{\frac{1}{n} \sum_1^n (y_i^* - y_i)^2} \qquad (5.30)$$

相对绝对误差：

$$\text{RAE} = \frac{\sum_1^n \left| y_i^* - y_i \right|}{\sum_1^n \left| \bar{y} - y_i \right|} \qquad (5.31)$$

相对平方根误差：

$$\text{RRSE} = \sqrt{\frac{\sum_1^n (y_i^* - y_i)^2}{\sum_1^n \left(\frac{1}{n} \sum_1^n y_i - y_i \right)^2}} \qquad (5.32)$$

其中，n 表示样本个数；y_i^* 表示预测值；y_i 表示真实值。

C. ELM 调度模型建立流程

采用 ELM 算法建立调度模型，步骤如下。

步骤 1：样本生成。根据组合规则权重参数优化方法，可得到不同生产状态下最优的调度策略，形成训练调度知识的样本数据集。

步骤 2：产生训练集和测试集。将样本数据集分为训练样本和测试样本，其中训练样本用来建立 ELM 回归模型，测试样本用来评价建立的 ELM 回归模型。

步骤 3：调度模型的训练。运用训练样本建立基于 ELM 的回归模型，输入为制造系统生产状态，输出参数为组合式调度规则的权重。在整个训练过程中只有 ELM 网络的输出权值矩阵 β 未知，所以求解出 β 即为模型训练完成。

步骤 4：采用建立的 ELM 模型对测试样本进行测试，分析结果，评价所建立的模型效果。

ELM 回归模型（调度模型）训练完成后，根据复杂制造系统某一时刻的生产状态，可获得满足当前制造过程的调度策略，指导实际生产调度决策。

5.4　基于知识管理的闭环调度优化方法

5.4.1　基于知识管理的闭环调度优化方法框架

1. 制造系统调度知识管理框架

数据驱动的调度方法的本质是利用各类数据挖掘的方法，对历史生产数据进行分析、挖掘，提取出可指导车间生产的调度知识，也即调度模型。然而，无论以何种方式挖掘调度知识，其均是静态的，是与数据所反映的制造环境相关联的。随着制造环境的变化，基于历史数据获取的调度知识可能无法适应当前的环境状态，因此有必要对数据驱动的调度知识进行持续的学习与更新，以更好地适应动态生产环境。

知识管理是围绕着业务流程对知识进行的组织和处理，业务流程既是知识产生的过程，也是知识应用的过程。在制造系统生产调度这一业务流程中，调度知识需要不断地生成、应用、评估和更新。将知识管理应用于生产调度流程，对制造系统调度知识进行全生命周期管理，能够实现调度知识的螺旋式递进，保持调度知识有效性，从而达成智能车间运行性能持续优化的调度目标。

调度知识全生命周期管理可分为图 5.13 中的四个阶段：调度知识生成、调度知识应用、调度知识评估和调度知识更新。其中，调度知识生成阶段采集车间运行的相关调度数据，进行知识发现（数据挖掘）；调度知识应用阶段利用调度知识生成阶段得到的调度知识，依据车间实时生产状态提供有效的调度策略；调度知识评估阶段通过对车间生产性能的监控，评估调度知识的有效性；调度知识更新阶段是在当调度知识失效时，采集车间的实时数据对调度知识进行更新。

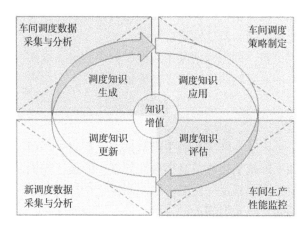

图 5.13　调度知识全生命周期管理

　　在上述调度知识全生命周期管理的基础上，面向智能车间应用对调度知识管理各阶段的工作进行具象化，给出了制造系统调度知识管理实施框架，如图 5.14 所示。

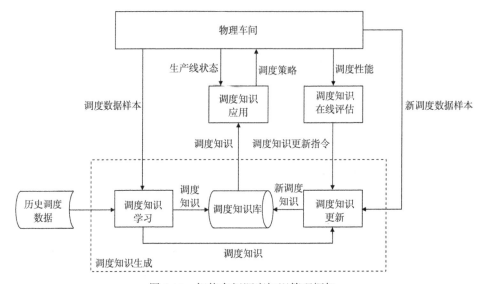

图 5.14　智能车间调度知识管理框架

　　（1）调度知识学习，即采用机器学习方法对调度数据样本进行知识挖掘，获得蕴含在数据中的调度知识（调度模型），构成调度知识库，调度知识库一般由若干调度知识构成。

　　（2）调度知识应用，即在调度点运用调度知识库中相关的调度知识生成与智能车间生产状态相匹配的调度策略，并给出期望调度结果，即预测车间运行性能。

　　（3）调度知识在线评估，即在获得车间运行性能后，将实际的调度结果与期望的调度结果相比较，判断调度知识有效性。

　　（4）调度知识更新，即当判定某条调度知识失效时，应用在线学习方法，在增加更新样本的基础上对该调度知识进行更新。

2. 调度知识的挖掘

　　智能车间中，可以从车间累积的生产数据中挖掘出生产调度的知识，用于指导车间的运行。知识的挖掘过程是将蕴含在数据中的隐性知识显性化，基于所挖掘的调度知识，能够获取满足一定生产状态和性能指标优化需求的调度决策，因此，调度知识可用如下三元组表示：

$$K: F(S, D \mid P) \qquad (5.33)$$

其中，S 表示智能车间的生产状态；D 表示调度策略；P 表示调度目标。式（5.33）表示调度知识 K 在既定的调度目标 P 下，生产状态为 S 时，可施加调度策略 D，即能满足需求，即 $D = f(S \mid P)$。

根据调度策略表达，可选用不同的数据挖掘方法获取调度知识，通常可以归结为分类以及回归两类算法。当从一组候选的调度规则中动态选择一个合适的调度规则来满足调度目标，即 $D \in \{D_{i \mid i=1,2,\cdots}\}$，则使用分类算法。如 Wu 等应用 K 最近邻（K-nearest neighbor，KNN）算法获取半导体生产线调度知识，建立调度策略选择模型，对半导体制造系统进行实时调度决策[26]；当调度策略是含参数的表达，即 $D = f(\omega)$，$W = \{\omega_i \mid i = 1, 2, \cdots, n\}$，根据选用不同的参数 ω 来表示不同的调度策略，则使用回归算法。如 Ma 等提出的组合式调度规则，即将不同调度规则用权重线性组合起来，应用 SVR 算法来获取半导体生产调度知识，即可用于获得某一生产状态下满足调度目标下的权重组合[27]。常用的分类和回归方法包括决策树、神经网络、支持向量机、贝叶斯分类器等，本章采用 ELM 算法挖掘调度知识，具体描述见 5.3.4 节。

5.4.2　调度知识的在线评估

1. 调度满意度

良好的生产调度能保证车间的高效运行。在数据驱动的智能车间动态调度中，良好的调度依赖于有效的调度知识。基于历史数据学习得到的调度知识具有场景关联性或者时效性，随着智能车间的运作，诸如产品、资源或工艺等生产场景都会发生变化，先前从数据中学习到的调度知识可能会因不适用于当前车间环境而失效，所以需要适时对调度知识进行更新。调度知识更新的前提是对调度知识的在线评估，即通过动态监测调度知识的应用质量，对调度知识的有效性加以评估。

数据驱动的车间动态调度过程可以与产品的加工过程相类比，调度知识对应于加工产品的机床，应用调度知识获得的车间生产性能可对应于产品的实际尺寸，而车间期望生产性能对应于产品的名义尺寸，如图 5.15 所示。因此，将车间生产性能作为关键质量特性值，来监测数据驱动的调度过程的满意度。由于车间生产性能不是一个恒定值，而是随着在制品数、产品混合比等变动而变动，难以实时判断调度结果是否满意。为了解决此问题，在分析调度知识产生的生产性能时，引入性能预测模型，将性能预测模型产生的预测性能作为期望生产性能。将实际性能与期望性能的百分比定义为调度满意度 λ：

$$\lambda = \frac{P}{P'} \times 100 \qquad\qquad (5.34)$$

其中，P 表示实际调度结果；P' 表示期望调度结果。λ 值越接近于 100，调度结果越满意，也意味着调度知识越适用于当前车间状态/环境。可以通过分析调度满意度来监测调度质量，找出异常趋势，进而作为更新调度知识的依据。

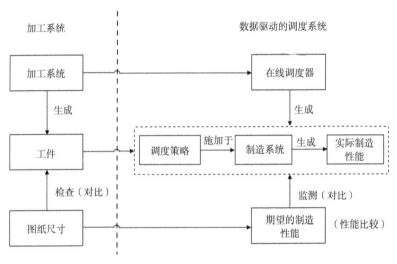

图 5.15　加工系统与数据驱动的调度系统对照图

2. 调度满意度控制图

统计过程控制（statistical process control，SPC）是质量控制中常用的一项技术，是指应用统计分析方法实时监控生产过程，检测出生产过程的异常趋势并做出预警，使管理人员能及时采取措施，消除异常，恢复生产过程的稳定[28]。控制图是 SPC 中的一个有效方法，它通过测量、记录和评估生产过程中的关键质量特性值，监测生产过程是否处于受控状态，即生产过程中是否只有非偶然性因素在起作用影响产品质量，若只有非偶然性因素起作用即为受控状态，若存在偶然性因素起作用，可以说生产过程处在失控状态[29]。图 5.16 为控制图的结构，图上有三条平行于横轴的直线，即中心线（central line，CL）、上控制限（upper control limit，UCL）和下控制限（lower control limit，LCL），并有按时间顺序抽取的样本统计量数值的描点序列。UCL、CL、LCL 统称为控制界限（control limit），通常控制界限设定在 ±3 标准差的位置。中心线是所控制的统计量的平均值，上下控制界限与中心线相距数倍标准差。若控制图中的描点落在 UCL 与 LCL 之外或描点在 UCL 和 LCL 之间的排列不随机，则表明过程异常。

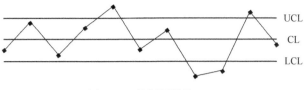

图 5.16　控制图结构

根据上文的分析，可以把制造系统质量管理中的控制图用于评价动态调度中的调度质量，绘制调度满意度控制图，以评估调度知识的应用效果。这里，采用控制图分析调度满意度 λ，判断当前智能车间调度优劣，确定调度知识是否有效。

调度满意度控制图的绘制过程可描述为[29]：采集 n 个样本组，每组样本的容量为 k，计算每个样本组调度满意度值的平均值 X_i 与极差 R_i，在此基础上计算所有样本组平均值的均值 $\overline{X}$，以及样本组平均极差 $\overline{R}$。控制图中心线是样本组平均值的均值 $\overline{X}$，上下控制界限 $\mathrm{UCL}_{\overline{X}}$、$\mathrm{LCL}_{\overline{X}}$ 与中心线的距离计算公式如下。

中心线：

$$\overline{X} = \frac{1}{n}\sum_{i=1}^{n} X_i \tag{5.35}$$

上控制界限：

$$\mathrm{UCL}_{\overline{X}} = \overline{X} + A_2 \overline{R} \tag{5.36}$$

下控制界限：

$$\mathrm{LCL}_{\overline{X}} = \overline{X} - A_2 \overline{R} \tag{5.37}$$

其中，A_2 表示控制图系数，取自控制图系数表，取值与样本容量有关。调度满意度控制图是以样本组号为横轴、样本组的调度满意度均值为纵轴绘制的，在控制图中标记出 n 组样本的均值以及中心线和上下控制界限[29]。

根据控制图的绘制原理，一般将 4~5 个样本合为一个样本组[29]。例如，将 4 个采样点的值合为一个样本组，计算其平均值 X_i，即

$$X_i = \frac{\lambda_i + \lambda_{i+1} + \lambda_{i+2} + \lambda_{i+3}}{4} \tag{5.38}$$

3. 调度质量的监测机制

在数据驱动的动态调度中，需要一直监测调度质量，也即判断调度知识的有效性，为此在调度知识全生命周期管理的基础上提出了基于质量控制图的调度质量监测机制，如图 5.17 所示。该机制包括两个回路，分别为实线表示的外回路和虚线表示的内回路。其中外回路表示调度知识的学习、应用、评价和更新的大环路，即将制造系统的实时生产性能提供给调度过程监测控制模块，监测控制模块

采用控制图工具对性能进行分析，从而监测调度运行，找出异常趋势，并将知识更新请求传递给知识学习模块，进行知识更新，保证调度知识的持续有效性。另一个内回路存在于调度过程监测控制模块中，表示调度满意度控制图的更新，具体包括三个子模块：生成控制图、控制图、监测控制图。这三个子模块形成一个循环链，根据现有的历史数据绘制出控制图，并通过实时生产数据在控制图上的分布监测控制图的有效性，必要时重新绘制控制图，以保证控制图的有效性。通过这种机制，对所学习的调度知识进行有效性监测并及时地调整，提高数据驱动的动态调度的可靠性。具体操作如下：在采样监测时间点采集一个新的生产性能样本时，需做出以下两个判断：①在当前监测点 t 调度质量是否满意，是否需要更新调度知识；②在当前监测点 t 是否需要更新控制图。由此，根据控制图的判断准则，给出调度知识更新决策条件和控制图更新决策条件，如表 5.3 和表 5.4 所示[29]。

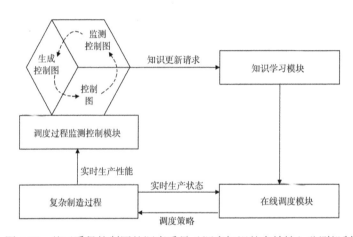

图 5.17　基于质量控制图的调度质量（调度知识的有效性）监测机制

表 5.3　调度知识更新准则

信号	定义
控制图界限外的点	X_i 超出控制图的上限或下限
区域 A 中的点	连续三个 X_i 中有两个 X_i 落于区域 A（2σ 和 3σ 之间）
区域 B 中的点	连续五个 X_i 中有四个 X_i 落于区域 B（σ 和 2σ 之间）

表 5.4　控制图更新准则

信号	定义
两个连续的超过控制图界限外的点	连续发生两次调度知识的更新

图 5.18 为采样监测点在 $\overline{X}$ 图上随时间分布情况的示例。在该示例中，O 点满

足表 5.3 中的第一个更新准则，因此，此时需要更新调度知识，并用更新后的调度知识继续调度决策；P 点和 Q 点分别满足调度知识更新的第二个准则及第一个准则，在这些点也应进行调度知识的更新；点 R 为控制图更新的信号，由于连续两次调度知识的更新并未使调度过程回归可控状态，可以得出当前过程的平均值或标准差 σ 已改变，因此需要重新绘制控制图。通过这种机制，使得调度过程能够不断调整，持续以最适合当前生产环境的调度知识优化生产性能。

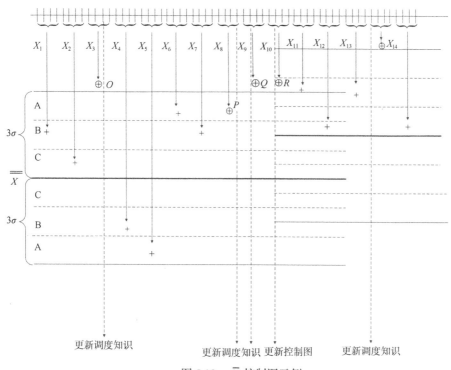

图 5.18　$\bar{X}$ 控制图示例

5.4.3　调度知识的更新

通过对调度知识的评估，可以判断出何时需要对调度知识进行在线更新。调度知识的更新方式通常有两种。

（1）重新学习调度知识。当调度知识失效时，采集新的样本，重新学习获得新知识。这种方式实现简单，但时间、计算成本代价太大。

（2）利用增量学习更新现有的调度知识。增量学习是指一个学习系统能不断地从新样本中学习新的知识，并能保存大部分以前已经学习到的知识，相对重新学习而言，学习代价将大大降低。

这里，采用第二种方法，即通过补充新的数据样本来对调度知识进行更新，也即获取新样本中的调度知识来对现有调度知识（调度模型）进行补充更新。

1. 新样本的获取

为能快速识别出能够代表智能车间生产状态变化的样本，用近似线性依靠（approximate linear dependence，ALD）条件来描述新样本与原样本集（调度知识学习样本集）的近似线性相关程度[30]。ALD 值定义如下。

$$\delta_{q+1} = \min\left\|\sum_{l=1}^{q} \alpha_l x_l - x_{q+1}\right\|^2 \tag{5.39}$$

其中，x_l 表示初始的训练样本；q 表示初始的训练样本数；x_{q+1} 表示新样本；α_l 表示权值系数。设一组最优的权值系数为 $\alpha_{q+1} = \begin{bmatrix} \alpha_1 & \alpha_2 & \cdots & \alpha_q \end{bmatrix}^T$，文献[30]介绍了寻找最优参数 α_{q+1} 的方法。

首先展开 δ_{q+1}，得到式（5.40）：

$$\begin{aligned}
\delta_{q+1} &= \min\left\{\sum_{i,j=1}^{q} \alpha_i \alpha_j \langle x_i, x_j \rangle - 2\sum_{j=1}^{q} \alpha_j \langle x_j, x_{q+1} \rangle + \langle x_{q+1}, x_{q+1} \rangle\right\} \\
&= \min\left\{\alpha_{q+1}^T Q_q \alpha_{q+1} - 2\alpha_{q+1}^T q_q + q_{q+1}\right\}
\end{aligned} \tag{5.40}$$

其中，$\langle\ \rangle$ 表示内积；$Q_q = X_q X_q^T$；$q_q = X_q x_{q+1}$；$q_{q+1} = x_{q+1}^T x_{q+1}$；$X_q = \begin{bmatrix} x_1 & x_2 \cdots x_q \end{bmatrix}^T$。

最小化 δ_{q+1}，对 α_{q+1} 求微分并使得微分式为 0，得到式（5.41）。

$$\alpha_{q+1} = Q_q^{-1} q_q \tag{5.41}$$

将式（5.41）代入到式（5.40）可得

$$\delta_{q+1} = q_{q+1} - q_q^T \alpha_{q+1} = q_{q+1} - q_q^T Q_q^{-1} q_q \tag{5.42}$$

当新样本与原样本近似线性独立时，可将新样本作为更新样本用于调度知识的更新。判断二者是否近似线性独立可通过将 ALD 值与指定阈值 ν 进行比较，如式（5.43）所示。

$$\begin{cases} \delta_{q+1} \leqslant \nu, x_{q+1} 与原样本集近似线性相关 \\ \delta_{q+1} > \nu, x_{q+1} 与原样本集近似线性独立 \end{cases} \tag{5.43}$$

2. 基于 OS-ELM 的调度知识在线更新

数据驱动的调度知识 K 实质上是生产状态 S 到调度策略 D 之间的映射关系，也即 5.3.4 节中所建立的 ELM 模型。因此，对调度知识的更新，本质而言是对已有的 ELM 模型的更新。在线序列极限学习机算法（online sequential extreme learning machine，OS-ELM）是一种 ELM 的增量式学习算法，通过将新的样本数据加入训练，调整已训练好的 ELM 模型，获得新的调度知识 K'，供生产调度使用[23]。

$$K' = \left\{ Y_i = \sum_{j=1}^{L} \beta'_j G(W_j X_i + b_j) \mid \mathrm{opt}(P_i), \ i = 1, 2, \cdots, N' \right\} \quad （5.44）$$

调度知识的在线学习的算法流程如下。

步骤 1：设定 ALD 条件的阈值。

步骤 2：基于历史数据训练 ELM 回归模型（调度知识 K），见式（5.25）。

步骤 3：采用 ALD 条件对新样本进行样本筛选，得到更新样本。

步骤 4：基于 OS-ELM 算法学习新样本，得到更新模型（新调度知识 K'），见式（5.44）；检测更新后的 OS-ELM 回归模型的预测精度，若预测精度在误差允许范围内，则流程结束；否则返回步骤 3。

5.5　案例验证

5.5.1　案例对象介绍

MiniFab 是英特尔公司 Karl Kempf 博士提出的一个半导体生产线模型，由 5 台设备及 6 道工序组成[31]。模型结构如图 5.19 所示。

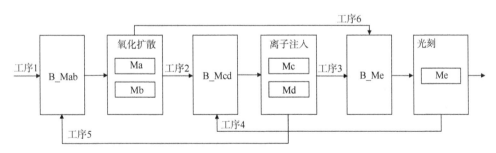

图 5.19　MiniFab 半导体生产线模型

其中，设备 A、设备 B（简称 Ma、Mb）为 2 台氧化扩散设备，是批处理设备，即每次可加工多个工件（这里是 4 个工件），工件同进同出，主要用于完成热氧化、扩散、清洗、沾污测试等工艺。设备 C、设备 D（简称 Mc、Md）为 2 台离子注入设备，每台设备有 6 个工位（1 个进料工位、1 个出料工位、4 个加工工位），每次加工 1 个工件，主要用于完成半导体的离子注入工艺。设备 E（简称 Me）为 1 台光刻设备，有 1 个加工工位、1 道工序，主要用于完成将半导体表面的特定部分进行光刻去除的工艺。设备组前有半成品缓冲区，如设备 A、设备 B

前的 B_Mab，设备 C、设备 D 前的 B_Mcd，及设备 E 前的 B_Me，用于在当前设备被占用时缓存待加工工件。

　　立足于半导体 MiniFab 生产线模型，同济复杂制造系统调度管理课题组向菲尼克斯公司定制建造了半导体智慧制造示范单元，该实验平台通过 PROFINET、SafetyBridge、RFID 等技术，实现了对 MiniFab 半导体生产线实际生产过程的模拟，这就为针对半导体生产线的各类研究提供了可靠的硬件支持。同时，也摆脱了过去在调度问题研究中，常常使用生产线仿真模型来模拟真实生产过程，以替代实际生产线的局限性。

　　与半导体 MiniFab 生产模型相同，该示范单元拥有一台模拟光刻设备、两台模拟扩散设备、两台模拟离子注入设备。除此之外，该单元还包括一个模拟库位（由原材料区和成品区组成，负责存放原材料工件及成品工件），以及一个模拟材料等待区（负责缓存待加工的半成品工件）。中央的 KUKA（库卡）机器人 KR6 R900 负责在模拟库位、缓冲区和加工设备之间搬运工件。

　　图 5.20 为该示范单元的实物图。

图 5.20　半导体智慧制造示范单元实物图

5.5.2　面向适应性调度的 CPPS 环境构建

　　制造系统的三维展示是 CPPS 环境构建的一个重要部分。这里，采用三维引擎 Unity3D 开发针对半导体智慧制造示范单元的在线三维展示平台，基于

OPC+MQTT 协议，建立从示范单元至 Unity3D 三维展示平台的数据通信网络，实现半导体智慧制造示范单元运行中的数据交互。半导体生产线三维展示平台界面如图 5.21 所示，其中，"添加调度号"选项可以手动添加生产过程的机械手调度号，主要用于在离线状态测试模型以及仿真设备加工动作时使用；"框架显隐"选项可以快速切换机械手工作台外围框架的显示及隐藏，便于使用者进行观察；"打开调度文件"用于获取已有的仿真模型加工流程的调度号列表，实现对仿真模型生产流程的展示；"启动调度模块"用于打开调度优化模块，在设备故障等情况下，对生产线进行适应性调度，并下达新的调度方案。

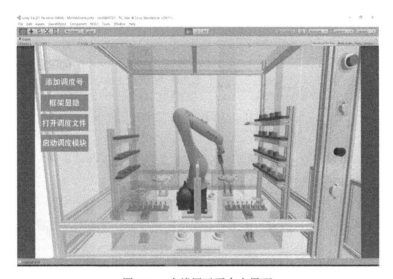

图 5.21　在线展示平台主界面

启动半导体智慧制造示范单元后，同时运行所建立的在线展示平台，验证其功能。

（1）该平台实现了两种情景下的生产流程展示：一是根据当前生产线的运行状态，实时展示生产流程。二是通过读取调度文件，将仿真模型的调度号列表载入，展示理想生产加工过程。

（2）三维展示平台实时感知制造示范单元状态，当其出现设备故障时，显示故障报警，提示调度人员进行生产线的调度优化，如图 5.22 所示。

（3）在平台中能够通过鼠标和键盘的操作，实现对生产线的全方位浏览。

此外，在系统整体运行过程中，模型动作较为流畅，没有卡顿、死锁、抓取失败等现象的发生。综上，证明了该三维展示系统的设计达到了既定要求。

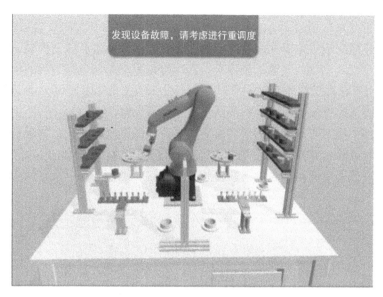

图 5.22　Unity3D 模型对设备故障的感知

5.5.3　基于场景规划的鲁棒调度方法验证

本节验证基于场景规划的多目标鲁棒调度方法的有效性，分两个阶段展开：基于场景规划的多目标鲁棒调度方法实现过程以及与单目标鲁棒调度方法的对比试验。

1. 基于场景规划的多目标鲁棒调度方法实现过程

1）可行调度策略生成

本节采用组合式调度规则作为调度策略，组合式调度规则是多个简单启发式调度规则的线性加权组合，能够提高系统的整体性能。

在调度规则中，工件的加工次序由工件的优先级大小所决定。假设工件 j 是设备缓冲区中的待加工工件，采用规则 Rule_k 对应的工件属性 A 计算所有待加工工件的优先级 $q_{k,j}$，进而根据优先级对工件进行排序，优先级较高的工件优先被加工，$0 \leqslant q_{k,j} \leqslant 1$。

一些规则对应的工件属性 A 越大时，工件越早加工。例如，对于 FIFO 规则（$\text{Rule}_k = \text{FIFO}$），其工件属性指的是工件的等待时间，即工件到达时刻与当前时刻的差值。根据该类属性确定的工件 j 的优先级定义为

$$q_{k,j} = \frac{A_j - A_{\min}}{A_{\max} - A_{\min}} \tag{5.45}$$

还有一些规则对应的工件属性 A 越小时，工件越早加工，例如，EDD 优先规则（ $\text{Rule}_k = \text{EDD}$ ），其工件属性指的是工件的交货期。根据该类属性确定的工件 j 的优先级定义为

$$q_{k,j} = 1 - \frac{A_j - A_{\min}}{A_{\max} - A_{\min}} \tag{5.46}$$

其中， A_j 表示工件 j 的属性 A 的值； $A_{\max}$ 、 $A_{\min}$ 分别表示待排序工件中属性 A 的最大值和最小值。

组合式调度规则确定的综合优先级的定义如下：组合式调度规则由简单规则 $\text{Rule}_k (k = 1, 2, \cdots, K)$ 线性加权组成，规则 Rule_k 在组合式调度规则中的权重是 $\omega_k (k = 1, 2, \cdots, K)$ ，则工件 j 的综合优先级是

$$Q_j = \omega_1 \times q_{1,j} + \omega_2 \times q_{2,j} + \cdots + \omega_K \times q_{K,j} = \sum_{k=1}^{K} \omega_k \times q_{k,j} \tag{5.47}$$

其中， K 表示组合式调度规则中简单规则的个数，且 $\sum_{k=1}^{K} \omega_k = 1$ ， $0 \leqslant \omega_k \leqslant 1$ 。

将以上组合式调度规则应用于生产调度时，根据式（5.47）计算设备前各个待加工工件的综合优先级 Q_i ，根据 Q_i 确定工件的加工顺序。工件的综合优先级越大，越早加工。采用 EDD 优先规则、最短剩余加工时间（shortest remaining processing time，SRPT）优先规则和最小临界比（critical ratio，CR）优先规则组成的组合式调度策略，调度策略可用简单规则的权重表示，即（ $\omega_{\text{EDD}}, \omega_{\text{SRPT}}, \omega_{\text{CR}}$ ）。采用多目标遗传算法求解确定环境下的多问题，可获得如表 5.5 所示的 12 个可行调度策略[32]。

表 5.5　可行调度策略

策略	ω_{EDD}	ω_{SRPT}	ω_{CR}
1	0.66	0.20	0.14
2	0.17	0.10	0.73
3	0.26	0.41	0.33
4	0.36	0.31	0.33
5	0.75	0.20	0.05
6	0.05	0.61	0.34
7	0.51	0.22	0.27
8	0.10	0.50	0.40
9	0.08	0.71	0.21
10	1.00	0	0
11	0	1.00	0
12	0	0	1.00

2）多目标鲁棒调度策略求解

根据 5.2.3 节，计算性能指标的熵值和权重。表 5.6 第一列为四个性能指标 O_i，$i=1,2,3,4$，第二列表示对应的性能指标鲁棒性的信息熵值，第三列为对应的性能指标鲁棒性的权重值。然后，计算各可行调度策略的综合鲁棒性值，进而选择鲁棒性最优的调度策略：（0.08, 0.71, 0.21）。

表 5.6　性能指标鲁棒性的熵值和权重

指标	e_i	α_i
加工周期（CT）	0.5704	0.4345
准时交货率（ODR）	0.9542	0.0464
产量（TP）	0.6779	0.3257
总移动步数（MOV）	0.8088	0.1934

2. 与单目标鲁棒调度方法的对比试验

将基于熵权法的多目标鲁棒调度方法与单目标鲁棒调度方法进行对比，各方法获得的调度策略的鲁棒性如表 5.7 和图 5.23 所示。其中，WRM_CT、WRM_TP、WRM_ODR 和 WRM_MOV 分别表示以 CT、TP、ODR 和 MOV 为目标的单目标鲁棒调度方法，WRM_MORO 表示基于熵权法的多目标鲁棒调度方法。每种调度方法都会生成一个鲁棒调度策略，其鲁棒性如表 5.6 中第 2 列到第 5 列数据所示，第 6 列数据表示各性能指标鲁棒性的平均值。鲁棒性值越小，说明该调度策略在该性能指标上所表现出的鲁棒性越好。

从对单目标鲁棒性的优化效果来看，WRM_MORO 在性能指标 TP 上的鲁棒性与最优单目标方法相同，均为 0.0204；在性能指标 CT 和 ODR 上的鲁棒性与最优单目标方法相差分别为 0.0001 和 0.0254，相差较小；只有在性能指标 MOV 上的鲁棒性与最优单目标方法相差较大。

表 5.7　与单目标鲁棒调度方法对比

调度方法	性能指标下的鲁棒性				均值
	CT	TP	ODR	MOV	
WRM_CT	0.0021	0.0372	0.3119	0.0894	0.1102
WRM_TP	0.0022	0.0204	0.4703	0.0813	0.1436
WRM_ODR	0.7359	0.0408	0.2119	0.0569	0.2614
WRM_MOV	0.7890	0.0272	0.4703	0.0285	0.3288
WRM_MORO	0.0022	0.0204	0.2373	0.0894	0.0873

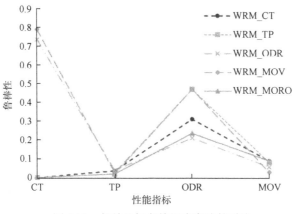

图 5.23　与单目标鲁棒调度方法的对比

从整体来看，虽然单目标方法能够获得单目标鲁棒性最优，但对其他性能指标的鲁棒性优化效果较差，例如，与其他方法相比，WRM_MOV 在 MOV 上的鲁棒性最优为 0.0285，在 TP 上的鲁棒性较优，但是在其他两个性能指标上的鲁棒性较差，如 CT 鲁棒性为 0.7890。相较之下，WRM_MORO 在多目标鲁棒性均值上优于其他单目标方法。

综上分析，所提出的多目标鲁棒调度方法能够在保证单性能指标鲁棒性优化的前提下，有效地提高调度策略在多性能指标上的全局鲁棒性。

5.5.4　基于 CPPS 的适应性调度策略调整方法验证

本节验证基于扰动识别的适应性调度策略调整方法的有效性，实验设计三种场景：生产线未发生扰动、发生扰动后未进行调度优化、发生扰动后进行调度优化。在半导体智慧制造示范单元中，选定设备故障为突发性扰动事件，手工将生产设备设置为模拟故障状态，使其停止工作。随后在三维展示模型感知故障且提示重调度，通过集成的调度优化模块生成新的调度方案，并应用于示范单元。生产结束后，分别记录三种情景下的各类生产信息数据。

在实验中，选择生产加工的订单产品数为 50 个，包含两种产品（产品 A、产品 B）各 25 个，每 5 个一组轮流投料，采取固定 WIP（work in process，在制品）数投料方法（WIP ≤ 10）。在选用的调度规则集合中包括 4 种启发式规则，分别为 FIFO、CR、SRPT、FSVCT（fluctuation smoothing for variance of cycle time，制造周期方差波动平滑）。生产线的调度方案由 3 个生产区域（Mab、Mcd、Me）所对应的调度规则组合形成。实验中记录的生产性能指标为加工完成后的产品平均加工周期（AvgCT）、最大/最小加工周期（MaxCT/MinCT）和加工周期标准差（CT_sd），以及各设备的总加工次数。同时，获取相应的生产记录，便于后续进行数据挖掘分析。

　　从图 5.24 中可以看出，对比未故障和另外两组有故障的未调度和调度情景：相较于未发生设备故障的理想情景，其他两种有故障情景的加工周期相关性能指标都有一定程度的增加。这就说明了设备故障导致的待加工工件堆积，对制造系统产品的加工周期有较大的影响，并增加了其波动程度。对比故障状态下是否采取调度优化措施：对于故障发生后进行调度优化的情景，得到的各项生产指标均优于未进行调度的生产过程。因此，证明了该调度优化方法在改善设备故障后的加工周期相关性能指标上升的问题上，具有一定的效果。

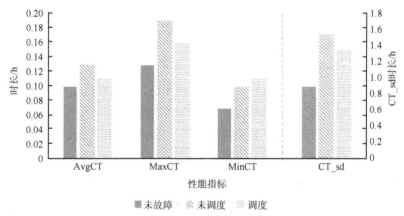

图 5.24　三种场景下生产性能柱状图比较

　　总而言之，对实验结果的分析证明了适应性调度优化方法在应对系统设备故障而导致的突发扰动上的有效性，能够改善制造系统性能指标，并且提升系统稳定性。

5.5.5　基于调度知识管理的闭环调度优化方法验证

　　基于调度知识管理的闭环调度优化是在数据驱动的适应性调度的基础上完成的。在本实验中，选取了表 5.8 中的生产状态集，以描述系统中工件和设备的状态；选取制造系统生产率（PROD）以及日均移动步数（MOV）作为调度优化目标；结合调度目标，调度策略选取 EDD、SPT、CR 这三种调度规则组合而成的组合式调度规则。

表 5.8　生产状态集

字段名	数据项	数据类型
x_Qty	产品 x 的订单数量	整型
x_DueTime	产品 x 的交货时间	整型

续表

字段名	数据项	数据类型
y_MTBF/min	设备 y 的故障间隔时间	整型
y_MTTR/min	设备 y 的修复时间	整型
yz_Batch	设备 yz 的批加工数	整型
x_WIPQty	产品 x 的在制品数	整型
x_LastPhoto	完成 2/3 加工步骤的 x 产品的在制品数	整型
TME_a/min	工艺 a 的加工时间	整型
LastPhoto	完成 2/3 加工步骤的在制品数	整型
LastPhotoPercent	完成 2/3 加工步骤的在制品数所占的比例	整型

假定制造系统仿真模型运行时间划分为三个阶段，每个阶段运行时间为 60h，调度周期和制造系统状态采样周期均为 4h。每个阶段的工件投料数不同，在阶段 1，每天工件的投料数为 10～15 个；在阶段 2，每天工件的投料数为 15～20 个；在阶段 3，每天工件的投料数为 20～30 个。仿真模型预热 30d，预热期的运行条件同阶段 1。分别采用调度知识更新与否两种方法指导 MiniFab 半导体生产线模型运行，记录连续 180h 的生产率和移动步数，分析实验结果。

图 5.25 为调度知识在线评估中得到的调度满意度控制图，其中，用圆点标识的样本点即为需要进行调度知识更新的样本点。在本实验中调度知识共更新了 7 次，调度满意度控制图更新了 2 次。图 5.26 及图 5.27 分别为以 4h 为采样周期记录的系统生产率、日均移动步数变化图；图 5.28 为不同实验阶段生产率及日均移动步数的对比图。

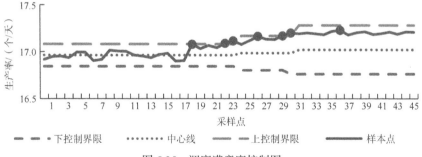

图 5.25　调度满意度控制图

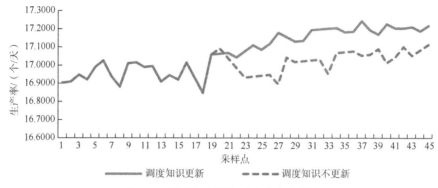

图 5.26　调度知识更新对生产率的影响

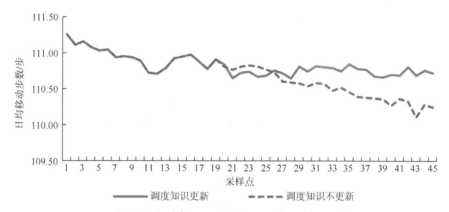

图 5.27　调度知识更新对日均移动步数的影响

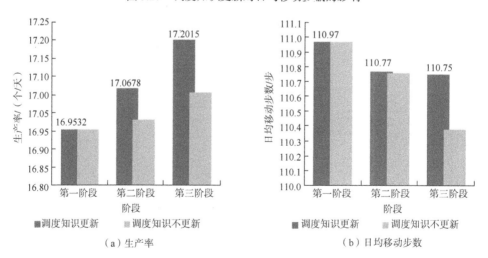

（a）生产率　　　　　　　　　　　　（b）日均移动步数

图 5.28　不同阶段生产率及日均移动步数的变化

根据图 5.25、图 5.26 以及图 5.27 中的变化趋势，可以得到以下几点。

（1）在实验的第一阶段（样本点 1~15），未进行调度知识的更新，调度知识不更新的方法和调度知识更新的方法均采用相同的调度策略，所产生的生产性能也一样，生产率为 16.9532 个/天，日均移动步数为 110.97 步。

（2）在实验的第二阶段（样本点 16~30），随着生产负荷增加带来的一系列生产状态的变化，调度知识评估方法判断出 5 处需要进行调度知识的更新，并相应对调度知识更新了 5 次，生产率为 17.0678 个/天，日均移动步数为 110.77 步，且生产率能够平稳上升，日均移动步数能够保持稳定。对比调度知识不更新的方法，生产率为 16.9806 个/天，日均移动步数为 110.76 步，且生产率有较大波动，日均移动步数也持续下降。分析数据，调度知识更新的方法较调度知识不更新的方法生产率提高了 0.51%，日均移动步数提高了 0.01%。相对于实验的第一阶段，调度知识更新的方法生产率提高了 0.68%，日均移动步数下降了 0.18%；调度知识不更新的方法生产率提高了 0.16%，日均移动步数下降了 0.19%。

（3）在实验的第三阶段（样本点 31~45），生产负荷进一步增加，生产状态又发生新的变化，调度知识动态更新的方法共对调度知识更新了 2 次，生产率为 17.2015 个/天，日均移动步数为 110.75 步，且生产率能够平稳上升，日均移动步数能够保持稳定；调度知识不更新的方法，生产率为 17.0560 个/天，日均移动步数为 110.38 步，但生产率有明显波动，日均移动步数依旧持续下降。分析数据，调度知识更新的方法较调度知识不更新的方法生产率提高了 0.85%，日均移动步数提高了 0.34%；相对于实验的第二阶段，调度知识更新的方法生产率提高了 0.78%，日均移动步数下降了 0.02%；调度知识不更新的方法生产率提高了 0.44%，日均移动步数下降了 0.34%。

根据上述分析可以得到，调度知识更新的方法能够学习当前制造过程的样本数据，对调度知识进行更新，所给出的调度策略能够及时满足生产要求，持续对生产性能进行优化，而调度知识不更新所给出的调度策略不能适应生产状态的变化，不能完全满足生产要求。因此，在生产调度过程中，采用动态更新的调度知识进行生产调度，能够获取可靠适用的调度策略，进而保持生产过程的高效运行。

参 考 文 献

[1] Zhang J，Ding G F，Zou Y S，et al. Review of job shop scheduling research and its new perspectives under Industry 4.0. Journal of Intelligent Manufacturing，2019，30：1809-1830.

[2] Blackstone J H，Phillips D T，Hogg G L. A state-of-the-art survey of dispatching rules for manufacturing job shop operations. International Journal of Production Research，1982，20(1)：27-45.

[3] Joo C M，Kim B S. Hybrid genetic algorithms with dispatching rules for unrelated parallel machine scheduling with setup time and production availability. Computers & Industrial

Engineering, 2015, 85: 102-109.

[4] Zhang X, Wang S L, Yi L L, et al. An integrated ant colony optimization algorithm to solve job allocating and tool scheduling problem. Proceedings of the Institution of Mechanical Engineers, Part B: Journal of Engineering Manufacture, 2018, 232（1）: 172-182.

[5] Cruz-Chavez M A. Neighbourhood generation mechanism applied in simulated annealing to job shop scheduling problems. International Journal of Systems Science, 2015, 46(15): 2673-2685.

[6] 张传芹, 盛昭瀚. 连续过程生产调度预警及专家系统的应用研究. 信息与控制, 2002, 31(4): 300-303, 314.

[7] Ma Y M, Qiao F, Chen X, et al. Dynamic scheduling approach based on SVM for semiconductor production line. Computer Integrated Manufacturing Systems, 2015, 21（3）: 733-739.

[8] Pistikopoulos E N. Uncertainty in process design and operations. Computers & Chemical Engineering, 1995, 19（1）: 553-563.

[9] Stoop P P M, Wiers V C S. The complexity of scheduling in practice. International Journal of Operations & Production Management, 1996, 16: 37-53.

[10] Gahm C, Denz F, Dirr M, et al. Energy-efficient scheduling in manufacturing companies: a review and research framework. European Journal of Operational Research, 2016, 248（3）: 744-757.

[11] Panwalkar S S, Iskander W. A survey of scheduling rules. Operations Research, 1977, 25(1): 45-61.

[12] Ouelhadj D, Petrovic S. A survey of dynamic scheduling in manufacturing systems. Journal of Scheduling, 2009, 12: 417-431.

[13] Lee E A. Computing foundations and practice for cyber-physical systems: a preliminary report. Technical Report UCB/EECS-2007-72, University of California, USA, 2007.

[14] 中国电子技术标准化研究院. 信息物理系统白皮书(2017). http://www.cesi.cn/201703/2251. html [2018-09-21].

[15] Monostori L. Cyber-physical production systems: roots, expectations and R&D challenges. Procedia CIRP, 2014, 17: 9-13.

[16] Monostori L, Kádár B, Bauernhansl T, et al. Cyber-physical systems in manufacturing. CIRP Annals, 2016, 65 （2）: 621-641.

[17] Sabuncuoglu I, Goren S. Hedging production schedules against uncertainty in manufacturing environment with a review of robustness and stability research. International Journal of Computer Integrated Manufacturing, 2009, 22: 138-157.

[18] Liu J, Qiao F, Kong W C. Scenario-based multi-objective robust scheduling for a semiconductor production line. International Journal of Production Research, 2019, 57（21）: 6807-6826.

[19] Pereira J. The robust（minmax regret）single machine scheduling with interval processing times and total weighted completion time objective. Computers & Operations Research, 2016, 66: 141-152.

[20] 章凌威. CPS环境下面向智能工厂的适应性调度研究. 上海：同济大学，2019.

[21] Laeven L，Valencia F. Systemic banking crises database. IMF Economic Review，2013，61：225-270.

[22] 刘明周，单晖，将增强. 不确定条件下车间动态重调度优化方法. 机械工程学报，2009，45（10）：137-142.

[23] Wang B T，Huang S，Qiu J H，et al. Parallel online sequential extreme learning machine based on MapReduce. Neurocomputing，2015，149（PA）：224-232.

[24] Shrivastava N A，Panigrahi B K. A hybrid wavelet-ELM based short term price forecasting for electricity markets. International Journal of Electrical Power & Energy Systems，2014，55：41-50.

[25] 尹钊，贾尚晖. Moore-Penrose 广义逆矩阵与线性方程组的解. 数学的实践与认识，2009，39（9）：239-244.

[26] Wu W，Ma Y，Qiao F，et al. Data mining based dynamic scheduling approach for semiconductor manufacturing system. 34th Chinese Control Conference （CCC），2015.

[27] Ma Y，Qiao F，Zhao F，et al. Dynamic scheduling of a semiconductor production line based on a composite rule set. Applied Sciences，2017，7（10），1052.

[28] Rábago-Remy D M，Padilla-Gasca E，Rangel-Peraza J G. Statistical quality control and process capability analysis for variability reduction of the tomato paste filling process. Industrial Engineering & Management，2014，3（4）：1-7.

[29] 彭泽军，陈辉，周定果. 质量控制图及其工序质量控制. 机械设计与制造，2008，（8）：139-141.

[30] Tang J，Yu W，Chai T Y，et al. On-line principal component analysis with application to process modeling. Neurocomputing，2012，82：167-178.

[31] Kempf K. 1994. Detailed description of a two-product five-machine six-step reentrant semiconductor manufacturing system. Prepared report，Intel Cor-poration，Technology & Manufacturing Group.

[32] 李雯琳. 基于SBO的半导体生产线调度方法研究. 上海：同济大学，2016.

第6章　新兴信息技术环境下的智能工厂运维服务管理

6.1　新兴信息技术环境下智能工厂的制造服务化模式

6.1.1　数据和服务驱动的智能制造系统

以移动互联网、大数据、人工智能为代表的新一代信息技术带动了几乎所有领域发生了以绿色、智能、网络化、服务化为特征的群体性技术革命。

2012 年美国工业互联网、2013 年德国工业 4.0、2015 年"中国制造 2025"等国家制造战略的提出，制造业进入智能制造的模式，智能制造成为未来经济发展过程中制造业重要的生产模式。智能制造突出了知识、数据和服务在制造活动中的价值地位，而知识经济又是继工业经济后的主体经济形式。

由于工业互联网、工业 4.0 和"中国制造 2025"等制造战略提出的工业基础、出发点及使能技术略有不同，表现出不同的智能制造系统：大数据驱动的智能制造系统、CPS 驱动的智能制造系统和 HCPS 驱动的智能制造系统。

1. 大数据驱动的智能制造系统

数据是获取知识的重要途径，不仅需要重视对数据的积累，更要重视对数据的分析，以及企业决策时从数据中所反映出来的管理文化。利用知识不仅可以解决问题，而且能够进行颠覆式创新，从而对问题进行重新定义。

1）工业互联网

工业互联网的概念最早由通用电气于 2012 年提出，与工业 4.0 的基本理念相似，倡导将人、数据和机器连接起来，形成开放而全球化的工业网络，其内涵已经超越制造过程以及制造业本身，跨越产品生命周期的整个价值链。工业互联网和工业 4.0 相比，更加注重软件、网络和大数据，目标是促进物理系统和数字系统的融合，实现通信、控制和计算的融合，营造一个信息物理系统的环境。

工业互联网系统由智能设备、智能系统和智能决策三大核心要素构成，体现数据流、硬件、软件和智能的交互。由智能设备和网络收集的数据存储之后，利用大数据分析工具进行数据分析和可视化，由此产生的"智能信息"可以由决策者必要时进行实时判断处理，成为大范围工业系统中工业资产优化战略决策过程的一部分。

（1）智能设备：将信息技术嵌入装备中，使装备成为可智能互联的产品。为工业机器提供数字化仪表是工业互联网革命的第一步，使机器和机器交互更加智能化，这得益于以下三个要素：仪器仪表的部署成本已大幅下降，从而有可能以一个比过去更经济的方式装备和监测工业机器；微处理器芯片计算能力的持续发展已经达到了一个转折点，即使机器拥有数字智能成为可能；大数据软件工具和分析技术的发展为了解由智能设备产生的大规模数据提供了手段。

（2）智能系统：智能系统是将设备互联形成的一个系统，包括各种传统的网络系统，其广义的定义包括部署在机组和网络中并广泛结合的机器仪表和软件。随着越来越多的机器和设备加入工业互联网，可以实现跨越整个机组和网络的机器仪表的协同效应。智能系统的构建整合了广泛部署智能设备的优点。当越来越多的机器连接在一个系统中，久而久之，结果将是系统不断扩大并能自主学习，而且越来越智能化。

（3）智能决策：当从智能设备和系统收集到了足够的信息来促进数据驱动型学习的时候，智能决策就发生了，从而使一个小机组网络层的操作功能从运营商传输到数字安全系统。

智能制造革命利用工业互联网颠覆制造业的价值体系，利用数字化、新材料和新的生产方式（3D 打印等）去颠覆制造业的生产方式。2014 年 3 月，美国通用电气、IBM、思科、英特尔和 AT&T 五家行业龙头企业联手组建了工业互联网联盟，其目的是通过制定通用标准，打破技术壁垒，使各个厂商设备之间可以实现数据共享，利用互联网激活传统工业过程，更好地促进物理世界和数字世界的融合。工业互联网联盟已经开始起草工业互联网通用参考架构（图 6.1），该参考架构将定义工业物联网的功能区域、技术以及标准，用于指导相关标准的制定，帮助硬件和软件开发商创建与物联网完全兼容的产品，最终目的是实现传感器、网络、计算机、云计算系统、大型企业、车辆和数以百计其他类型的实体得以全面整合，推动整个工业产业

图 6.1　工业互联网框架

链的效率全面提升。

2）智能制造

智能制造是先进智能系统强化应用、新产品制造快速、产品需求动态响应以及工业生产和供应链网络实时优化的制造[1]。智能制造的核心技术是网络化传感器、数据互操作、多尺度动态建模与仿真、智能自动化以及可扩展的多层次的网络安全。图 6.2 是由美国智能制造领导联盟（Smart Manufacturing Leadership Coalition，SMLC）给出的智能制造企业框架。智能制造企业将融合所有方面的制造，从工厂运营到供应链，并且使得对固定资产、过程和资源的虚拟追踪横跨整个产品的生命周期。最终结果将是在一个柔性的、敏捷的、创新的制造环境中，优化性能和效率，并且使业务与制造过程有效串联在一起。

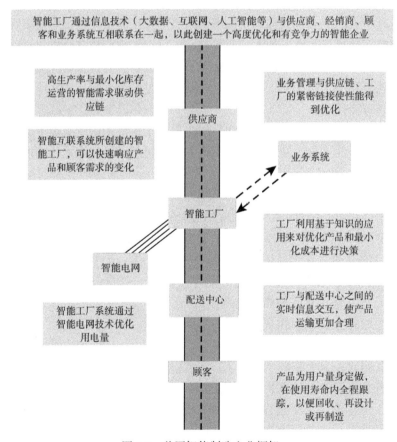

图 6.2　美国智能制造企业框架

一个大数据驱动的智能制造示范是 2015 年 2 月通用电气在印度 Pune 建设的智慧工厂（图 1.7）。结合工业互联网和先进制造技术，用数字主线打通设计、工艺、制造、供应链、分销渠道、售后服务，并形成一个内聚、连贯的智能系统。该工厂雇用的1500名工人共同分享使用生产线，包括3D打印机和激光检测设备。工厂的设备和电脑相互沟通交流、共享信息，为保证质量和预防设备故障采取措施。而且，工厂的生产线通过数字孪生方式与供应商、服务商、物流系统相连接用来优化生产。

3）数据驱动的智能分析与决策

制造系统中问题的发生和解决的过程会产生大量数据，通过对这些数据的分析和挖掘可以了解问题产生的过程、造成的影响和解决的方式[图 6.3（a）]，这些信息被抽象化建模后转化成知识，再利用知识去认识、解决和避免问题[2]，核心是从以往依靠人的经验，转向依靠挖掘数据中隐形的线索，使得制造知识能够被更加高效和自发地产生、利用和传承。

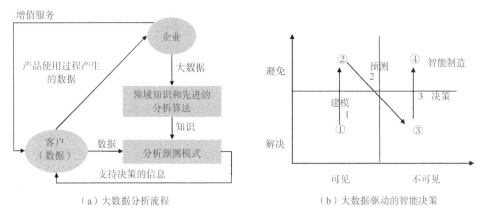

（a）大数据分析流程　　　　　（b）大数据驱动的智能决策

图 6.3　大数据驱动的智能分析与决策

基于大数据的预测性分析技术可以加速产品创新，增强生产系统产品质量预测性管理、设备健康管理及预测性维护、能源管理、环保与安全、供应链优化、产品精准营销等系统能力，以及智能装备和生产系统的自省性和重构能力，其实现方式可以从以下三个方面体现[图 6.3（b）]。

（1）建模：把问题变成数据，通过数据建模把经验变成可持续的价值。

（2）预测：把数据（如时域信号的统计特征、波形信号的频域特征、能量谱特征以及特定工况下的信号读数等）变成知识，分析可见问题，预测不可见问题。

（3）决策：把知识变成数据，驱动产品、工艺、生产、运营、决策创新。

2. CPS 驱动的智能制造系统

美国在21世纪初提出CPS理论，德国将其作为工业4.0的核心技术。CPS

在工程上的应用是实现信息系统和物理系统的完美映射和深度融合，数字孪生是其最为基本且关键的技术，由此，制造系统的性能和效率可大大提高。

2006 年，时任美国国家科学基金会项目主任的 Helen Gill 根据讨论结果，提出了 CPS 的概念。

加利福尼亚大学伯克利分校的 Edward A. Lee 在 2006 年写成的《信息物理系统：计算机基础已经够了吗？》（"Cyber-physical systems-are computing foundations adequate？"）中指出：CPS 是计算过程和物理过程的集成系统，利用嵌入式计算机和网络对物理过程进行监测和控制，并通过反馈循环实现计算和物理过程的相互影响。

德国的专家和教授基于制造立国和制造强国的理念，把 CPS 运用于生产制造，提出了 CPPS，以 CPPS 为模型构建智能工厂或数字化工厂。于是，德国为数众多的、与制造相关的企业，从跨国超大型企业，如西门子、SAP 等，到各类自动化产品的中小企业，都在考虑和酝酿如何应对这一发展的大趋势。

CPS 深度融合了 3C（计算、通信和控制）能力，在对物理设施深度感知的基础上，构建安全、可靠、高效、实时的工程系统。通过计算进程和物理进程实时相互反馈循环，实现信息世界和物理世界的完全融合，从而改变人类构建工程物理系统的方式。CPS 是多领域、跨学科不同技术融合发展的结果，涉及制造、医疗、船舶、交通、军事、基础设施建设等多个领域。文献[3]对 CPS 理论概念、体系结构、关键技术做了些探讨，并从行业应用的角度出发，探索了 CPS 在制造、能源、电力、交通等行业的应用，具有较强的参考价值。例如，黎作鹏等[4]详细阐述了 CPS 的定义、系统结构、特性和理论技术体系；何明等[5]分析了 CPS 体系结构设计理论及方法，提出了包含三种视图（系统视图、功能视图、技术视图）的 CPS 体系结构；丁超等[6]提出了一种层次化的安全体系结构，并讨论了隐私保护、跨网认证和安全控制等物联网/CPS 的关键安全技术。

制造业是 CPS 的主要应用领域之一，各界对 CPS 的理解各不相同。美国白宫 CPS 专家组顾问辛辛那提大学李杰教授等提出面向工业 4.0 制造系统的 CPS 5C 层次架构，涵盖了连接层、转换层、信息层、认知层和配置层[7]。按照《信息物理系统白皮书（2017）》对 CPS 的定义，其本质是建立信息空间与物理空间之间基于数据自动流动的状态感知、实时分析、科学决策、精准执行的闭环赋能体系，解决生产制造、应用服务过程中的复杂性和不确定性问题，提高资源配置效率，实现资源优化。CPS 系统已在多个领域取得应用，但目前依然无法验证 CPS 系统的严密性，CPS 系统组件在建模、分析与验证等方面仍需完善。如表 6.1 所示，列举了 CPS 系统的主要局限和挑战。

表 6.1　CPS 系统面临的局限和挑战

类别	局限和挑战
数学和形式模型方面	缺乏适当的数学和形式模型去描述数字控制强加给模拟系统的行为。例如，需要对 CPS 的计算、通信和物理机理进行抽象，并且在尺度、位置和时间粒度的不同层面上建模
混杂系统控制方面	一种新的数学理论需要使得基于事件的系统与基于时间的系统相融合，从而满足反馈控制。该理论也要适用于不同时间尺度和地理范围下的异步动态体系
实时抽象化方面	为保证 CPS 的容错性、扩展性和最优化，实时嵌入式系统抽象化和计算抽象化要求新的资源配置方式、分布式实时计算和实时群组通信方法。时间和空间信息需要被明确地捕获到编程模型中。其他物理和逻辑特性，如物理定律、安全性或者功耗约束、资源、鲁棒性和保密特征需要捕获到抽象编程中
鲁棒性方面	环境的不确定性、安全攻击以及来自物理设备和无线通信的故障给整个系统的鲁棒性与安全性带来严峻的挑战
知识工程方面	需要表征不同物理域中的各种类型的数据和应用背景，并在合适的背景下进行解释。机器学习和实时流数据挖掘将要处理 CPS 系统中更为分散的、动态的、异构的信息资源

CPS 提高了物理系统的可控性、效率和可靠性，但是在社会和自然环境中，大多数的物理系统和相关的网络系统涉及人的参与，社会因素对 CPS 系统的作用不可忽视。由于人、组织和社会对 CPS 系统的影响是不确定的、多样的和复杂的，CPS 系统无法给出定量估计。CPS 系统不能适用于所有的业务场景，因为其不具备有社会因素反馈的以人为本的特性。基于泛在网络和大数据技术，可以获取和分析这些社会因素，并用于优化复杂 CPS 系统的控制和管理。

在工业界，2012 年西门子、施耐德电气、罗克韦尔自动化、横河等国际自动化企业，以及我国机械工业仪器仪表综合技术经济研究所等研究机构，参与制定了 IEC/TR 62794：2012 数字工厂标准，给出了数字工厂的定义：数字工厂是数字模型、方法和工具的综合网络（包括仿真和 3D 虚拟现实可视化），通过连续的没有中断的数据管理集成在一起。它是以产品全生命周期的相关数据为基础，在计算机虚拟环境中，对整个生产过程进行仿真、评估和优化，并进一步扩展到整个产品生命周期的新型生产组织方式。

在 2013 年提出的工业 4.0 框架（图 6.4）中，物联网/工业互联网和 IoS 分别位于智能工厂三层信息技术基础架构的底层和顶层。中间层包含与生产计划、物流、能耗和经营管理相关的 ERP、SCM、CRM 等业务系统，和产品设计、技术相关的 PLM 也处在这一层，与 IoS 紧密相连，通过服务链接/集成企业内部及企业间的业务过程；中间层通过 CPPS 实现与生产设备的连接和生产线控制、调度等相关功能，从智能物料的供应到智能产品的产出，贯穿整个产品生命周期管理。最底层通过物联网/工业互联网实现控制、执行、传感，最终实现智能生产。

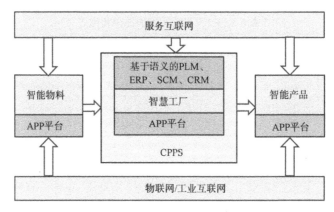

图 6.4　工业 4.0 框架中的智慧工厂

工业 4.0 的核心在于工业、产品和服务的全面交叉渗透，这种渗透借助于软件，通过在互联网和其他网络上实现产品及服务的网络化而实现。CRM/CAD/CAPP/PLM/MES/SCM/ERP 等业务流程及制造资源的服务化形成图 6.5 中与硬件

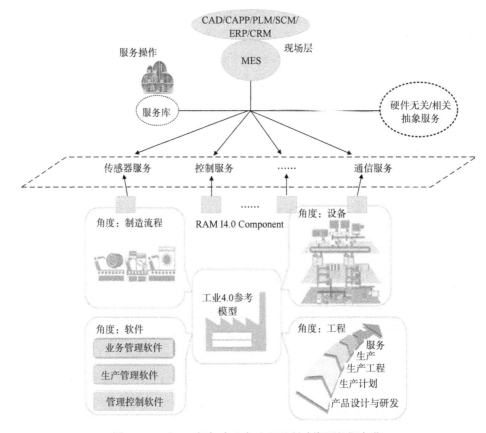

图 6.5　工业 4.0 框架中业务流程及制造资源的服务化

无关的抽象服务及服务库,实现基于互联网的企业全流程服务操作和管理。在分析层,基于先进的数据建模方法进行数据分析、建模、优化、评估与预测。在数据层,通过产品全生命周期的数据采集、传输、存储与分析,实现基于物联网与工业互联网的数据管理。

3. HCPS 驱动的智能制造系统

为了考虑人的因素以及人的社会属性,中国工程院原院长周济等一些学者提出 HCPS[8]的概念。如图 6.6 所示,HCPS 由物理系统、信息系统、人(涵盖其社会关系)构成,将三者连接起来。物联网(传感器网络)连接物理系统和相应的信息系统,互联网连接人和相应的信息系统,而物理系统和人都能映射到信息系统中,这种交互有助于相互间的优化。

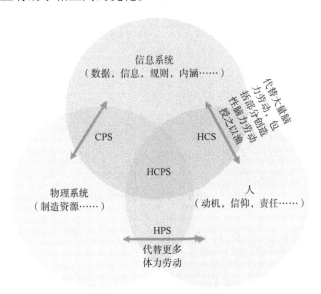

图 6.6　HCPS 构成

新一代人工智能技术将使 HCPS 发生质的变化,形成新一代 HCPS。主要变化在于:第一,人将部分脑力劳动转移给信息系统,以增强信息系统"认知和学习"的能力,人和信息系统的关系发生了根本性的变化,即从"授之以鱼"发展到"授之以渔";第二,通过"人在回路"的混合增强智能,人-机-物多元融合将从本质上提高制造系统处理复杂性、不确定性问题的能力,极大地优化制造系统的性能。

HCPS 驱动的智能制造系统(图 6.7)通过计算进程和物理进程相互影响的反馈循环实现深度融合和实时交互,人机深度融合构建了物理空间与信息空间中人、机、物、环境、信息等要素相互映射、实时交互、高效协同的复杂系统。人将部分认知与学习型的脑力劳动转移给信息系统,信息系统具有了对物理系统智能感知、智能分析决策与智能控制的认知和学习能力,并通过人在回路的人机混合增强智能,实现了系统内资源配置和运行的按需响应、快速迭代、动态优化,从而提高了制造系统处理复杂性、不确定性问题的能力,极大地优化了制造系统的性能。

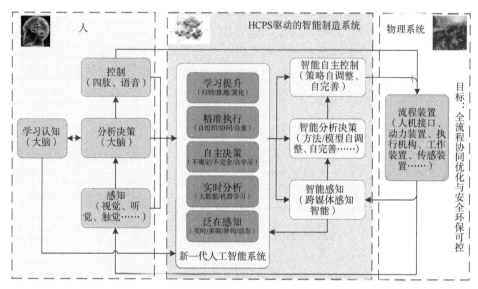

图 6.7　HCPS 驱动的智能制造系统

6.1.2　制造服务化模式

近几年,伴随着劳动力短缺、成本增加、产能过剩及全球经济疲软,低端制造正快速从中国向其他低成本国家转移,高端制造则向发达国家回流,转型升级已成为企业的当务之急[9]。制造服务化[10]是制造企业转型升级的关键,产品、服务(过程、制造系统和技术、共享信息)、参与网络(人员和组织)和基础设施共同构成了产品服务系统[11],表现出了产品的服务化和生产过程的服务化。

郭重庆院士[12]提出了抛弃"以生产者自我为中心、以产品为中心、以数据为中心"的制造情结,建立"以客户为中心、以服务为中心、以给客户创造价值为中心"的新价值观,通过"互联网+"促进产品与服务的融合,深度变革现有的制造模式和商业模式[12]。杨善林院士则认为:互联网和大数据已成为现代制造业创新不可或缺的组成部分,正从产品构造、产品全生命周期过程、制造资源组织方式、制造业务模式和企业生态系统等五个层次深刻地影响和改变着产业的经营模式和发展战略[13]。

互联网和大数据环境下的产品模式将从原来的产品销售转换为基于产品的服务销售，产品服务成为企业新的创收中心。李伯虎院士认为智慧云制造（制造服务）是互联网时代的一种智慧制造模式和手段，是实施"中国制造 2025"和制造领域"互联网+"行动计划的一种制造服务模式和手段[14]。

随着工业互联网、工业 4.0 和智能制造的到来[15]，互联网、大数据以及平台技术的加速落地，制造服务网络将自动连接到云平台搜索合适的领域专家解决问题，领域专家通过集成的知识平台和移动设备更有效地提供制造服务[16,17]。马军等[18]针对制造服务链描述、评估和控制的复杂性，建立了制造服务单元（manufacturing service unit，MSU）模型，并用编码技术对 MSU 的特征进行标识，在此基础上，运用 Shannon 信息论对 MSU 的信息熵进行定量分析，建立了基于制造特征标识的 MSU 信息熵模型，通过分析特征标识码位间的相关性，对 MSU 的信息冗余进行定量评估，实例证明该方法能有效评估 MSU 划分的合理性，从而优化制造服务协同过程。田景红等[19]应用元胞自动机方法构建了制造服务系统的功能结构，采用自动机理论建立了制造服务系统的动态运行特征，讨论了制造服务系统的终止识别模式和绩效评估方法，并用制造企业的制造服务系统组建、运作和终止示例验证了制造服务系统自组织模型的有效性，以及基于元胞自动机建模与分析的优越性。为快速响应制造企业用户在线使用制造服务，张卫等[20]提出基于服务质量的制造服务选择模型，利用服务质量参数的约束，保证制造服务申请的响应质量，并结合云模型和蚁群算法对制造服务调度问题制定求解策略，以达到制造服务资源分配的优化。

云制造是一种基于网络的、面向服务的智慧化制造新模式[21,22]，并融合了物联化技术、虚拟化技术、服务化技术、协同化技术、智能化技术等多种信息化新技术。胡安瑞等[23]分析了云制造资源服务的特点以及知识在资源服务全生命周期中的作用，从知识管理角度出发设计了基于知识的云制造资源服务管理框架，对框架中各个模块进行了分析，并开发了相应的原型系统进行验证。

6.2　HCPS 驱动的智能工厂运行与组织方式

以人、信息、物理系统构成的 HCPS 环境为基础，利用区块链、物联网、互联网、工业大数据分析、云/边缘计算、人工智能等支撑技术，在参考服务型制造模式架构和 CPS 生产系统的基础上，构建 HCPS 驱动的智能工厂运行与组织方式，支持智能生产服务和产品服务。

6.2.1 智能工厂中服务价值链和产品供应链的运行与组织方式

在 HCPS 体系结构中，人、信息、物理系统三者形成一个有机整体，客户可以参与到设计、研发、加工和服务的过程中，进行协同设计、协同制造、协同运维等方面的协作，也可以为不同制造企业之间的协作提供制造服务协同的支持，实现服务价值链的延伸。

为此，研究和分析智能工厂中的服务价值链与产品供应链的构成要素，以及二者之间的耦合关系与融合机制，通过价值提取与策略执行，形成产品供应链—服务价值链—产品供应链的闭环。通过将人（客户及客户群体）及其社会属性融入 CPS 生产系统中，构建了 HCPS 驱动的智能生产系统（图 6.8），实现智能工厂中服务价值链和产品供应链的融合运行。

服务价值链是智能工厂价值增值的聚合体，以网络化的方式向客户提供覆盖产品全生命周期的价值创造服务，满足客户需求、增加客户黏性。另外，从有形的产品供应链中提取价值，进行综合集成分析后获得优化策略，再反馈到产品供应链执行，形成产品供应链—服务价值链—产品供应链的闭环，从而实现服务价值链和产品供应链的融合。在此基础上，通过对比服务价值链和产品供应链的各环节，可以对制造资源进行科学利用和分配，为智能工厂的运行管理与优化提供决策支持，实现价值链的延伸。例如，可以检验一个智能工厂或制造企业的制造服务能力或资源是否匹配客户或市场的需求。如果工厂提供的部分服务内容无法满足顾客的需求，该工厂短期可以采取外包方式来服务客户，长期则要考虑建立较为完整的服务价值链。

1. 服务价值链

服务价值链的主体不是有形的产品，而是无形的服务。服务价值链综合生产性服务与服务性生产的特征，并加入客户全程参与的元素，以虚拟集成的方式使价值链中不同的分工主体发挥各自的核心竞争力。生产性服务泛指伴随企业生产而进行的所有中间投入产品或活动，引入生产性服务促使工厂的价值链向市场上下游延伸，实现价值增值。服务性生产集中在产品制造阶段，为客户提供服务+产品的整体解决方案，是制造企业的核心竞争力所在。客户通过向制造企业反馈信息参与整个制造过程。

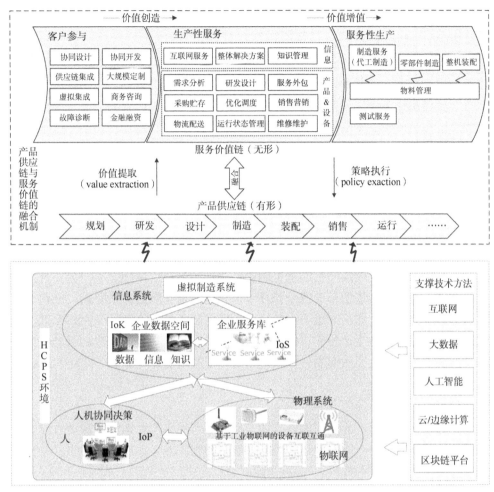

图 6.8　HCPS 驱动的智能工厂运行与组织方式

IoK 即 Internet of knowledge，知联网；IoP 即 Internet of people，人联网

1）客户参与

客户参与是指通过信息反馈的形式参与产品制造过程，包括协同设计、协同开发、供应链集成、大规模定制、虚拟集成、故障诊断等。客户发布其个性化的需求，参与到制造和服务的全过程，涵盖设计、制造和销售，根据自己所掌握的知识、技术和信息提出有价值的建议。通过大数据和互联网等技术获取消费者、市场等多维度数据，包括产品反馈、市场需求、消费者兴趣等个性化信息，增强生产者和消费者之间的信息黏性，利用大数据分析技术挖掘这些数据的关联关系，建立相关性标签体系以匹配产品需求、细分客户类型、分析兴趣爱好以及挖掘关注点，实现客户全面洞察，对产品的功能和款式进行改进或创新设计。另外，通过企业平台门户与客户直接交互，为客户提供个性化、定制化的解决方案，客户

能够以更直接、深度的方式参与产品创新设计的过程。

2）生产性服务

生产性服务是指在产品生产和服务提供过程中，作为中间投入品的服务[24]，包括信息类服务、产品和设备类服务。其中，信息类服务为制造过程提供互联网服务、整体解决方案以及知识管理等内容；产品和设备类服务涵盖需求分析、研发设计、服务外包、采购贮存、优化调度、销售营销、物流配送、运行状态管理和维修维护等。产品制造生命周期的上、中、下游环节都涉及生产性服务。利用生产性服务，可以将产品的价值延伸至产品设计之前的市场需求分析和产品交付顾客之后的维修活动，实现产品服务系统的全面应用。

3）服务性生产

服务性生产包括制造服务（代工制造）、零部件制造、整机装配、物料管理和测试服务等内容。制造企业通过将非核心制造业务外包出去，利用自身核心制造能力与其他企业协同完成产品的加工制造。当前，制造厂商倾向于利用社会化大生产方式，将产品制造的部分或全部环节外包给专业化制造商来完成；也有专业化制造服务供应商（如富士康）为其他企业提供制造外包等服务性生产活动[25]。制造企业通过服务性生产协作，能够有效发现具有比较优势的制造资源，达到降低制造成本和提高生产效率的目标，进而增强生产柔性并降低生产投资风险。

2. 产品供应链

产品供应链涉及产品形成的各方面，涵盖了产品生产至销售中需要的各个环节的企业组织，如生产组织、运输组织、转包商组织等，形成了完整的产品服务体系。新兴信息技术环境下，产品竞争模式转变为供应链及生态系统竞争模式[26]。首先，供应链转变为系统平台形态，生产网络中的节点企业深度协同合作。其次，在信息流方面，供应链上积累了海量数据，需要通过大数据等技术实现智能供应链管理，为节点企业决策提供支持。最后，在资金流方面，互联网促使供、产、销供应链缩短，资金流动性增强，形成了多种互联网+供应链金融模式。为此，将产品供应链中的相关信息、设备、人员和服务等资源全部纳入服务体系，在信息系统的支持下进行有效治理，通过服务增效以增厚企业利润。制造服务包括产品规划、研发、设计、制造、装配、销售以及运行等阶段，伴随了产品从初级生产直到消费的各环节，最后到终端客户。

6.2.2　HCPS 驱动的智能生产与服务系统

互联网/移动互联网等技术创造了内容分享和网络社会化的需求，欧盟第七框架分析了未来互联网的体系架构，提出人际网（Internet by and for people）、内容/

知识网（Internet of contents and knowledge）、物联网和 IoS 是未来互联网的四大支柱。在未来互联网架构和 CPS 生产系统的基础上，构建了 HCPS 智能生产系统，主要包括物联网、IoK、IoS、IoP 四部分，形成以客户为中心、面向服务、数据驱动的、人–机–物协同的智能生产系统。

1. 智能生产与服务系统

IoP、IoK、IoS 和物联网为 HCPS 智能生产系统提供了基本使能技术，如图6.9 所示。物联网实现制造中物与物之间的互联互通和泛在感知，连接物理系统和信息系统，使制造具有物联化；IoP 连通利益相关者，提供产品设计、创造和销售的在线社区，打破制造商和客户（产消者）之间的壁垒，为人的集成和（隐性）知识共享提供渠道，使制造具有社会化属性；IoS 描述了一个以互联网为媒介提供服务的信息基础框架，涉及的技术有 SOA 以及使制造具有服务化的 Web、网格和云技术，实现云制造的功能，提供主动式、个性化的服务；IoK 利用大数据、人工智能技术从原始数据（由物联网连接的智能对象所产生的）提取信息/知识，使制造具有智能化（图 6.9）。从一定程度上讲，IoK 可以看作语义网，信息被给予明确界定的含义，支持计算机和人更好地协作。HCPS 智能生产系统的支撑技术方法包括云计算、物联网、大数据、互联网、区块链、人工智能等。

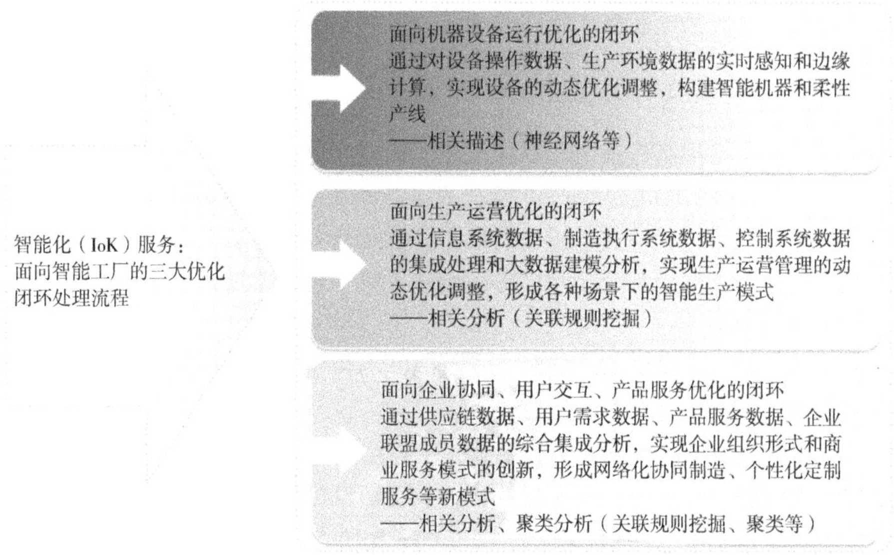

智能化（IoK）服务：
面向智能工厂的三大优化
闭环处理流程

面向机器设备运行优化的闭环
通过对设备操作数据、生产环境数据的实时感知和边缘计算，实现设备的动态优化调整，构建智能机器和柔性产线
——相关描述（神经网络等）

面向生产运营优化的闭环
通过信息系统数据、制造执行系统数据、控制系统数据的集成处理和大数据建模分析，实现生产运营管理的动态优化调整，形成各种场景下的智能生产模式
——相关分析（关联规则挖掘）

面向企业协同、用户交互、产品服务优化的闭环
通过供应链数据、用户需求数据、产品服务数据、企业联盟成员数据的综合集成分析，实现企业组织形式和商业服务模式的创新，形成网络化协同制造、个性化定制服务等新模式
——相关分析、聚类分析（关联规则挖掘、聚类等）

图 6.9　智能化服务的闭环

由信息系统、物理系统和人构成的 HCPS 智能生产系统是一个有机整体，人–机–物共同决策、互相协作。智能工厂以互联网及工业物联网为通信载体，提供机

器到机器（machine to machine，M2M）的通信机制，实现生产过程监控、智能调度与决策、在线数据采集和监测、智能维护与诊断等信息化功能，连接客户与生产线的产品和工艺配置并提供畅通的数据交流，人、机器和资源相互沟通协作。对于制造企业，通过互联网发布、发现制造资源和服务，利用大数据分析进行优化筛选，进而在生产排程调度策略的指导下执行制造任务，形成制造企业之间的协作。对于客户，参与产品的设计、研发、加工和服务过程，进行协同设计、协同制造、协同运维等需求，通过融入人的因素将服务资源延伸到人的世界，支持基于人的网络化协同制造，充分利用群体智能，实现知识（特别是隐性知识）获取、知识积累、知识分享、知识利用和知识创新。

在智能化服务层面，通过工业大数据、人工智能等技术可构建面向智能工厂的三大优化闭环处理流程（图6.10）。首先是面向机器设备运行优化的闭环，通过对设备操作数据、生产环境数据的实时感知和边缘计算，实现设备的动态优化调整，构建机器和柔性产线的智能自主控制系统；其次是面向生产运营优化的闭环，通过信息系统数据、MES数据、控制系统数据的集成处理和大数据建模分析，实现生产运营管理的动态优化调整，形成各种场景下的智能制造模式和智能调度优化系统；最后是面向企业协同、用户交互、产品服务优化的闭环，通过供应链数据、用户需求数据、产品服务数据、企业联盟成员数据的综合集成与分析，实现智能计划决策系统以及企业组织形式和商业服务模式的创新，形成网络化协同制造、个性化定制服务等新模式。

2. HCPS 环境支撑的智能工厂开放式架构

HCPS通过虚拟制造系统和物理系统实时相互反馈循环，实现信息世界和物理世界的完全融合，构建如图6.10所示的由物理制造系统和虚拟制造系统结合的智能工厂开放式架构，通过IoS、大数据分析及新一代人工智能技术，将设计、工艺、制造和服务融合到智能网络协同制造系统平台，实现研发、生产、销售和运维服务的协同。

具体地，物理系统中每个层级应具有的能力包括以下几个方面（物理系统的能力来自图1.6所示的几个层次）。

（1）工艺层：实现生产工艺模块化，支撑协同生产。

（2）设备层：实现生产装置智能化，装置信息可采集、共享，控制指令可直接作用于装置系统。

（3）控制层：实现控制系统智能化、优化控制，包括PLC、SCADA、人机交互等。

（4）物理系统三个层级支撑虚拟制造系统数据采集；支撑远程控制与工艺组合。

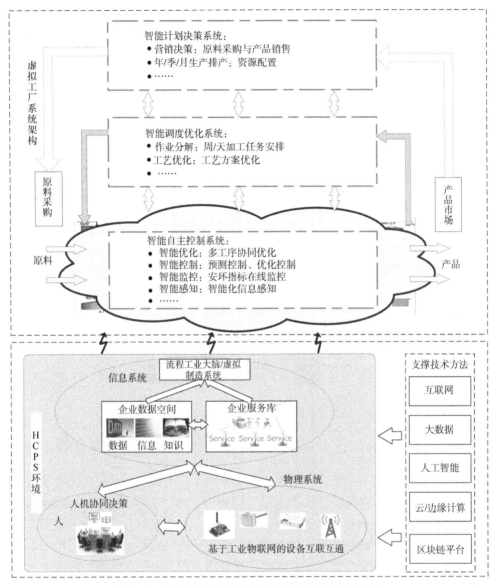

图 6.10　HCPS 环境支撑的智能工厂生产与服务系统

（5）虚拟制造系统是制造系统的大脑，它由四个层级组成，各个层级所具有的功能如下。①数据层：实现数据采集、存储、集成和共享；②分析层：实现基于新一代人工智能的数据建模/预测分析/决策等；③平台层：实现业务系统所需各种服务的管理、协调与跨域集成；④应用层：通过人机交互，实现具体的应用，包括智能调度优化系统、智能计划决策系统、智能自主控制系统等。

虚拟制造系统基于大数据和物联网，具有可拓展性，可以覆盖其他具备条件的物理系统，实现智能化建设。

在该智能工厂的开放性结构中，可以适应不同需求，定制不同的应用。以为不同的设备类型建立差异化的运维与保障策略，实现对生产工艺、产品质量的有效保障为例，提出了如图 6.11 所示的设备预测性维护的方案。

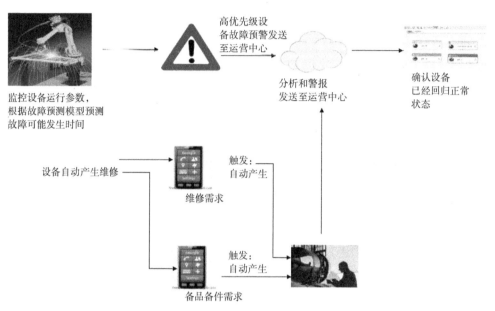

图 6.11　基于物联网和大数据的设备预测性维修

3. 面向网络协同的企业研发/生产/物流供应链/服务系统协作机制

智能制造模式将利用新兴信息技术，以智能工厂为实践，以全面深度互联为基础，以端到端数据流为核心驱动，以互联网驱动的新产品新模式新业态为特征，通过将产品研发设计流程、企业管理流程和生产产业链流程有机地结合起来，研究一套面向网络协同的企业研发/生产/物流供应链/服务系统协作机制（图 6.12），使得产品研发、制造管理和服务、客户关系管理、产品生产和服务的全生命周期管理和供应链管理有机地融合在一个完整的企业与市场的闭环系统之中，形成一个集成了工程、生产制造、供应链和企业管理的全球网络化协同智能制造系统平台，实现端到端无缝协作的智能生态系统。

6.2.3　智能产品及服务系统

智能产品服务系统是智能制造的重要支撑，它对智能制造的各阶段、各节点提供数据挖掘服务和知识推送服务，使智能制造过程围绕客户需求展开和延伸，可以更贴近客户需求。

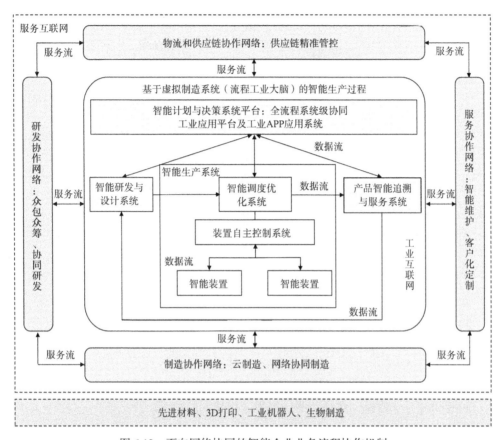

图 6.12　面向网络协同的智能企业业务流程协作机制

价值链从企业为客户提供产品向提供个性化的服务转变，在提供服务的过程中为客户创造价值。智能产品服务系统通过基于云计算（企业/工业云）的大数据预测性分析技术，持续改进，建立高效、安全的产品智能服务系统（图 6.13），实现服务和产品的实时、有效、智能化互动，为企业创造新价值。产品智能服务系统通过采集产品的实时运行状态数据，并上传至企业数据中心（企业云），系统软件或平台对产品实时在线监测、诊断和控制，并经过大数据分析预测进行产品的智能预测性维护与个性化智能服务，从而提升产品的性能指标。

1. 智能产品服务系统的设计理念

基于智能产品及服务系统框架，传统的产品结构发生了变化，6M+6C 理论与方法成为智能产品服务系统的设计理念。

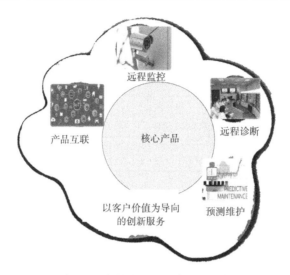

图 6.13　智能产品及服务系统框架

1）6 M

material——材料，包括特性和功能等。

machine——机器，包括精度、自动化和生产能力等。

methods——方法，包括工艺、效率和产能等。

measurement——测量，包括 6-sigma、传感器监测等。

maintenance——维护，包括使用率、故障率和运维成本等。

modeling——建模，包括监测、决策、优化和防范等。

2）6 C

connection——连接，涉及传感器和网络、物联网等。

cloud——云，即在任何时间按需获取的存储和计算能力等。

cyber——虚拟网络，包括模型和记忆等。

content/context——数据内容与来源背景，包括相关性、含义、决策等。

community——社群/社区，包括交互、分享、协同等。

customization——定制化，即个性化的服务与价值。

2. 智能产品服务系统的分类

智能产品服务系统可以分为面向使用过程的智能产品、面向制造过程的智能产品和面向服务过程的智能产品三种类型。

1）面向使用过程的智能产品

无人机、无人驾驶汽车、智能手机等典型的面向使用过程的创新智能产品具有"人—机"或"机—机"互动能力强、用户体验性好的特征，可以代替或者辅助用户完成某些工作，具有较高的附加值。产品的智能性主要通过自主决策（如环境感知、路径规划、智能识别等）、自适应工况（控制算法及策略等）、人机交互（多功能感知、语音识别、信息融合等）、信息通信等技术实现。借助工业互联网和大数据分析技术，这类产品的使用信息也可以反馈回设计部门，为产品的改进与创新设计提供支持。

智能制造装备也属于面向使用过程的智能产品，如智能数控机床，将专家的知识和经验融入感知、决策、执行等制造活动中，并赋予产品制造在线学习和知识进化能力，实现高品质零件的自学自律制造。智能制造装备和智能制造工艺密切相关。

2）面向制造过程的智能产品

产品是制造的目标对象，要实现制造过程的智能化，产品（含在制品、原材料、零配件、刀具等）本身的智能化是不可缺少的，它的智能特征体现在可自动识别、可精确定位、可全程追溯、可自主决定路径和工艺、可自主报告自身状态、可感知并影响环境等诸多方面。工业 4.0 中描述了这样一个场景，产品进入车间后，自己找设备加工，并告诉设备如何加工，这就是面向制造过程的智能产品的具体体现，实现的关键技术包括无线射频识别技术等自动识别技术、CPS 技术、移动定位技术等。

3）面向服务过程的智能产品

对于工程机械、航空发动机、电力装备等产品，远程智能服务是产品价值链中非常重要的组成部分。以通用电气为例，其位于美国亚特兰大的能源监测与诊断中心，收集了全球 50 多个国家上千台通用电气燃气轮机的数据，每天的数据量多达 10G，通过大数据分析可为燃气轮机的故障诊断和预警提供支撑。为了实现远程智能服务，产品内部嵌入了传感器、智能分析与控制装置和通信装置，从而实现产品运行状态数据的自动采集、分析和远程传递。

丹麦风电巨头 Vestas 公司（维斯塔斯风力技术公司）通过在风机的机舱、轮毂、叶片、塔筒及地面控制箱内，安装传感器、存储器、处理器以及 SCADA 系统，实现对风机运行的实时监控；通过在风力发电涡轮中内置微型控制器，可以在每一次旋转中控制扇叶的角度，从而最大限度捕捉风能，优化运行性能；还可以控制每一台涡轮，在能效最大化的同时，减少对邻近涡轮的影响；通过对实时数据进行处理预测风机部件可能产生的故障，以减少可能的风机不稳定现象，并使用不同的工具优化这些数据，达到风机性能的最优化。

美国高圣精密机电股份有限公司（Cosen）主要生产以锯床为主的各种金属加工设备，考虑了影响加工成本和质量的核心因素：①带锯寿命衰退造成切削质量难以控制、耗材成本上升；②带锯衰退需要通过人工检查的方式判断，造成人员成本和管理成本的上升；③切削参数与带锯的衰退息息相关，但关系较为复杂，很难通过经验来控制；④切削过程中质量状态不透明，往往产生次品后才能被发现，造成材料浪费。从价值端考虑，为客户提供带锯机床智能服务系统，解决了带锯衰退和机床关键部件健康状态的透明化、由加工参数和带锯衰退造成的成本风险透明化等客户关注的核心问题。

日本日产（Nissan）公司从 2010 年开始在数量庞大的工业机器人健康管理方面引入预测分析模型，使用控制器内的监控参数对其健康进行分析，每天生成健康报告，根据设备实时状态进行维护计划和生产计划调度。在机器人健康建模分析过程，根据每一个机械臂的动作循环提取固定的信号统计特征，如均方根值、方差、极值、峭度值和特定位置的负载值等，并采用同类对比的方法消除由工况多样性造成的建模困难，通过直接对比相似设备在执行相似动作时信号特征的相似程度找到利群点，作为判断早期故障的依据（可提前 2 周确定故障）。

美国通用电气航空集团（GE Aviation）提供了波音 767 的 CF6-80 发动机、猎鹰 2000 喷气式飞机的 CFE738 发动机、军用 A-10 攻击机的 TF34 发动机和 C-5 运输机的 TF39 发动机等航空发动机及其控制系统和售后维修服务等业务，在航空公司不愿花钱对发动机进行大型常规保养或及时检修的前提下，向航空公司提供航空发动机"飞行使用时间服务"的产品智能服务的创新模式。

中国三一重工股份有限公司(简称三一重工)从 2008 年开始实施物联实践，目前已有 20 万台设备共 5000 多种参数连接在企业控制中心（enterprise control center，ECC）系统，实时监控设备的运行数据，并进行故障报警、故障预测、配件预测、智能服务、辅助研发和信用管理等智能服务。三一重工产品智能服务系统对特定故障预测建模时，需要对采集的参数类型、采集频率、数据质量等进行针对性定义和部署，不完全依靠现有数据去挖掘和分析。而且，工业数据是有工程机理的，对数据的质量有明确的需求，数据分析需要与工业逻辑相结合。在此基础上，分析主要的问题清单，有针对性地考虑采集数据，以什么精度、用什么频率、跟哪些数据匹配等因素，并基于应用方向和目标区进行部署。

6.3　互联环境下智能工厂服务协同配置、管理与优化方法

新一轮科技革命，特别是移动互联网、大数据、人工智能、云计算等新一代信息技术的普及，带动了几乎所有领域发生了以绿色、智能、服务化、网络化为特征的群体性技术革命。产品和制造技术更加复杂，出现了全球化、智能化、服

务化、协同化发展趋势。生产组织方式（生产模式）转变为运用全球资源的智能制造模式，产品模式向智能产品与服务系统演变，以智能产品为承载，融合全流程的服务管理和全生命周期的数据管理，为客户提供整体或个性化解决方案。在产品和服务的全球化开发、生产、运营和维护过程中多主体紧密协作，价值链从企业为客户提供产品向提供个性化产品和服务转变。在提供服务的过程中以自组织方式整合企业内部、合作伙伴、用户、领域专家、云平台服务商、竞争企业等各类服务资源和智慧要素，协同为客户创造价值。

在智能制造模式下，原来的基础材料、基础工艺和基础零部件等制造基础将转变为传感器、大数据和软件等内容，制造企业拥有丰富的产品运行状态、运营环境状态、业务运营状态、人员状态、客户反馈数据等大数据信息。通过有效地对这些数据进行分析和挖掘，进而了解问题产生的过程、造成的影响和解决的方式，并将其抽象化建模后转化为知识，再利用知识去认识、解决和避免问题，能够实现智能生产与决策。在此智能制造背景下，针对维护、维修和运营（maintenance，repair & operation，MRO）服务链的资源管理和优化策略展开研究，可为 MRO 服务链管理提供整体性、动态性和综合性的优化方案，实现由传统"以库存控制为基础的制造"到智能制造模式下"基于大数据的智能化服务型制造"的转变。图 6.14 展示了智能制造模式下 MRO 服务链资源管理与配置决策优化。

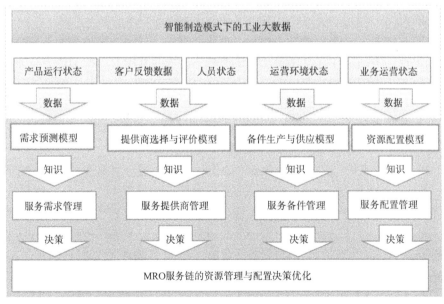

图 6.14　智能制造模式下 MRO 服务链资源管理与配置

6.3.1　维护服务需求管理方面

需求管理是服务协同配置、管理与优化的核心内容之一，所有的产品服务提供活动都是基于科学合理的需求计划和相关的运营策略。当前，敏捷、高效的服务供应链应该是由需求驱动的，被动地对用户需求做出反应导致人力、设备等服务资源移动频繁，必然会降低服务资源利用率，增加服务成本。只有准确地预测不确定需求才能将被动的服务提供过程主动化。然而，传统的服务需求管理研究大都关注影响需求本身的特性，如服务价格、服务水平、库存等，几乎没有相关研究考虑到不确定需求产生的根源。这也是已有的服务需求管理策略很难得到市场和用户认可的重要原因。

1. 维护服务需求管理

对制造企业来说，由设备故障导致的停产会使企业损失巨大，因此，对设备的主动预防性维护比被动更正性维护更有意义。MRO 服务链需求管理的目标就是通过预测不确定需求，为用户主动提供 MRO 服务，最大程度提高设备可用性及可靠性，降低故障概率。然而，如何准确地预测服务需求，是 MRO 服务链所有成员共同面临的课题。就 MRO 服务来说，其需求的不确定性主要来自产品劣化过程的随机性，因此，量化产品劣化过程是预测服务需求的必要前提。

如图 6.15 所示，在分析故障维护、预防性维护、预测性维护等维护策略所产生的确定性、不确定性以及预测性等维护服务需求的基础上，探索单一企业或智能工厂内基于故障预测的设备维护优化调度与决策模型，给出面向智能工厂的预测性维护与备件库存的联合优化调度与决策策略。

（1）故障维护（corrective maintenance，CM）：由于随机性/突发类故障的产生，通过故障诊断确定不确定性（随机的）的维护服务需求。

（2）预防性维护（preventive maintenance，PM）：结合单部件系统基于时间的维护（time-based maintenance，TBM）、基于役龄的预防性维护（age-based PM）、基于分块（block-based）的周期（定期）预防性维护（periodic PM）、顺序预防性维护（sequential PM）、故障限制维护（failure limit maintenance）、维修限制维护（repair limit maintenance）、主动维护等预防性维护策略，以及多部件系统成组维护（group maintenance）、机会维护（opportunistic maintenance）等预防性维护策略，估计设备及核心部件的寿命分布（lifetime distribution），给出维护需求及预防性维护计划。

（3）预测性维护（predictive maintenance，PdM）：根据设备的状态数据（来自设备实时监测的数据）、环境运行数据（来自点检、状态检测的数据），在基于状态的维护（condition based maintenance，CBM）和故障特征提取的基础上，构建 MRO 数据驱动的故障预测模型，实时预测设备及核心部件的可用寿命及其功能损失率（loss of functionality），给出预测性的维护需求及计划。

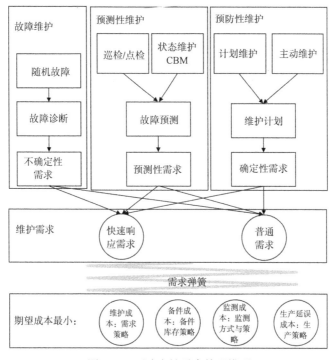

图 6.15　不确定性需求管理模型

　　根据需求响应时间，将上述维护策略产生的预测性需求、确定性需求和不确定性需求划分为快速响应服务需求和普通服务需求。根据需求类别，制定相应维护和库存联合优化策略。

2. 基于深度学习的维护服务需求预测方法

　　近年来，深度学习网络作为一种高效的模式识别网络架构正在兴起，在当前的智能预测中具有提高性能的潜力。深度学习的特点是深度网络架构，在网络中多层堆叠，从原始输入数据中充分获取具有代表性的信息。在复杂深层结构的帮助下，可以很好地建模数据的高层抽象，从而比浅层网络更有效地提取特征。

　　由于设备健康监测的原始数据与图像处理研究方法的高度相似，深度学习架构在预测与健康管理（prognostics and health management，PHM）和剩余使用寿命（remaining useful life，RUL）估计方面具有很大的潜力。可以根据输入端多元时间序列数据的处理方式，如信号直接输入或信号经处理后输入，采用一维、二维、三维卷积神经网络（convolutional neural networks，CNN）模型建模多元时间序列数据的预测问题。

1）面向 RUL 预测的一维 CNN 架构模型

为了更好地提取 CNN 特征，采用时间窗方法进行采样准备。标准化的原始传感器测量数据可以直接作为模型输入输入到 CNN 网络，不需要事先具备预测和信号处理方面的专业知识，可以促进所提方法的工业应用范围。深度 CNN 框架可以成功提取信号的高级抽象特征，并根据学习到的知识表达估计相关的 RUL 值。与传统机器学习方法相比，该方法利用时间窗、数据归一化和深度 CNN 架构可以获得更高的预测精度。近年来，现代航空技术的发展导致了飞机系统的复杂性，在恶劣环境中要求高可靠性、高质量和高安全性。发动机是飞机的关键部件，迫切需要开发新的方法来更好地评估发动机性能下降，并估计剩余的使用寿命。文献[27]以航空发动机的 RUL 为例进行了预测，并利用 NASA 的商用模块化航空推进系统仿真（commercial modular aero-propulsion system simulation，C-MAPSS）数据集对该方法的有效性进行了验证，并表明了该结构的优越性。

2）面向 RUL 预测的二维 CNN 架构模型[28, 29]

二维 CNN 架构对传统的 CNN 进行了修改，并将其应用于多元（多变量）时间序列信号的回归预测：在每个分段的多元时间序列上进行特征学习，在特征学习之后，连接一个普通的多层感知器（multi-layer perceptron，MLP）进行 RUL 估计。

信号处理时，采用滑动窗口策略将时间序列信号分割成一组短信号。具体地说，CNN 所使用的一个实例是一个含有 r 个采样的数据样本，每个样本包含 D 个属性（在单个运营状态子数据集的情况下 D 个属性作为 d 个原始传感器信号，在多个运营状态子数据集的情况下 D 个属性包括 d 个原始传感器信号以及与运营状态历史数据相关的提取特征）。在具体分解时，选择 r 作为采样率（图 6.16 实验中使用 15 是因为一个测试的发动机轨迹只有 15 个时间周期的数据样本），选择滑动窗口的步长为 1，也可以选择较大的步长来减少实例数量，从而减少计算成本。对于训练数据，矩阵实例的真实 RUL 由上次记录的真实 RUL 决定。

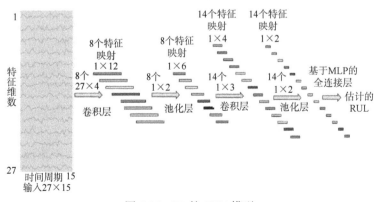

图 6.16　2D 的 CNN 模型

3）面向 RUL 预测的三维 CNN 架构模型

如图 6.17 所示，如果来自 14 个传感器的数据信号分别经过小波变换或经验模态分解等时频分析的信号处理方式生成 32×32×14 的三维图像数据（32×32 是图像压缩的结果），然后与基于 LeNet-5 的深度 CNN 模型结合，形成如图 6.17 所示的三维 CNN 预测模型。

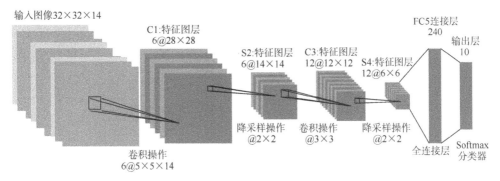

图 6.17　基于 LeNet-5 的深度 CNN 学习模型

6.3.2　维护服务与备件库存的联合优化技术与策略

MRO 服务备件管理水平的高低直接影响着服务能力的高低，备件管理已经成为世界范围内的研究热点。事实上，企业间的竞争、提高服务水平的要求、服务备件的巨大利润以及其科学合理的管理计划给企业带来的成本降低，都促使企业进行更好的服务备件管理。随着制造企业将 MRO 服务外包，如何制订科学有效的备件生产及销售计划，在满足用户备件可用性的同时又将服务总成本降到最低，是 MRO 服务链管理的核心问题。

1. 联合优化技术

复杂设备系统维护策略涉及单部件与多部件设备系统、库存控制策略、维护特征（maintenance characteristics）、维护延迟、多级维护网络（multi-echelon maintenance networks）、业务优化目标函数和优化仿真技术等内容[30-32]。根据已有的联合优化模型，图 6.18 给出一个复杂设备维护与库存联合优化模型的特征分类框架。

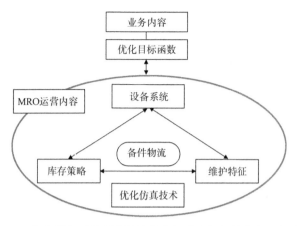

图 6.18 复杂设备系统预防性维护中的维护与备件库存联合决策

1）优化准则

在同一维护策略下，不同维护成本结构或不同维护程度（不完善、最小化、完善的、差的）的维护模式将归入同一维护策略（图 6.19）。一般来说，最优系统维护策略[33, 34]主要包括：最大限度地降低系统维护费用；最大限度地提高系统可靠性；在满足系统可靠性要求的情况下，最大限度地降低系统维护费用；满足系统维护成本的要求时，最大限度地提高系统可靠性等。

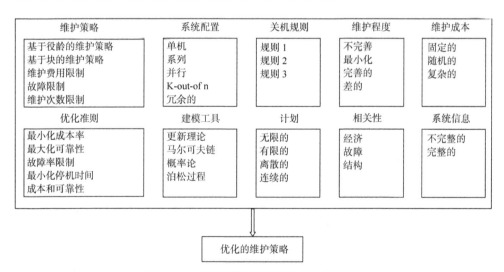

图 6.19 系统或设备预防性维护优化问题

2）单部件和多部件系统

单部件系统被定义为一个由一个部件组成的系统，也可以把设备作为一个整体从而看作一个单部件系统。一个多部件系统是一个由多个部件组成的系统，其中的部件可能是相同的,也可能是不相同的,有时多台设备也可以看作一个多部件系统。

3)库存控制模型与备件库存策略

库存控制模型与备件库存策略(inventory polices)已被广泛研究,Basten 和 van Houtum[35]、van Houtum 和 Kranenburg[36]提供了备件库存策略的研究综述。

常见的独立需求库存控制模型根据其主要的参数,如需求量与提前期是否为确定,可分为确定型库存控制模型和随机型库存控制模型。

(1)确定型库存控制模型。确定型库存控制模型分为周期性检查模型和连续性检查模型。

周期性检查模型(periodic review model)就是每隔一定时期(固定间隔期)检查一次库存,并发出一次订货,把现有库存补充到最大库存水平 S,即如果检查时库存量为 I,则订货量为 S–I。有六种情况,分不允许缺货、允许缺货、实行补货等三种情况,每种情况又分瞬时到货、延时到货两种情形。

最常用的周期性检查模型是不允许缺货、瞬时到货型,其最佳订货周期为

$$T = \sqrt{2C_R / HD}$$

其中,C_R 表示单位订货费用(元);H 表示单位产品库存维持费[元/(件·费)];D 表示需求率(年需求量)(件/年);最大库存量为 $S = T \times D$。

连续性检查模型(continuous review model)就是订货点和订货量都为固定量的库存控制模型,适用于需求量大、缺货费用较高、需求波动性很大的情形。连续性检查模型需要确定订货点和订货量两个参数,也就是解决(s, Q)策略的两个参数设定问题。连续性库存检查模型分 6 种:不允许缺货、瞬时到货型;不允许缺货、延时到货型;允许缺货、瞬时到货型;允许缺货、延时到货型;补货、瞬时到货型;补货、延时到货型。最常见的连续性检查模型是不允许缺货、瞬时到货型。最经典的经济订货批量(economic order quantity,EOQ)模型就是这种。

最佳订货批量:

$$Q^* = \sqrt{2DC_R / H}$$

(2)随机型库存控制模型。随机型库存控制模型要解决的问题:确定经济订货批量或经济订货期、确定安全库存量、确定订货点和订货后最大库存量。随机型库存控制模型也分连续性检查和周期性检查两种情形。当需求量、提前期同时为随机变量时,库存模型较为复杂。以上所谈的库存分析与控制已有比较成熟的理论和方法,有兴趣的读者可参考有关资料和研究文献,此处不做进一步介绍。

独立需求库存控制采用的是订货点控制策略,订货点法库存补给策略很多,最基本的备件库存补给策略有 4 种:①连续性检查的固定订货量、固定订货点策

略，即（s, Q）策略；②连续性检查的固定订货点、最大库存策略，即（s, S）策略；③周期性检查策略，即（t, S）策略；④综合库存策略，即（t, s, S）策略。

（1）（s, Q）策略：（s, Q）策略对库存进行连续性检查，当库存降低到订货点水平 s 时，即发出一个订货，每次的备件订货量保持不变，都为固定值 Q。该策略适用于需求量大、缺货费用较高、需求波动性很大的情形。

（2）（s, S）策略：（s, S）策略和（s, Q）策略一样，都是连续性检查类型的策略，也就是要随时检查库存状态，当发现库存降低到订货点水平 s 时，开始订货，订货后使最大库存保持不变，即为常量 S，若发出订单时库存量为 I，则其订货量即为（S-I）。该策略和（s, Q）策略的不同之处在于其订货量是按实际库存而定，因而订货量是可变的。

（3）（t, S）策略：（t, S）策略每隔一定时期检查一次库存，并发出一次订货，把现有库存补充到最大库存水平 S，如果检查时库存量为 I，则订货量为 S-I。经过固定的检查期 t，发出订货，这时库存量为 I_1，订货量为（S-I_1）；经过一定时间 LT（订货提前期，可以为随机变量），库存补充（S-I_1），库存到达 A 点；再经过一个固定检查时期 t，又发出一次订货，订货量（S-I_2），经过一定时间，库存达到新高度 B。如此周期性检查库存，不断补给。（t, S）策略不设订货点，只设固定检查周期和最大库存量，适用于一些不重要或使用量不大物资。

（4）（t, s, S）策略：（t, s, S）策略是（t, S）策略和（s, S）策略的综合。这种补给策略有一个固定的检查周期 t、最大库存量 S、固定订货点水平 s。当经过一定的检查周期 t 后，若库存低于订货点，则发出订货，否则不订货。订货量的大小等于最大库存量减去检查时的库存量。当经过固定的检查时期到达 A 点时，此时库存已降低到订货点水平线 s 之下，因而应发出一次订货，订货量等于最大库存量 S 与当时的库存量 I_1 的差（S-I_1）。

经过一定订货提前期后在 B 点订货到达，库存补充到 C 点，第二个检查期到来时的库存位置在 D，比订货点水平位置线高，无须订货。第三个检查期到来时，库存点在 E，等于订货点，又发出一次订货，订货量为（S-I_3）。如此，按周期进行下去，实现周期性库存补给。

在上述 4 种基本库存策略基础上，又可以延伸出很多种库存补充策略。而且，在通常的文献中，备件库存通常根据给定的需求来处理，因此忽略了底层的维护计划，而多数的维护研究大都假设库存中有无限数量的备件，对维护和库存的联合优化进行研究的文献相对较少。

4）维护策略及特征

维护决策实践中使用了许多类型的维护策略，并在不同情况下进行了广泛的研究，维护策略可以分为故障维护策略、预防性维护策略和预测性维护策略等三大类。

故障维护策略有时称为基于失效的维护（failure based maintenance，FBM），是一种被动式维护策略，故障一旦发生，零件尽可能替换或维修，如果备件不可用，维护将延迟或产生大范围宕机。

预防性维护策略分为单部件系统和多部件系统。单部件系统的预防性维护策略包括：①基于役龄或时间的预防性维护策略，包括年龄更换策略、随机年龄更换策略等；②基于部件使用次数 N 的块更换策略、周期/定期预防性维护策略等；③基于部件使用时间越久、零件越旧、维护周期越短的顺序预防性维护策略；④基于零件故障率或可靠性达到一个预订水平时更换零件的故障限制策略，以及维修时间限制策略、维修次数限制策略、维修成本限制策略、参考时间策略、混合年龄策略、防范维护策略等。对于多部件系统的预防性维护策略，如果部件间相互独立，可以对各部件采取单部件系统的维护策略，如果各部件间存在经济相关、故障相关或结构相关等关系，需要对部件间的关系综合考虑，采用分组维护策略或机会维护策略。

分组维护策略是基于一个零件维护、整个部件也应维护思想的维护策略（根据逻辑相关的领域对维护项目进行分组或组群）。在许多实际情况下，系统由几组相同部件组成。通过成组更换失效的部件，而不是单独替换失效的部件，可以实现降低成本。这种成本节约来自规模经济，主要是由于数量折扣或每个部件维护安装成本减少。在分组维护模型中，Okumoto 和 Elsayed[37]提出了独立相同部件的分组维护策略，即在规定的时间间隔内进行分组维护。Gertsbakh[38]发现当故障部件数量超过规定数量时，进行分组替换是最佳策略。Ritchken 和 Wilson[39]提出了一个带有两个决策变量的分组维护策略，当固定的时间间隔过期或固定数量的单元失效时（以先出现的为准），进行分组维护。

机会维护策略是基于子系统失效、其他同类零部件也要更换思想的维护策略。当系统内某个部件发生故障时，通常会利用对故障部件维护的机会，对系统中短期内需要维护的其他部件进行提前预防性维护。这种提前预防性维护通常称为机会维护，此做法可以大大减小系统的非计划维修比例，降低停机时间和维护费用。机会维护的控制条件主要体现在以下几个方面。

（1）以工作时间作为机会维护的控制条件，即当部件维护时，若另一部件工作时间超过了给定的阈值，则启动机会维护。

（2）采取可靠度阈值控制条件，即当有部件维护时，若另一部件在此时的失效率高于给定阈值，则启动机会维护。

（3）采用风险控制条件，即当有部件维护时，若某另外部件在此时的风险水平高于给定阈值，则启动机会维护。这些带控制条件的机会维护策略虽然都能在一定程度上保证系统的预防性维护效益，但往往忽略了部件自身最优预防性维护信息。

实践中，可以将部件机会预防维护和计划预防性维护信息结合起来，以系统内故障时机为优化变量、部件维护费用率最小化为目标建立系统预防性维护的优化模型，实现两种预防性维护方式的优势互补，从而有效地降低系统预防性维护费用。

预测性维护策略又称状态维护，维护部门通过监测不同的设备特征，如振动、温度等信号特征，测量设备的状态，当测量值达到某种阈值或系统的正常功能受到影响时，零件被替换。

与其他维护策略相比，预测性维护策略基于实际的系统状态进行维护操作，可以更加高效、减少故障数量（从而降低停机时间）、最小化维护成本（但会增加检测成本），并提高操作安全性，Keizer 等[40]针对多部件系统开发了一个不考虑库存决策的状态策略。

在维护过程中，对于不可修部件采用失效后完全替换的维护策略，对于可修复部件，可以根据备件修复或恢复到正常状态的程度来区分维护程度，维护程度可以分为以下几种情况。

（1）完美维护/维修（perfect maintenance/repair）：维护后就像新的一样好，例如，失效系统的替换（replacement of failed system）。

（2）最小维护/维修（minimal maintenance/repair）：维护后故障率与原系统持平。

（3）不完美维护/维修（imperfect maintenance/repair）：介于 PM 和 MM 之间的维护。不完美维护/维修主要原因在于：①维修了失效零件；②部分维修了失效零件；③部分维修了失效零件，但损伤了其他零件；④没有正确评估、检查单元/构件的状况；⑤维修活动不及时等。

（4）糟糕维护/维修（worse maintenance/repair）：维修活动使系统的故障率提高，但没有宕机。主要原因在于：①没有检查出隐藏的故障；②人为错误导致进一步损伤；③错误的零件替换。

（5）最糟维护/维修（worst maintenance/repair）：使系统宕机的维护或维修。

5）维护延迟

维护延迟也称为维护提前期/交货期 LT，维护过程中诊断时间、补货提前期、技术人员响应时间和启动时间等可能会影响这些延迟。

6）多级维护网络

为了保证响应和保持库存低成本，可以通过多级网络的形式来组织和利用国家或区域内的仓库。例如，可以采用两级、多零售商、连续检查的库存系统等。

7）目标优化函数

优化目标关注于成本、停机时间、服务水平、环境影响、安全等，成本最小化是最常应用于这类问题的目标函数。维护成本由相应的维护活动产生费用，包括库存成本、替换成本、检测成本、安全成本、经济损失、役龄有关的生产成本等。其中，库存成本由库存持有成本、备件订货成本、缺货成本三部分构成；替换成本包括备件采购成本、人工成本、系统停工成本、破损成本等；检测成本由检测系统的成本构成。

8）优化、仿真技术

MRO 服务备件的可用性是保障生产系统正常的运行及维修工作的重要前提。例如，连铸机是钢铁企业主要生产系统设备，其零部件在高温及高振荡的工作环境下运行，这无疑对相关备件的耐高温、抗冲击能力提出了极高的要求，也导致了备件生产及存储过程中的不确定性。因此，在对 MRO 服务备件生产及销售计划进行优化建模时，必须充分考虑备件生产和存储过程中的不确定性，才能制定出更符合实际情况的备件管理策略。

相关的仿真模型（如蒙特卡洛模拟和离散事件模拟）、元启发式算法（例如模拟退火算法、遗传算法和分散搜索算法）和全枚举算法都可以应用在维护优化问题的仿真过程，帮助找到（接近）最优的问题解决方案。

2. 预防性维护与备件库存的联合优化策略

维修和备件库存管理的相互联系经常困扰着管理人员和研究人员，维护特征和备件库存控制策略两个方面的内容和标准决定了维护和备件库存的联合优化问题。

备件库存是为了满足维护和更换零件的需要，备件库存的管理不同于其他在制品或完工成品的库存管理，备件库存水平在很大程度上取决于设备如何使用和如何维护。零件的失效过程一般遵循如图 6.20 所示的两阶段失效过程。

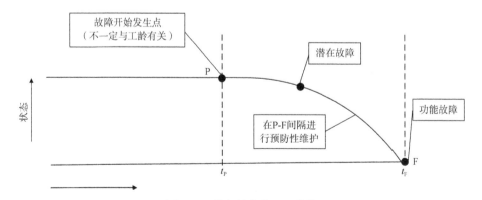

图 6.20　设备性能的 P-F 曲线

在预防性维护 PM 过程中，零件虽然没有失效，但经过审查后，在图 6.21 所示的预防性维护的 t、$2t$、$3t$ 等时刻有缺陷的零件被替换，备件库存水平就随着预防性替换而减少。第一个阶段是新零件和早期识别缺陷（缺陷点"○"，minor failure/

state M）之间的时间间隔；第二个阶段是从这个缺陷点"○"到最终完全失效（major failure/state F）"●"，这一区间又称为故障延迟时间（delay-time）[41]。在实际运行过程，失效点 state F 可以对应图 6.20 中的故障开始发生点 P、潜在故障和功能故障点 F。

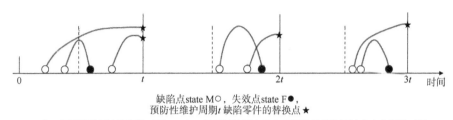

缺陷点state M○，失效点state F●，
预防性维护周期t 缺陷零件的替换点★
○与●间的链接弧表示延迟时间，○与★间的链接弧表示由于预防性替换而被审查的延迟时间

图 6.21　维护过程中备件的替换策略

备件需求通常是由预测性、预防性或故障的维护需求产生的，这些需求很难根据过去备件使用的历史数据进行预测，因此，最优的备件库存控制策略也很难获得。然而，维护费用与备件的可用性和不可用备件的惩罚费用有关，例如，为等待备件而延长的停机成本和为购买备件而产生的紧急考察成本等。而且，适当的计划维护干预可以减少零件失效的数量和相关的成本，但其绩效取决于备件的可用性。Wang [41]提出了备件库存控制和预防性维护检查间隔的联合优化方法，决策变量是订货间隔、PM 间隔和订货数量。由于故障的随机性，可以利用随机动态规划求解有限时间内备件库存和维护随机成本的联合最优解，利用延迟时间构造故障数量和在一个 PM 周期内所确定次品数量的概率。

因此，根据维护特征（如基于块、基于役龄和基于状态维护等维护策略）和备件的连续性、周期性/定期或准时制等库存控制策略，在考虑生产计划产出率、订单延误成本和状态监测成本的条件下，给出单一企业内维护与备件库存的联合优化模型与决策策略。

3. 预测性维护与备件库存联合优化模型

在单部件系统的联合预测性维护和库存策略中，一个称为单调策略结构被证明是最优的。在这样一个策略中，退化阈值用于决定何时订购一个备件、备件的到达时间以及何时替换构件。

实践中，系统经常包含多部件，将单部件系统策略应用到一个多部件系统通常不能实现优化，主要原因在于：①多部件系统存在经济、结构或失效相关等多种不同类型的相关性，维护和库存优化决策依靠完整系统的状态而不是单一构件；②多部件系统可以共享一组相同备件，不同子系统中相同备件在不同状态下运营，具有不同失效率。共享备件的数量应该在系统层确定，构件层的分解方案将会导致更高的库存水平和成本。

许多学者对多部件系统的预测性维护和库存集成方法进行了研究。van Horenbeek 等[42]基于（s，S）库存策略，考虑了构件的经济和结构相关性以及维护和库存的顺序优化。然而，维护和库存的顺序优化不一定能够产生全局的最优策略，需要研究它们的联合优化策略。而且，在维护过程，只有备件接近失效时才需要被替换，何时采购备件是由用于调度维护活动的构件状态信息决定，目前还没有关于多部件系统状态采购问题的研究，该问题具有明显的成本节约潜力。Keizer 等[43]研究了具有共享备件池的多部件系统的状态维护与库存决策联合优化问题，并将之形式化为一个马尔可夫决策过程（Markov decision process，MDP），Wang[44]则将之形式化为基于仿真的方法。

6.3.3　服务优化与配置管理

在经历事后维修、预防维修、生产维修等多种维修管理模式后，现代生产设备管理进入一个全新的阶段，相应地，设备维修也进入全新的发展时期。由于大型工业装备具有结构复杂、零部件多、涉及面广及运行周期长等特点，面向大型工业装备的 MRO 服务势必成为制造业和制造服务领域向高端发展的重点及难点，也逐渐成为国内外学术界研究的热点。早期关于 MRO 服务的研究主要集中在航空工业领域，现在已经逐步向各行业扩展。科学合理的 MRO 服务对于流程制造型企业（如冶金厂、化工厂、能源业等）来说，是企业能够不间断生产的必要保障。另外，对于一些典型的服务类行业（如运输业、电信业等）来说，保障运营设备正常运转的 MRO 服务是它们正常营业、降低成本、提高服务质量的关键因素。因此，越来越多的企业开始重视 MRO 服务的采购与使用管理。

MRO 服务资源的配置与优化是能否实现服务链各成员价值共创的关键，其核心问题是如何利用有限的服务资源来最大化用户满意度。这里的资源不仅包括有形产品（如备件），也包括无形服务（如专家知识）。MRO 服务资源配置主要是解决如何获得服务交付能力的问题，如何确保服务资源的可用性，如何科学有效地配置资源并使其达到最优。在当前服务链的环境下，诸多随机性因素及不确定性因素并存，例如，用户需求的随机性、服务提供商能力的不确定性导致其服务策略很难最大限度地响应用户需求及提供与之匹配的专业服务。因此，在服务资源配置与优化管理上还有很大的提升空间。

虽然大部分的服务资源配置模型会将用户需求作为关键输入变量，但是它们大都假设其需求是确定性的。另外，已有的资源配置模型几乎都没有考虑服务提供商能力的模糊性，而是假设他们在任何情况下都能"有求必应"。事实上，MRO 服务链是一个以产品主制造商为核心、多合作伙伴参与的服务网络，其服务的提供也是一个多方参与的过程，因此，合作伙伴能力的参差不齐必然会导致服务水平的模糊性。可见，同时量化需求的不确定性及提供商能力的模糊性是实现资源柔性配置的关键。

　　针对这些问题，提出一种基于模糊随机规划和利润共享模式的服务资源配置方案。首先,根据实际的 MRO 服务链运营模式抽象出由 MRO 服务使用者(用户)、服务管理平台（service management platform，SMP）及服务配置系统（service allocation system，SAS）构成的 MRO 服务管理框架；将用户需求建模为一个模糊随机变量以量化服务需求的随机性；另外，将资源配置费用及提供商的费用预算分别建模为模糊随机变量和多选择参数变量，以量化其服务能力的模糊性和不确定性。其次，以 SMP 和 SAS 的期望利润为优化目标，以相应时期、相应 MRO 服务的价格及与其匹配的资源数量作为决策变量建立包含多选择参数的多目标模糊随机规划模型，并在模型中引入利润共享模式。最后，利用 Lagrange 插值多项式法及全局准则法求解模型，得到最优的服务资源配置方案。

　　图 6.22 刻画了模型中考虑的 MRO 服务管理框架，右侧给出了相应层面所用到的建模方法。在用户层面，当其需要对设备进行预防性维护或设备出现随机故障需及时维修时，便产生了 MRO 服务的需求。SMP 是该服务链的核心成员，对来自用户的随机需求进行管理，包括对需求信息的收集和响应，并根据用户的需求为其提供有偿的 MRO 服务。SAS 是该服务链的服务资源保障机构，是 MRO 服务、备件及专家知识的储备库，并对其中的资源进行管理与配置，为 SMP 有偿提供与用户需求匹配的 MRO 服务。

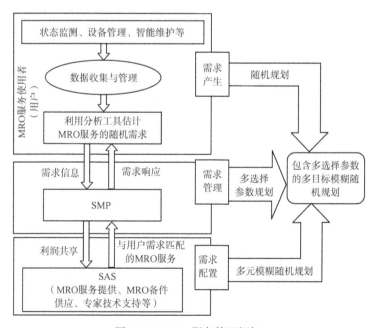

图 6.22　MRO 服务管理框架

可以看出，SMP 在 MRO 服务链中起主导作用，负责收集并管理需求，而 SAS 是 SMP 的服务储备库（包括 MRO 服务提供，服务备件供应，专家技术支持等），用以完成需求的配置。SMP 和 SAS 分工合作、互利共赢。在竞争性市场的环境中，为保证具有稳定的服务配置来响应用户需求，SMP 愿意拿出一定比例的利润与 SAS 共享，以达成双方长期合作共赢。

考虑一个周期（包含多个时期）的 MRO 服务链运作，以 SMP 和 SAS 各自的期望利润作为优化目标，以相应时期、相应 MRO 服务的价格及与其匹配的资源数量作为决策变量，以 SMP 和 SAS 共享利润的标准差及 SMP 的费用预算作为约束条件，建立包含多选择参数的多目标模糊随机规划模型。模型包含表示随机 MRO 服务需求的随机变量、表示 SMP 模糊费用预算的多选择参数变量及表示 SAS 模糊资源配置费用的多元模糊随机变量。通过求解模型，最终得到使双方利润达到最优的资源配置方案，即可使 SMP 和 SAS 达成共赢的服务价格及相应的资源匹配数量。

6.3.4　运行过程智能控制

新一代智能制造系统最本质的特征是其信息系统增加了认知和学习的功能，信息系统不仅具有强大的感知、计算分析与控制能力，更具有如图 6.23 所示的学习提升、产生知识的能力。

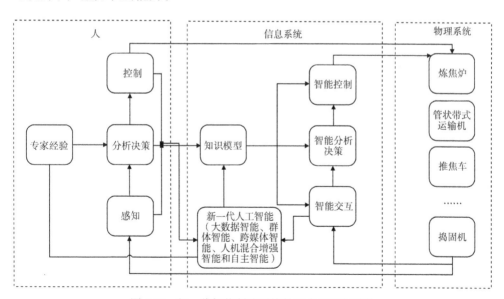

图 6.23　新一代智能制造系统的基本机理与其他

新一代智能制造进一步突出了人的中心地位，是统筹协调人、信息系统、物理系统的综合集成大系统；将使制造业的质量和效率跃升到新的水平，为人民的美好生活奠定更好的物质基础；将使人类从更多体力劳动和大量脑力劳动中解放出来，可以从事更有意义的创造性工作，人类社会开始真正进入智能时代。

新一代智能制造是一个大系统，由智能产品、智能生产和智能服务三大功能系统以及工业智联网和智能制造云两大支撑系统集合而成[8]，以智能服务为核心的产业模式变革是新一代智能制造的主题。在智能时代，市场、销售、供应、运营维护等产品全生命周期服务，均因物联网、大数据、人工智能等新技术而赋予其全新的内容。

在设备的智能运营维护领域，图 6.24 所示的基于数字孪生的运行过程控制可以实现设备运行过程的故障诊断与预测、维护优化调度与决策、大范围维护服务预测与优化配置。

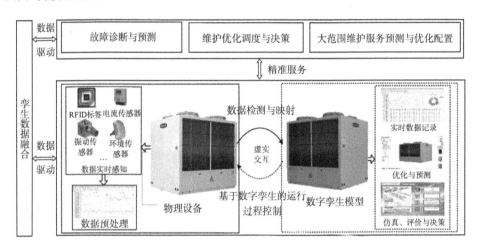

图 6.24　基于数字孪生的智能控制模型

在数据实时感知阶段，各类传感器测量设备的运营状态、运营车间的环境因素，如温度和湿度等已知影响设备功能的因素，以及产品的报废率等设备运营数据；在数据检测与映射阶段，车间数字孪生模型中一个复杂事件处理（complex event processing，CEP）引擎检测到一个复杂模式，该模式表明设备异常行为和退化过程开始，或者生产过程状态的变化预警；CEP 发送一个事件到优化与预测功能，触发在线预测分析或优化分析的服务，该服务使用统计学习、机器学习或深度学习等大数据驱动的人工智能方法来提供设备的 RUL 预测或设备运营状态参数的优化；这个预测事件触发了仿真、评价与决策功能，通过仿真和评价模型进行仿真和评价，决策功能采用人机联合优化决策策略（如领域专家决策、机器自主决策、人机增强混合决策等策略），在线制定并给出设备运营的最佳参数、设备维护的最佳时间、订购相关备件的最佳时间等建议，并制定设备运行控制策略和维护调度策略；在运行过程控制阶段，通过执行器处理关键性能指标的配置和持续监控，完成数据检测（detect）/优化与预测（predict）/仿真、评价与决策（decide）/

执行（act）的流程，实现企业业务性能的持续改善。

6.4　案例验证

6.4.1　基于深度学习的维护服务需求预测模型验证

1. 实验数据集：C-MAPSS 数据集

NASA 涡扇发动机退化问题数据集包含了一个基于模型的仿真程序产生的模拟数据，即由 NASA 开发的 C-MAPSS 数据集，图 6.25 给出了该发动机模型的主要元素。

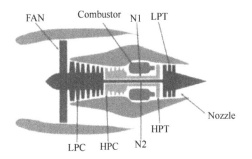

图 6.25　C-MAPSS 工具集中仿真发动机的简化流程

FAN 表示风扇；Combustor 表示燃烧室；N1 表示物理风扇转速；N2 表示物理内核转速；LPT 即 low pressure turbine，低压涡轮；HPT 即 high-pressure turbine，高压涡轮；LPC 即 low-pressure compressor，低压压缩机；HPC 即 high-pressure compressor，高压压缩机；Nozzle 表示喷嘴

C-MAPSS 是一个模拟大型商用涡扇发动机的软件工具，在 MATLAB 和 Simulink 环境中编写，包括许多可编辑的输入参数，允许用户自己选择输入一些关于运营状态、闭环控制器、环境状态等特定参数值。C-MAPSS 模拟 90 000lb[①] 推力的发动机模型，软件工具包括一个能够模拟以下操作的大气模型：①从海平面到海拔 40 000ft[②]；②马赫数从 0 到 0.90；③海平面温度从–60℃到 103℃，还包括一个允许发动机在全方位飞行条件下以很宽推力水平范围运行的动力管理系统。此外，内置的控制系统包括一个风扇速度控制器和一套调节器与限制器。后者包括三个高限位调节器，防止发动机超过其核心转速、发动机压力比和 HPT 出口温度的设计极限，限位调节器防止 HPC 出口静压过低，以及一个用于核心速度的加减速限制器。一个全面的逻辑结构将这些控制系统组件集成在一起，其方式类似于实际

①　1 lb=0.453 592 kg。

②　1 ft=3.048×10^{-1} m。

发动机控制器中使用的方式。此外，风扇转速控制器和四个限位调节器的所有收益都是计划好的，这样控制器和调节器就能在飞行条件和功率水平的所有范围内正常工作，图 6.26 中显示了在仿真中如何组装各种部件。

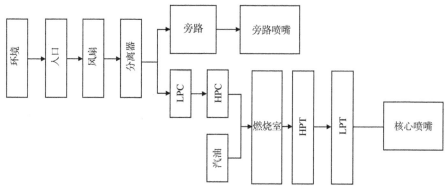

图 6.26　不同部件及其连接

C-MAPSS 有表 6.2 所示的 14 个输入，可以产生表 6.3 所示多个输出数据。输入包括燃料流量和一组 13 个健康参数输入，允许用户模拟发动机的五个旋转部件（FAN、LPC、HPC、HPT 和 LPT）中的任何一个部件的故障和退化的影响。研究中使用模型中 58 个不同输出中的 21 个变量。C-MAPSS 提供了一组图形用户界面简化输入和输出控制，用于各种可能的用途，包括开环分析、控制器设计和模拟发动机及控制系统在各种情况下的响应。

表 6.2　仿真发动机 5 个旋转部件的 C-MAPSS 输入

名称	参数
fuel flow（燃油流量）	Wf
fan efficiency modifier（风扇功率修正器）	fan eff mod
fan flow modifier（风扇流量修正器）	fan flow mod
fan pressure-ratio modifier（风扇压力比修正器）	fan PR mod
LPC efficiency modifier（LPC 功率修正器）	LPC eff mod
LPC flow modifier（LPC 流量修正器）	LPC flow mod
LPC pressure-ratio modifier（LPC 压力比修正器）	LPC PR mod
HPC efficiency modifier（HPC 功率修正器）	HPC_eff_mod
HPC flow modifier（HPC 流量修正器）	HPC_flow_mod
HPC pressure-ratio modifier（HPC 压力比修正器）	HPC PR mod
HPT efficiency modifier（HPT 功率修正器）	HPT eff mod
HPT flow modifier（HPT 流量修正器）	HPT flow mod
LPT efficiency modifier（LPT 功率修正器）	LPT eff mod
LPT flow modifier（LPT 流量修正器）	LPT flow mod

表 6.3　C-MAPSS 输出

参数		描述	单位
21 个可用参数	T2	total temperature at fan inlet（风扇入口总温度）	°R
	T24	total temperature at LPC outlet（LPC 出口总温度）	°R
	T30	total temperature at HPC outlet（HPC 出口总温度）	°R
	T50	total temperature at LPT outlet（LPT 出口总温度）	°R
	P2	pressure at fan inlet（风扇入口压力）	psia
	P15	total pressure in bypass-duct（旁路管道总压）	psia
	P30	total pressure at HPC outlet（HPC 出口总压）	psia
	Nf	physical fan speed（物理风扇转速）	r/min
	Nc	physical core speed（物理内核转速）	r/min
	epr	engine pressure ratio（P50/P2）（发动机压力比）	—
	Ps30	static pressure at HPC outlet（HPC 出口静压）	psia
	phi	ratio of fuel flow to Ps30（到 Ps30 的燃油流量比）	pps/psi
	NRf	corrected fan speed（修正后的风扇转速）	r/min
	NRc	corrected core speed（修正后的内核转速）	r/min
	BPR	bypass Ratio（旁路比）	—
	farB	burner fuel-air ratio（燃烧室燃料空气比）	—
	htBleed	bleed Enthalpy（排放焓）	—
	Nf_dmd	demanded fan speed（要求的风扇转速）	r/min
	PCNfR_dmd	demanded corrected fan speed（要求修正的风扇转速）	r/min
	W31	HPT coolant bleed（HPT 冷却液排放）	lbm/s
	W32	LPT coolant bleed（LPT 冷却液排放）	lbm/s
计算健康指数的参数	T48（EGT）	total temperature at HPT outlet（HPT 出口总压）	°R
	SmFan	fan stall margin（风扇失速裕度）	—
	SmLPC	LPC stall margin（LPC 失速裕度）	—
	SmHPC	HPC stall margin（HPC 失速裕度）	—

注：1°R≈-272.594℃；1 psi=1 lbf/in²=6.894 76×10³ Pa；psia 为 psi 的绝对值；pps 为脉冲数/s；lbm/s 为每秒磅质量

　　C-MAPSS 数据集包含 4 个子数据集，这些子数据集由 21 个传感器获得的多元时间数据组成。每个子数据集包含一个训练集和一个测试集，如表 6.4 所示。

表 6.4　不同运营状态下的训练集和测试集（C-MAPSS 数据集中的故障模式）

数据集	C-MAPSS				PHM　2008
	FD001	FD002	FD003	FD004	
训练用发动机单元	100	260	100	249	218

续表

数据集	C-MAPSS				PHM 2008
	FD001	FD002	FD003	FD004	
测试用发动机单元	100	259	100	248	218
运行状态	1	6	1	6	6
故障状态	1	1	2	2	2
默认训练集	17 731	48 819	21 820	57 522	
测试集	100	259	100	248	

训练数据集包括在不同运营状态（表 6.5 中的 Regime ID）和故障模式下收集的多台航空发动机的运行故障传感器记录。

表 6.5　6 种不同的运营状态

Regime ID	运行参数 1	运行参数 2	运行参数 3
1	0	0	100
2	20	0.25	20
3	20	0.7	0
4	25	0.62	80
5	35	0.84	60
6	42	0.84	40

每个发动机单元都有不同程度的初始磨损和未知的制造变化，但被认为是健康的。随着时间的推移，发动机单元开始退化，直到它们到达系统故障，即最后一个数据条目对应于发动机单元被声明为不健康的时间周期。另外，测试数据集中的传感器记录在系统故障前的某个时间终止，这项任务的目标是估计测试数据集中每个发动机的 RUL。为了验证，还提供了测试发动机单元的实际 RUL 值。对四个子数据集进行了综合评价，C-MAPSS 数据集的去尾信息如表 6.4 所示，四个子数据集分别记为 FD001、FD002、FD003 和 FD004。

训练过程将所有可用发动机测量数据点作为训练样本，每个数据点以其 RUL 标签为目标，采用分段线性退化模型得到每个训练样本的 RUL 标签[45]。测试过程通常使用与每个发动机单元上一个记录周期对应的一个数据点作为测试样本，并提供测试样本的实际 RUL。

C-MAPSS 数据集中多变量时间数据包含来自 21 个传感器的发动机单元测量数据[46]。然而，一些传感器读数在发动机的使用寿命中具有恒定的输出，它们不能为 RUL 估计提供有价值的信息。因此，将 21 个传感器中 14 个测量值作为原始输入特征，其指标为 2，3，4，7，8，9，11，12，13，14，15，17，20 和 21，并且为每个传感器收集到的测量数据规范化是（−1，1）的范围内使用 min-max 归一化法。

2. 算法分析

与常见的回归问题不同，对于 RUL 的预测很难确定输入数据的期望输出值。这是因为在许多工业应用中，如果没有一个精确的基于物理机理的预测模型，就不可能在每个阶段评估系统的精确健康状况和估计系统的 RUL。对于这个流行的数据集，一个分段线性退化模型已经被验证是合适和有效的[45]：一般来说，发动机单元在早期正常工作，之后线性退化。根据文献[45]的研究，假设在初始阶段有一个固定 RUL 标签：R_{early}，作为前期数据点的目标标签。值得注意的是，R_{early} 对数据集的预测有显著影响。

在 RUL 估计等基于多元时间序列问题中，与单一时间步长多变量数据点采样相比，时间序列数据通常可以获得更多的信息，具有较好的预测性能。为充分利用多元时间信息，采用时间窗进行数据准备。设 N_{tw} 表示时间窗大小。在每个时间步长中，将时间窗内所有过去的传感器数据收集起来，形成一个高维特征向量，作为 CNN 网络输入。图 6.27 给出了训练子数据集 FD001 中，在一个时间窗口大小为 30 的时间窗口内，来自与单个发动机相关的 14 个选定传感器的归一化数据样本，数据样本的形状与 CNN 网络的输入大小相对应。

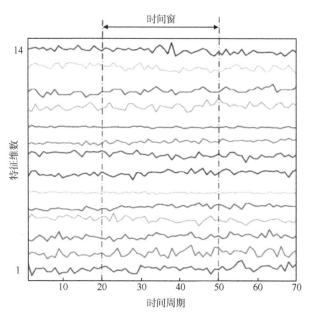

图 6.27　来自 14 个选择特征的训练样本（时间窗为 30）

6.4.2 服务资源配置模型验证

1. 参数设置

维护服务需求预测后，需要进行服务资源的配置。不失一般性地，假设服务管理平台可向用户提供三种不同的 MRO 服务（例如，6.4.1 节中通过基于深度学习的维护服务需求预测模型预测出发动机维护需求，服务管理平台需要为用户提供发动机故障检测服务、故障诊断服务、保养服务、维修服务以及备件需求服务等不同的 MRO 服务），分析六个月的服务链运作，每个月对应于一个时期。

为得到模型的最优解，表 6.6 列出了模型的输入参数。其中 μ_{it} 和 σ_{it} 表示随机资源价格变量 m_{it} 的分布参数，分别表示资源价格的均值和标准差；$\tilde{f}_{it}$ 是一个四维模糊随机变量，$\tilde{f}_{it} = \left(f_{it}^1, f_{it}^2, f_{it}^3, f_{it}^4 \right)$，其中每个分量表示资源配置费用可能的取值；$\alpha_{1t} = 0.2$、$\alpha_{2t} = 0.3$、$\alpha_{3t} = 0.25$ 表示由三种 MRO 服务产生利润的共享比例分别为 0.2、0.3、0.25；a_{it}、b_{it}、$\mu_{r_{it}}$ 和 $\sigma_{r_{it}}$ 为随机变量的分布参数，分别表示用户需求的下限、上限、均值和标准差；RT_M 和 RT_A 分别表示 SMP 和 SAS 的最大风险承受值；L_t 和 B_t 表示约束条件的参数，分别表示 SMP 满足预算约束的概率及预算费用值的集合；N 表示 MRO 服务种类的数目；T 表示运作周期的数目。

表 6.6 模型的输入参数

资源价格的分布参数	$\mu_{it} = 60$ ，$\sigma_{it} = 7$ ，$i = 1,2,3$ ；$t = 1,2,\cdots,6$
资源配置费用	$\tilde{f}_{it} = (10,12,13,15)$ ，$i = 1,2,3$ ；$t = 1,2,\cdots,6$
利润共享比例	$\alpha_{1t} = 0.2$ ，$\alpha_{2t} = 0.3$ ，$\alpha_{3t} = 0.25$ ，$t = 1,2,\cdots,6$
需求的分布参数	$a_{it} = 66$ ，$b_{it} = 80$ ，$\mu_{\eta_t} = 72$ ，$\sigma_{\eta_t} = 4$ ，$t = 1,2,\cdots,6$
SMP 的最大风险承受值	$\mathrm{RT}_M = 5\,000$
SAS 的最大风险承受值	$\mathrm{RT}_A = 1\,000$
SMP 满足预算约束的概率	$L_t = 0.95$
全局准则法参数	$\lambda = 2$
SMP 预算费用值集合	$B_t \in \{80\,000,100\,000\}$ ，$t = 1,2,\cdots,6$
MRO 服务种类的数目	$N = 3$
运作周期的数目	$T = 6$

2. 计算结果及参数的敏感性分析

将输入参数代入模型，得到与原模型等价的多目标非线性混合整数规划模型。

由于转换后的模型是确定性的，可直接用 Lingo 软件求解，得到 $P_M^{\max}$ 和 $P_A^{\max}$ 分别为 520 886 和 843 259，再构造新的目标函数（此时即将多目标模型转换为单目标模型），同样用 Lingo 软件求解，最终得到模型的最优解 G^* 为 0.9943，各决策变量的取值列于表 6.7。其中，d_{it} 表示第 t 个时期第 i 种 MRO 服务的价格，q_{it} 表示第 t 个时期与第 i 种 MRO 服务匹配的资源数量。

表 6.7　决策变量的取值

q_{11}	d_{11}	q_{12}	d_{12}	q_{13}	d_{13}	q_{14}	d_{14}	q_{15}	d_{15}
154	615	108	615	137	615	145	615	149	615
q_{16}	d_{16}	q_{21}	d_{21}	q_{22}	d_{22}	q_{23}	d_{23}	q_{24}	d_{24}
173	615	142	484	208	490	195	571	89	727
q_{25}	d_{25}	q_{26}	d_{26}	q_{31}	d_{31}	q_{32}	d_{32}	q_{33}	d_{33}
113	423	168	466	224	545	190	545	182	545
q_{34}	d_{34}	q_{35}	d_{35}	q_{36}	d_{36}	w_1	w_2	w_3	w_4
177	545	118	545	203	545	1	1	1	1
w_5	w_6								
1	1								

从表 6.7 中也可以看出，MRO 服务的价格及配置数量随着时期和服务种类的不同而变化，从而体现了决策的动态性。这是由于在寻求最优服务策略的过程中，充分考虑并量化了 MRO 服务链中的不确定性（如随机的用户需求、模糊的配置费用等），使模型与实际更相符，因此得到的服务策略更具科学性及合理性。

在上述多目标模糊随机规划模型中，与模糊变量及随机变量有关的参数是 $(f_{it}^1, f_{it}^2, f_{it}^3, f_{it}^4)$、$\mu_{it}$，$\sigma_{it}$，$\mu_{r_{it}}$，$\sigma_{r_{it}}$，$L_t$，为更好地分析这些参数对模型最优解的影响，现进行如下的参数敏感性实验。

（1）令 $(f_{it}^1, f_{it}^2, f_{it}^3, f_{it}^4)$ 取不同值，即改变模糊随机变量 $\tilde{f}_{it}$ 的梯形隶属函数的节点值。

由于 $(f_{it}^1, f_{it}^2, f_{it}^3, f_{it}^4)$ 可以体现 MRO 资源模糊配置成本的大小，为了研究它对 MRO 服务链共赢模型的影响，令四维模糊向量 $(f_{it}^1, f_{it}^2, f_{it}^3, f_{it}^4)$ 取多组不同的值，重新计算 $E(\tilde{f}_{it})$、$P_A^{\max}$ 和相应的模型最优解 G^*，将其结果列于表 6.8，图 6.28 更直观地刻画了 $P_A^{\max}$ 和 G^* 随 $\tilde{f}_{it}$ 的变化趋势。

表 6.8　$\tilde{f}_{it}$、$E(\tilde{f}_{it})$、$P_A^{\max}$ 和 G^* 的值

$\tilde{f}_{it}$	$E(\tilde{f}_{it})$	$P_A^{\max}/\times10^3$	G^*
(3, 4, 6, 7)	10	982.148	0.9936
(4, 6, 7, 9)	13	915.481	0.9938
(5, 6, 7, 10)	14	893.259	0.9940
(6, 7, 8, 11)	16	848.815	0.9943
(6, 7, 9, 12)	17	826.593	0.9944
(7, 8, 10, 13)	19	782.148	0.9947
(8, 9, 11, 12)	20	759.926	0.9949
(8, 10, 11, 13)	21	737.704	0.9950
(9, 11, 12, 14)	23	693.259	0.9953
(10, 11, 13, 14)	24	671.037	0.9955
(11, 12, 14, 15)	26	626.593	0.9958
(11, 13, 14, 16)	27	604.370	0.9959
(12, 14, 15, 17)	29	559.926	0.9962
(13, 14, 16, 17)	30	537.704	0.9964
(14, 15, 17, 18)	32	493.259	0.9967
(14, 16, 17, 19)	33	471.037	0.9968
(15, 16, 18, 19)	34	448.815	0.9970
(16, 17, 19, 20)	36	404.370	0.9973

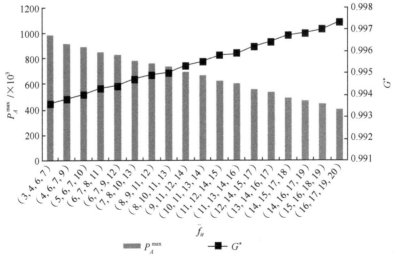

图 6.28　$P_A^{\max}$ 和 G^* 随 $\tilde{f}_{it}$ 取值的变化

从表 6.8 及图 6.28 可以看出，随着 MRO 资源配置成本的增加，SAS 的最大利润

$P_A^{\max}$ 相应减少、模型最优解 G^* 会增加。这表明在现实生活中，如果人员、环境等不确定因素导致 MRO 资源的配置成本增加，则一方面会削减 SAS 的最大利润，另一方面也会阻碍该服务链的两个成员 SMP 和 SAS 达成共赢。为避免这种情况的发生，对于 SAS 而言，可以采取适当的措施稳定资源配置成本，促进双方达成共赢。

（2）令 μ_{it} 和 σ_{it} 取不同值，即改变随机资源价格 m_{it} 的均值和均方差。

μ_{it} 体现了与相应 MRO 服务匹配的随机资源价格的大小，而 σ_{it} 则体现了其价格波动的幅度。为研究它们对 MRO 服务链共赢模型的影响，分别取 μ_{it} 和 σ_{it} 为不同的值，计算相应的 $P_M^{\max}$、$P_A^{\max}$ 和 G^*，结果列于表 6.9 和表 6.10 中，图 6.29 和图 6.30 刻画了其变化趋势。

表 6.9　μ_{it}、$P_M^{\max}$、$P_A^{\max}$ 和 G^* 的值

μ_{it}	$P_M^{\max}/\times 10^3$	$P_A^{\max}/\times 10^3$	G^*
49	378.296	659.926	0.9939
50	520.904	676.593	0.9954
51	344.963	301.845	0.9969
52	328.296	709.926	0.9924
53	311.630	726.593	0.9918
54	520.897	404.198	0.9973
55	278.296	759.926	0.9904
56	261.630	776.593	0.9895
57	244.963	498.451	0.9928
58	228.296	809.926	0.9875
59	211.630	826.593	0.9862
60	520.886	843.259	0.9943
61	178.296	859.926	0.9830
62	161.630	876.593	0.9808
63	144.963	446.121	1.4151
64	128.296	409.925	1.4873

表 6.10　σ_{it}、$P_M^{\max}$、$P_A^{\max}$ 和 G^* 的值

σ_{it}	$P_M^{\max}/\times 10^3$	$P_A^{\max}/\times 10^3$	G^*
1	683.345	967.050	0.9840
2	655.828	944.465	0.9852
3	635.173	929.576	0.9877
4	604.752	909.004	0.9885

σ_{it}	$P_M^{\max} / \times 10^3$	$P_A^{\max} / \times 10^3$	G^*
5	589.369	883.708	0.9929
6	556.060	860.142	0.9940
7	520.886	843.259	0.9943
8	504.745	774.231	0.9954
9	494.863	725.281	0.9971
10	465.219	699.467	0.9986

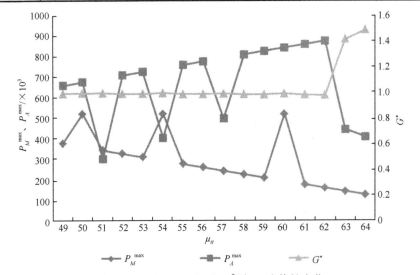

图 6.29　$P_M^{\max}$、$P_A^{\max}$ 和 G^* 随 μ_{it} 取值的变化

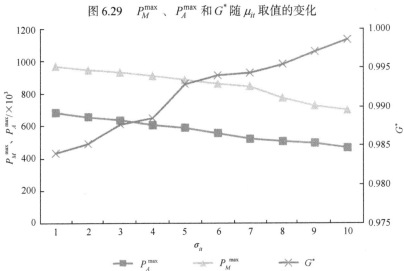

图 6.30　$P_M^{\max}$、$P_A^{\max}$ 和 G^* 随 σ_{it} 取值的变化

由表 6.9 和图 6.29 可以看出，随着 μ_{it} 的增长，$P_M^{\max}$ 总体上呈下降趋势，只是在个别点处出现局部极大值。这种现象可以解释为从总体上看，随机资源价格的增长会降低 SMP 的最大利润，但是对于某些特殊的随机资源定价，如 50、54 和 60 等，也许会因为某些特殊的随机因素（如淡旺季因素、导向因素等）从而利润暴涨。另一方面，随着 μ_{it} 的增长，$P_A^{\max}$ 总体呈上升趋势，类似于 $P_M^{\max}$，它也在某些点处出现局部极小值。当 μ_{it} 的增长超过某个临界值时，$P_A^{\max}$ 也开始下降，表明一定范围内的资源价格增长会使 SAS 的最大利润增加，但是当价格增长超过某个上界时，其利润反而下降。值得一提的是，G^* 在 μ_{it} 增长的初期呈平稳状态，当 μ_{it} 的增长超过某个上界时，G^* 开始猛增，说明一定范围内的资源价格增长不会显著影响 SMP 和 SAS 共赢局面的达成，但当价格增长到一定程度时，必须采取措施加以控制，否则不仅会削减双方利润，还会阻碍它们达成共赢。

由表 6.10 及图 6.30 可以看出，随着 σ_{it} 的增长，$P_M^{\max}$ 和 $P_A^{\max}$ 都呈下降趋势，同时 G^* 上升。这表明随着随机资源价格波动幅度的增加，一方面 SMP 和 SAS 的最大利润会减少，另一方面双方共赢的局面也很难达成。

（3）令 $(\mu_{r_{it}}, \sigma_{r_{it}})$ 取不同值，即改变反映 MRO 服务的随机需求 r_{it} 的参数。

$\mu_{r_{it}}$ 体现了随机需求的大小，而 $\sigma_{r_{it}}$ 则体现了其需求波动的幅度。为研究它们对 MRO 服务链共赢模型的影响，取 $(\mu_{r_{it}}, \sigma_{r_{it}})$ 为多组不同的值，计算相应的 $P_M^{\max}$、$P_A^{\max}$ 和 G^*，结果列于表 6.11，图 6.31 刻画了 $P_M^{\max}$、$P_A^{\max}$ 和 G^* 随 $(\mu_{r_{it}}, \sigma_{r_{it}})$ 取值的变化趋势。

表 6.11　$(\mu_{r_{it}}, \sigma_{r_{it}})$、$P_M^{\max}$、$P_A^{\max}$ 和 G^* 的值

$(\mu_{r_{it}}, \sigma_{r_{it}})$	$P_M^{\max}/\times 10^3$	$P_A^{\max}/\times 10^3$	G^*
(68, 2)	312.997	816.667	0.9895
(69, 2)	133.333	822.222	0.9750
(70, 2)	150.000	827.778	0.9777
(71, 2)	574.647	833.333	0.9939
(72, 2)	655.716	838.889	0.9949
(68, 3)	274.746	816.667	0.9880
(69, 3)	404.797	822.222	0.9918
(70, 3)	613.639	827.778	0.9946
(71, 3)	166.667	833.333	0.9798
(72, 3)	183.333	838.889	0.9815
(68, 4)	116.667	816.667	0.9716

续表

$(\mu_{r_{it}}, \sigma_{r_{it}})$	$P_M^{\max} / \times 10^3$	$P_A^{\max} / \times 10^3$	G^*
(69, 4)	133.333	822.222	0.9746
(70, 4)	316.335	827.778	0.9895
(71, 4)	478.421	833.333	0.9930
(72, 4)	520.886	843.259	0.9943
(68, 5)	116.667	816.667	0.9716
(69, 5)	133.333	180.655	0.9946
(70, 5)	150.000	827.778	0.9777
(71, 5)	331.205	833.333	0.9899
(72, 5)	616.580	838.889	0.9945
(68, 6)	116.667	816.667	0.9716
(69, 6)	133.333	822.222	0.9750
(70, 6)	150.000	827.778	0.9777
(71, 6)	166.667	278.621	0.9933
(72, 6)	518.878	838.889	0.9935

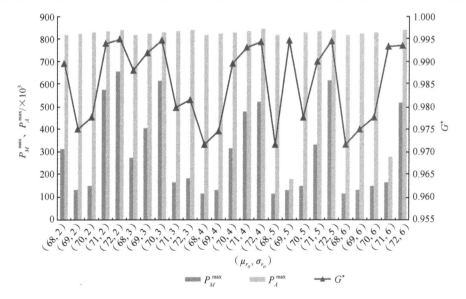

图 6.31　$P_M^{\max}$、$P_A^{\max}$ 和 G^* 随 $(\mu_{r_{it}}, \sigma_{r_{it}})$ 取值的变化

由图 6.31 可以看出，随着 $\mu_{r_{it}}$ 的增大，$P_M^{\max}$ 总体呈上升趋势；当 $\mu_{r_{it}}$ 的值较小

时，随着 $\sigma_{r_{it}}$ 的增大，$P_M^{\max}$ 基本保持稳定，而当 $\mu_{r_{it}}$ 的值较大时，$P_M^{\max}$ 随着 $\sigma_{r_{it}}$ 的增大波动明显。这表明一方面随着用户需求的增加，SMP 的最大利润增加；另一方面，当需求值较小时，其波动的幅度大小对 SMP 的最大利润影响不大，但是当需求值较大时，其波动的幅度大小也会对 SMP 的最大利润产生较大影响。同时也可以看出，$\mu_{r_{it}}$ 和 $\sigma_{r_{it}}$ 的变化对 $P_A^{\max}$ 几乎没有影响，只是在个别点处 $P_A^{\max}$ 突然下降。这说明用户需求及波动幅度的大小不会直接影响 SAS 的最大利润，也不会明显阻碍 SMP 和 SAS 达成共赢。值得一提的是，在（69，5）和（71，6）两点处 $P_A^{\max}$ 都明显下降，而且 G^* 明显上升，从而表明这两种情形不利于双方获得最大利润且有碍其达成共赢。

（4）令 L_t 取不同值，即改变反映 SMP 风险喜好程度的参数。

参数 L_t 可以反映 SMP 的风险喜好程度，其值越小，表明 SMP 的风险喜好程度越大。表 6.12 列出了当 L_t 取不同值时，相应的 $P_M^{\max}$、$P_A^{\max}$ 和 G^* 取值。

表 6.12　L_t、$P_M^{\max}$、$P_A^{\max}$ 和 G^* 的值

L_t	$P_M^{\max} \times 10^3$	$P_A^{\max} \times 10^3$	G^*
0.780	398.873	843.259	0.9998
0.800	405.542	843.259	0.9989
0.840	422.430	843.259	0.9975
0.870	461.455	843.259	0.9968
0.910	488.003	843.259	0.9959
0.940	504.237	843.259	0.9950
0.950	520.886	843.259	0.9943
0.970	534.709	843.259	0.9937
0.980	540.916	843.259	0.9935
0.990	589.477	843.259	0.9926
0.994	628.878	843.259	0.9918
0.998	645.182	843.259	0.9887

由表 6.12 可以看出，随着 L_t 的增大，$P_M^{\max}$ 呈上升趋势，G^* 呈下降趋势，而 $P_A^{\max}$ 保持不变。这表明 SMP 的风险喜好程度越小，即 SMP 越保守时，其获得的最大利润也越大；虽然 SMP 的风险喜好程度不会影响 SAS 的最大利润，但会影响双方共赢局面的形成，SMP 的风险喜好程度越小，越有利于其共赢局面的形成。

6.4.3　数据驱动生产过程参数优化案例

下面以某化工厂生产过程参数优化为例，给出智能工厂中数据驱动的生产过程优化模型和方法。

通过对图 6.32 所示的某化工厂生产工艺的实地调研及相关生产数据展开分析，确定以粗苯生产过程为分析对象，根据粗苯生产工艺流程初步确定影响粗苯产率的关键节点，并对其运营数据展开相关性分析，确定影响粗苯产率的主要影响因素及其控制策略，辅助优化化工厂的生产过程。在智能决策阶段，先采用主成分分析（principal component analysis，PCA）方法，分析影响粗苯产率的关键运营参数，确定影响粗苯产率的主要影响因素；然后采用径向基神经网络（radial basis neural network，RBNN）对粗苯产率及质量分别进行建模，确定主要影响因素与粗苯产率、质量之间的预测模型，通过对该预测模型求解，得到粗苯最优生产控制参数，进而为生产过程的智能优化控制提供策略。

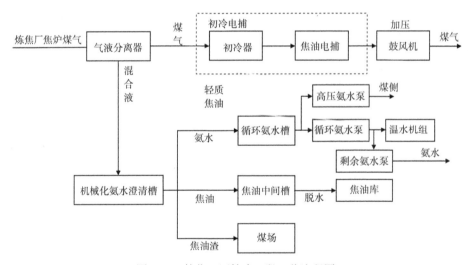

图 6.32　某化工厂鼓冷工段工艺流程图

1. 数据采集与预处理

表 6.13 是从工厂现场采集的 2018 年 6 月各个工段相关生产数据。整理后得到有效数据 744 组，包括鼓冷工段配合煤的各项参数指标和炼焦过程参数指标，以及对应每天的出炉焦炭质量、煤气产率和能耗的各项参数指标。

表 6.13　生产报表名目

工段	报表名目
鼓冷工段	横切管初冷器电捕操作记录日报表
	鼓风机操作日报表
硫铵工段	硫铵现场操作记录表
	硫铵系统中控操作记录日报表
粗苯工段	粗苯洗涤岗位操作记录日报表
	粗苯蒸馏管式炉岗位操作记录日报表

未经处理的现场报表数据可能会存在以下问题：不一致、含噪声、维度高等。引起偏差的因素有多种，如人为错误、数据退化、有意错误等。若所记录的生产数据不能真实反映正常生产状况，则会加大数据分析的难度，这时可通过把握数据趋势和识别异常来发现噪声、离群点以及考察不寻常的值。需要对原始生产数据进行数据预处理，从而改进数据质量，提高数据分析挖掘过程的效率、精度和性能。我们对数据进行了如下处理。

（1）缺失值处理：报表采用人工录入可能产生数据有误风险，造成数据集中一个或多个数据缺失的记录，这时可采取忽略该记录的方法进行处理。

（2）清理异常值：由于生产突发状况或人为因素的影响，所记录的生产数据不能真实反映正常生产状况，需要对这些不一致的数据在分析前进行清理，例如，数据输入的错误可通过与前后生产数据进行对比更正，或直接剔除该条记录。

（3）剔除重复数据：将数据集中特征相同、标签也相同的记录剔除。

由于数据集不同特征的量纲可能不一致，数值间的差别可能很大，不进行处理可能会影响到数据分析的结果，因此，需要对数据按照一定比例进行归一化处理（落在一个特定的区间），便于综合分析。归一化处理的方法主要有以下几种。

（1）min-max 标准化：对原始数据线性变换，使结果值映射到[0, 1]，转换函数为

$$x^* = \frac{x - \min}{\max - \min}$$

其中，max 表示样本数据的最大值；min 表示样本数据的最小值。这种方法对于方差非常小的属性可以增强其稳定性，也能维持稀疏矩阵中列或者行的属性值都为 0 的条目。

（2）Z-score 标准化：给予原始数据的均值和标准差进行数据的标准化，经过处理的数据符合标准正态分布，即均值为 0，标准差为 1。转化函数为

$$x^* = \frac{x - \mu}{\sigma}$$

其中，μ 表示样本数据的均值；σ 表示样本数据的标准差。

图 6.33 给出了经过 min-max 归一化处理后的数据，消除了量纲和数量级的影响。

	V1	V2	V3	V4	V5	V6	V7	V8	V9	V10
1	375	166666666667	052631578947	002424242424	5	75	538461538462	789473684211	025147137507	024038461538
2	375	217948717949	052631578947	001212121212	5	75	538461538462	684210526316	025949705725	024
3	250	153846153846	052631578947	003636363636	4	75	615384615385	526315789474	024612092028	023237179487
4	250	128205128205	052631578947	004848484848	5	75	615384615385	684210526316	026484751204	023237179487
5	375	153846153846	052631578947	003636363636	5	75	684210526316	684210526316	027019796683	024038461538
6	313	153846153846	052631578947	004848484848	5	81	615384615385	736842105263	028089887640	024038461538
7	313	589743589744	052631578947	003636363636	5	81	615384615385	631578947368	027267319422	024038461538
8	313	474358974369	052631578947	001212121212	5	75	615384615385	631578947368	027019796683	024038461538
9	313	461538461538	052631578947	001212121212	4	81	538461538462	578947368421	027822364901	022438897436
10	250	675487179487	052631578947	002424242424	5	81	538461538462	736842105263	029159978598	023237179487
11	313	525641025641	014354066986	001212121217	4	75	615384615385	578947368421	026752273943	024038461538
12	313	538461538446	052631578947	001212121212	5	81	615384615385	526315789474	022204387373	024038461538
13	313	564102564103	052631578947	006060606061	5	94	538461538462	631578947368	023274478331	024038461538
14	313	294871794872	052631578947	002424242424	5	81	538461538462	684210526316	021669341894	024018461538
15	500	410256410256	052631578947	001212121212	5	88	692307692308	631578947368	022471910112	024038461538
16	438	282051282051	052631578947	001212121212	5	88	615384615385	631578947368	022471910112	024038461538
17	438	230769230769	052631578947	001212121212	5	88	615384615385	736842105263	023006955591	024038461538
18	438	333333333333	052631578947	001212121212	5	88	615384615385	578947368421	021936864633	024038461538
19	500	163846153846	052631578947	002424242424	6	94	615384615385	526315789474	021669341894	024038461538
20	625	269230769231	052631578947	002424242424	6	94	615384615385	631578947368	025949705725	023237179487
21	563	423076923077	052631578947	001212121212	6	88	615384615385	578947368421	024879614767	024839743590

图 6.33　标准化后数据集示意图

2. RBNN 建模

从优化操作和控制的角度分析，实现粗苯回收产率控制及过程优化的前提是获取粗苯产率反馈信息。而粗苯回收工艺的复杂性和产率的滞后性，为实现产品直接产率的闭环控制增加了难度，根本无法及时指导操作人员调整，更无法实现粗苯产率的优化控制，利用某种技术手段对产品质量进行估计对于过程监控及优化操作具有重要意义。

产率估计本质上是一个建模问题，即通过构造某种数学模型，描述可测量的关键操作变量、被控变量和扰动变量与产品产率之间的函数关系，以过程操作数据为基础，获得产品产率的估计值。在粗苯回收过程中，粗苯的复杂性质以及粗苯工段工艺的本质非线性使得上述关系呈现出较强的非线性，根据建模方法的不同，实现粗苯产率估计存在着两种解决途径。

（1）建立严格机理模型，通过过程物料平衡计算。该种方法从工艺机理出发，在合理简化假设的基础上综合考虑了过程多方面对产品产率的影响，产率估计具有较高的精度。但是由于模型过于庞大，计算复杂度过高，且缺乏先验的工艺机理分析，会出现比较大的偏差，机理模型在产率估计方面受到限制。

（2）建立产品产率的统计模型，根据已有的过程操作数据和对应的产品质量数据对该模型进行辨识。这种方法相对简单，且易于现场实施，尤其以 BP 网络为代表的神经网络技术出现以来，其较强的非线性处理能力和自学习功能为产品估计提供了新的有力工具。

RBNN 可对输入空间进行自然划分，可以使输入向量扩展到高维的隐藏单元空间，从而使局部极小点大大减少。如果 RBNN 中心选择得当，隐藏层只需要很少的神经元就可以得到很好的逼近效果，且学习速度快，还有逼近全局最优的特点。与传统的机理建模方法相比，用 RBNN 建立非线性系统模型不仅极为简便，而且具有更高的精度和自使用能力。

RBNN 是一种前馈神经网络，一般分为三层结构，如图 6.34 所示。

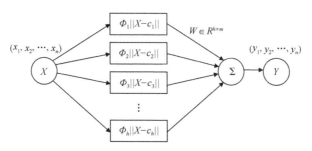

图 6.34　RBNN 模型示意图

RBNN 函数模型：$y = \sum_{i=1}^{h} w_i \cdot \exp\left(-\frac{1}{2\sigma_i^2}(\| x - c_i \|^2)\right)$，$i = 1,2,\cdots,h$。其中，$h$ 表示隐含层节点的个数；c_i 表示隐含层第 i 个节点的中心向量；σ_i 表示对应第 i 个中心向量的形状参数；w_i 表示隐含层第 i 个节点到输出层的权值。

具体到粗苯产率估计的问题，对控制变量经主成分分析后，将原始数据集中 28 个控制变量整合成 7 个主成分。采用 RBNN 模型建立粗苯产率神经网络模型。输入变量 7 个，输出变量为粗苯产率。用 RBNN 学习过程得到的参数建立粗苯产率预测模型。

粗苯产率预测模型：$y_{\mathrm{qual}}\left(z_1, z_2, z_3, z_4, z_5, z_6, z_7\right) = \sum_{i=1}^{10} W_{1i} \cdot G_{1i}(Z)$。

通过已训练的粗苯产率模型分别对实际粗苯产率进行仿真实验，得到图 6.35 的结果。

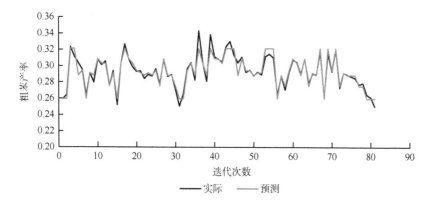

图 6.35　粗苯产率实际–预测对比图（正确率 98.7%）

通过已训练的粗苯质量模型分别对实际粗苯质量进行仿真实验，可得粗苯回收质量预测模型。

粗苯质量预测模型：$y_{\text{quan}}(z_1, z_2, z_3, z_4, z_5, z_6, z_7) = \sum_{i=1}^{10} W_{1i} \cdot G_{1i}(Z)$。

通过已训练的粗苯质量模型对实际粗苯质量进行仿真实验，得到图 6.36 的结果。

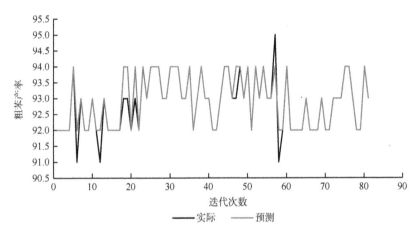

图 6.36　粗苯质量实际–预测对比图（准确率 99.99%）

图 6.36 和相对误差数据表明，通过建立 RBNN 的粗苯质量模型，粗苯质量模型的预测精度明显提高，为实现粗苯回收优化控制提供有力的支持。

参 考 文 献

[1] Smart Manufacturing Leadership Coalition. Implementing 21st century smart manufacturing. Workshop Summary Report，2011.

[2] 李杰. 工业大数据：工业4.0时代的工业转型与价值创造. 邱伯华译. 北京：机械工业出版社，2015.

[3] 温景容，武穆清，宿景芳. 信息物理融合系统. 自动化学报，2012，38（4）：507-517.

[4] 黎作鹏，张天驰，张菁. 信息物理融合系统（CPS）研究综述. 计算机科学，2011，38（9）：25-31.

[5] 何明，梁文辉，陈希亮，等. CPS系统体系结构顶层设计研究. 计算机科学，2013，40（11）：18-22.

[6] 丁超，杨立君，吴蒙. IoT/CPS的安全体系结构及关键技术. 中兴通讯技术，2011，17（1）：11-16.

[7] Lee J, Bagheri B, Kao H A. A cyber-physical systems architecture for Industry 4.0-based manufacturing systems. Manufacturing Letters，2015，（3）：18-23.

[8] 周济，李培根，周艳红，等. 走向新一代智能制造. Engineering，2018，4（1）：11-20.

[9] 段丹峰. 中国制造如何熬过2015？全面深化改革才是突破口. https://finance.huanqiu.com/

article/9CaKrnJI3BL[2015-02-22].

[10] Vandermerwe S，Rada J. Servitization of business：adding value by adding services. European Management Journal，1988，6（4）：314-324.

[11] Goedkoop M，van Halen C，te Riele H，et al. Product service systems, ecological and economic basics. 1999.

[12] 郭重庆. "互联网+"：破坏性创新，是一场产业、经济与社会的变革. 智能制造协同创新与发展论坛，2015.

[13] 杨善林. 面向工业互联网的智能制造. 中国信息化，2019，（8）：7-9.

[14] 李伯虎. 智慧云制造是实施《中国制造2025》一种制造模式和手段. 中国电子报，2015-05-29（2）.

[15] Scheel H V. Recommendations for implementing the strategic initiative GERMAN INDUSTRIE 4.0. Final Report of the Industrie 4.0 Working Group，2013.

[16] Zhang W Y，Zhang S Y，Chen Y G，et al. Combining social network and collaborative filtering for personalised manufacturing service recommendation. International Journal of Production Research，2013，51（22）：6702-6719.

[17] Kulvatunyou B，Lvezic N，Lee Y. On enhancing communication of the manufacturing service capability information using reference ontology. International Journal of Computer Integrated Manufacturing，2014，27（12）：1105-1135.

[18] 马军，罗国富，耿军晓，等. 基于信息熵的制造服务单元建模与定量评估方法研究. 中国机械工程，2014，25（14）：1916-1921.

[19] 田景红，张卫，王正肖，等. 基于元胞自动机的制造服务系统自组织过程. 计算机集成制造系统，2013，19（5）：1155-1163.

[20] 张卫，潘晓弘，刘志，等. 基于云模型蚁群优化的制造服务调度策略. 计算机集成制造系统，2012，18（1）：201-207.

[21] 李伯虎，张霖，任磊，等. 云制造典型特征、关键技术与应用. 计算机集成制造系统，2012，18（7）：1345-1356.

[22] 郑小强，刘敏，孔繁荣，等. 基于云遗传算法的MRO服务调度. 计算机集成制造系统，2013，19（9）：2348-2354.

[23] 胡安瑞，张霖，陶飞，等. 基于知识的云制造资源服务管理. 同济大学学报（自然科学版），2012，40（7）：1093-1101.

[24] 刘明宇，芮明杰，姚凯. 生产性服务价值链嵌入与制造业升级的协同演进关系研究. 中国工业经济，2010（8）：66-75.

[25] 孙林岩，李刚，江志斌，等. 21世纪的先进制造模式——服务型制造. 中国机械工程，2007，18（19）：2307-2312.

[26] 王柏谊，杨帆. "互联网+"背景下企业供应链模式创新研究. 社会科学战线，2016，（3）：257-260.

[27] Li X，Ding Q，Sun J Q. Remaining useful life estimation in prognostics using deep convolution

neural networks. Reliability Engineering and System Safety, 2018, 172: 1-11.

[28] Szegedy C, Liu W, Jia Y Q, et al. Going deeper with convolutions. IEEE Conference on Computer Vision and Pattern Recognition (CVPR), 2015.

[29] Ren W Q, Liu S, Zhang H, et al. Single image dehazing via multi-scale convolutional neural networks. European conference on computer vision. Cham: Springer International Publishing, 2016: 154-169.

[30] Wang W B. A stochastic model for joint spare parts inventory and planned maintenance optimisation. European Journal of Operational Research, 2012, 216: 127-139.

[31] Horenbeek A V, Bure J, Cattrysse D, et al. Joint maintenance and inventory optimization systems: a review. Int. J. Production Economics, 2013, 143: 499-508.

[32] Olde K M, Teunter R H, Veldman J. Joint condition-based maintenance and inventory optimization for systems with multiple components. European Journal of Operational Research, 2017, 257: 209-222.

[33] Wang H Z. A survey of maintenance policies of deteriorating systems. European Journal of Operational Research, 2002, 139: 469-489.

[34] Wu S, Zuo M. Linear and nonlinear preventive maintenance models. IEEE Transactions on Reiability, 2010, 59: 242-249.

[35] Basten R, van Houtum G. System-oriented inventory models for spare parts. Surveys in Operations Research and Management Science, 2014, 19 (1): 34-55.

[36] van Houtum G, Kranenburg B. Spare parts inventory control under system availability constraints. International Series in Operations Research and Management Science, 2015, 227.

[37] Okumoto K, Elsayed E. An optimal group replacement policy. Naval Research Logistics Quarterly, 1983, 30: 667-674.

[38] Gertsbakh I B. Optimal group preventive maintenance of a system with observable state parameter. Advances in Applied Probability, 1984, 16: 923-925.

[39] Ritchken P, Wilson J G. Group maintenance polices. Management Science, 1990, 36: 632-639.

[40] Keizer M C A O, Teunter R H, Veldman J. Clustering condition-based maintenance for systems with redundancy and economic dependencies. European Journal of Operational Research, 2016, 251 (2): 531-540.

[41] Wang W B. A stochastic model for joint spare parts inventory and planned maintenance optimisation. European Journal of Operational Research, 2012, 216: 127-139.

[42] van Horenbeek A, Pintelon L. A joint predictive maintenance and inventory policy//Tse P W, Mathew J, Wong K, et al. Engineering Asset Management-Systems, Professional Practices and Certification. Cham: Springer, 2015: 387-399.

[43] Keizer M C A O, Teunter R H, Veldman J. Joint condition-based maintenance and inventory optimization for systems with multiple components. European Journal of Operational Research, 2017, 257: 209-222.

[44] Wang H Z. A survey of maintenance policies of deteriorating systems. European Journal of Operational Research，2002，139：469-489.

[45] Ramasso E . Investigating computational geometry for failure prognostics. International Journal of Prognostics and Health Management，2014，5（1）：1-18.

[46] Saxena A，Goebel K，Simon D，et al. Damage propagation modeling for aircraft engine run-to-failure simulation. 2008 International Conference on Prognostics and Health Management，2008.

第7章　高端装备制造智能工厂运营优化验证

7.1　航空发动机智能制造案例背景

高端装备是一类技术含量高、资金投入大、用户定制的产品或系统，主要包括航空装备、航天装备、海工装备、高速列车、汽车、半导体生产线等。其发展水平是衡量一个国家的科技实力和综合实力的重要指标之一，在整个制造业所占比重越来越大。高端装备以用户需求为导向，从原材料的采购开始，经过原材料加工和部件的生产，由主制造企业总装，将最终的产品交给用户，具有多学科、跨组织、跨领域的"轴辐式"供应链制造特点。

以通用飞机为主的航空装备制造是高端装备制造业的典型代表，而航空发动机作为飞机的"心脏"，涉及加工、制造、材料等多个学科领域，由多个企业参与，其制造过程复杂、精度要求高，具有严苛的技术要求。图 7.1 示意了一个典型的涡轮风扇发动机的结构，由压气机、燃烧室、涡轮和尾喷管等组成，其中前三项称为"核心机"[1]。

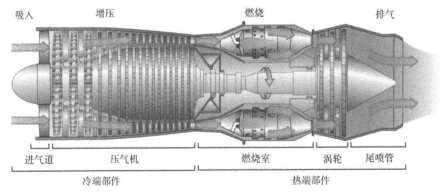

吸入　　增压　　　　　　　　燃烧　　　　　　　排气

进气道　　压气机　　　　　燃烧室　　涡轮　　尾喷管

冷端部件　　　　　　　　　　热端部件

图 7.1　涡轮发动机的结构示意图

随着工业互联网技术的发展，航空发动机协同化设计和制造过程通过云平台实现发动机零部件供应企业、发动机装配企业等的数据和知识共享、信息交互。航空发动机的主制造企业在云平台上发布发动机零部件的生产需求，相关的零部件供应企业通过云平台获取生产需求，根据当前的库存信息，进行合理的生产。若某零部件的库存降低，生产需求大，企业就投入生产；若某零部件的库存量大，生产需求低，则缩减生产。发动机的装配厂在航空发动机云平台可以实时获取相应的零部件生产信息，并与零部件供应商进行及时的沟通。通过物流服务实现零部件的异地智能集中，满足发动机的制造和装配需求，降低发动机装配厂的生产成本，提高生产装配效率，其发动机的制造协同过程如图 7.2 所示。例如，在生产项目中，将航空发动机的压气机、燃烧室和附件传动轴承等外包给具有更加专业技术的企业进行生产，最终在发动机装配厂实现整个发动机的装配。如图 7.2 中所示，生产厂 1、生产厂 2、生产厂 3 可以分别为高压压气机供应厂、燃烧室供应厂、附件传动轴承供应厂。

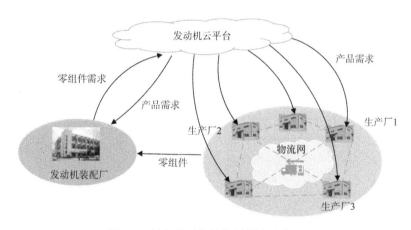

图 7.2　航空发动机的协同制造示意图

从装配流程的角度看，航空发动机的一个典型装配流程是"两装两试"，依次进行部件装配、一次总装、工厂试车、总装分解、清洗检查零件、二次总装物流配送、二次部装、二次总装以及检验试车，如图 7.3 所示。如果"两装两试"后的试车结果是合格的则完成发动机装配，否则对有问题的部分需要分解重装直至试车结果合格。

从工艺的角度看，部件装配主要包括：前段组件装配、滑油箱装配、附件传动装配、压气机匣装配、燃气发生器装配、输出轴装配、燃烧室装配、承力机匣装配和动力涡轮装配等。总装装配的最新技术是采用"脉动式装配线"，以固定的装配节拍划分工艺站位，脉动式生产大大提高了生产速率。总装线的工艺站位主要包括：假装配和分解站位、冷端装配站位、热端装配站位、附件传动及输出轴装配站位、外部管路及附件装配站位、智能检测站位、整机检验站位和总装分解站位。

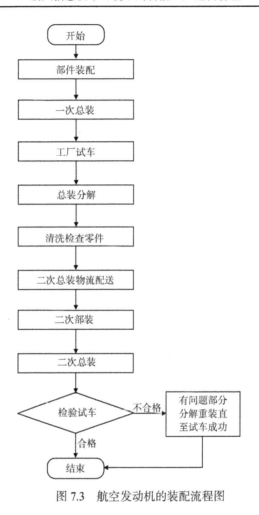

图 7.3　航空发动机的装配流程图

7.2　面向航空发动机制造的智能工厂运营优化综合案例

7.2.1　智能工厂体系概述

　　民用航空装备产业具有产业链长、辐射面宽、连带效应强、全球化程度高等特点，是未来中国经济发展的战略产业和实现新经济增长的支柱产业之一，属于典型的高端装备制造业。为此，本书以构建一个民用航空发动机制造模型企业案例作为背景，来展示本书前面所介绍面向高端装备制造智能工厂运营优化方法的技术应用。根据 7.1 节的航空发动机制造工艺分析，模型企业的组成见图 7.4。

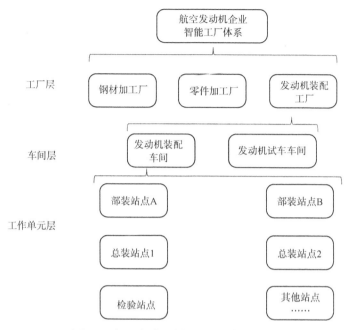

图 7.4　航空发动机制造企业的智能工厂体系

其中，工厂层聚焦于发动机产品整机制造的分解，包含核心企业中的发动机装配工厂、协同制造企业中的发动机零件加工厂以及原材料供应企业中的钢材加工厂。车间层聚焦于发动机装配流程的管理，包含发动机装配车间以及试车车间。工作单元层聚焦于发动机部件装配操作的模拟，分为部装站点与总装站点。这些层次基本覆盖了典型智能工厂的运行优化所涉及的层级。

7.2.2　多层次制造单元运营优化需求定义

民用航空发动机产品的典型特征是加工周期长、订购数量少而零部件种类多。根据其生产特点，结合本书所提出的模型企业组成，所展示的优化案例设计见图 7.5。案例结合多型号民用航空发动机产品的制造流程以及上述面向航空发动机制造的智能工厂体系，完成智能工厂运营管理优化的应用研究。

针对工厂、车间、装配单元这个多层级的智能制造单元对象，结合面向航空发动机制造的智能工厂建模与仿真方法对多粒度、多类型的制造任务运营主体进行建模，实现多类型制造信息优化的集成和交互。

在工厂层面，发动机装配厂根据不同型号的发动机订单以及产品的装配工艺向零件供应商提出相应的零件需求；零件供应厂接收零件加工的任务后，基于面向航空发动机制造过程的知识发现和知识管理方法对不同型号的零件加工工艺进

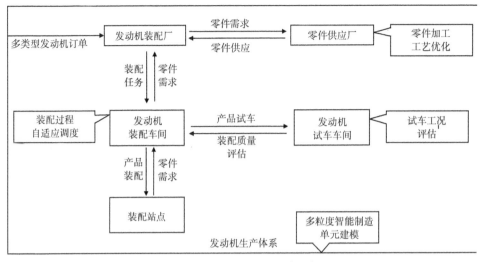

图 7.5　优化案例设计方案

行优化以满足定制需求。

　　在车间层面，针对发动机装配车间，其接收企业发布的产品装配任务，结合面向航空发动机制造的智能工厂适应性调度方法制定装配过程的长期或短期调度计划，据此提出相应的零件需求，同时根据调度方案将经过初步装配的发动机产品运送至试车车间；试车车间根据装配流程中包含的试车任务，结合面向航空发动机制造的设备试车运行管理方法对发动机试运行工况进行评估，向装配车间反馈装配质量评估结果。

　　在装配车间的工作单元层面，部装站点与总装站点接收部件装配任务，结合离散事件仿真方法模拟装配过程以及状态扰动的发生。

7.2.3　航空发动机装配工厂布局

　　车间优化调度是智能工厂运行优化的一个核心，因此，基于装配车间的装配过程调度是本案例的一个重点。航空发动机总装是指由各个主单元安装组成的主机和剩余外部结构，如附件、组件、安装系统等零件按照一定工艺安装的过程。分为一次装配（初装）、二次装配（检装）和研制过程的多次装配。对于装配线的形式设计，为提高发动机的生产速率，本案例采用"脉动式装配线"取代传统的"固定装配线"，即以固定的装配节拍划分工艺站位，脉动式生产；对于装配车间的布局，为了减少物流时间，一般推荐采用直线形或者"U"形布局。

　　图 7.6 展示了典型航空发动机的装配车间布局。发动机总装的脉动装配线按照工艺划分可以分为 2 个预装配站位、4 个总装配站位（冷端装配站位、热

端装配站位、附件传动及输出轴装配站位、外部管路及附件装配站位)、2 个检测站位(智能检测站位、整机检验站位)、1 个整机分解站位、1 个收料区、1 个 AGV 停车区。典型工艺过程为：部装→初装→试车→拆解→故检→二次装配→二次试车→交付。

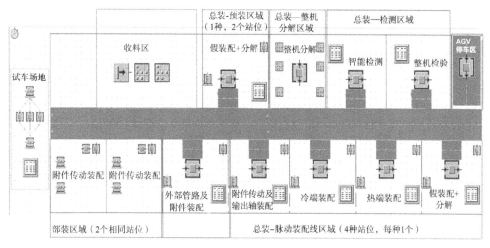

图 7.6　典型航空发动机总装装配车间布局图

试车车间位于装配车间外的特定地点，通过试验对发动机的性能进行测试，以判断发动机的装配是否合格。图 7.6 中的"试车场地"是表示试车车间的一个逻辑工位，并不代表实际布局关系。

7.2.4　智能工厂运营优化综合展示

结合上述智能工厂运营优化验证模型内容，设计如下面向民用航空发动机制造的智能工厂运营优化综合展示系统，分为案例背景介绍、综合案例展示、单元案例展示，其中，单元案例包含对智能工厂建模、制造知识管理、适应性调度和设备智能运维四部分内容的展示，具体如图 7.7 所示。

背景介绍部分：对案例中涉及的高端装备产品类型、制造工艺进行了简单描述，并展示了用于航空发动机制造的智能工厂体系架构中各类典型制造单元的主要制造任务和优化目标。

综合案例部分：展示了智能工厂运营优化展示系统的实现架构、展示流程与内容。展示流程将以多类型典型航空发动机的混合制造过程为主线，主要包含产品订单选择、制造任务分解、零件加工知识检索、产品装配任务分解与调度、装配进度统计、产品试车故障预测、制造进度统计等，详细展示内容如图 7.8 所示。

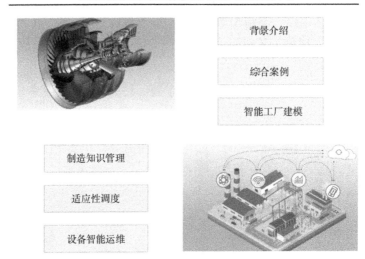

图 7.7　综合展示系统导航界面

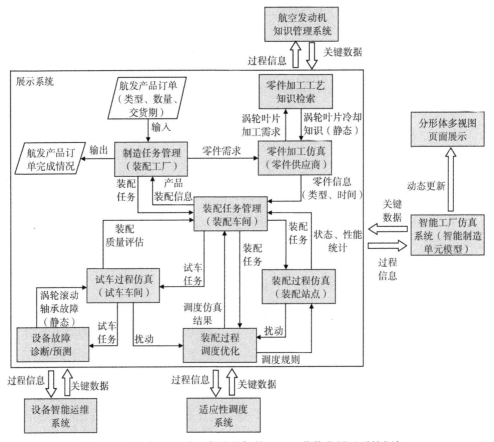

图 7.8　面向航空发动机制造的智能工厂运营优化展示系统框架

单元案例部分：在面向航空发动机制造的智能工厂中，考虑在不同粒度制造单元的运营优化背景下，分别运用智能工厂建模、制造知识管理、适应性调度、设备智能维护等方法解决所提出的智能制造需求，并构建原型系统验证各项理论的有效性，各单元验证系统在 7.3 节中分别详述。此外，按照综合案例的展示流程将各原型系统进行有机组织，基于智能分形工厂模型提供对多粒度关键制造单元的建模（装配工厂、零件供应商、装配车间、试车车间等）、基于适应性调度模型提供发动机产品装配过程优化、基于制造知识管理系统提供涡轮叶片零件冷却加工工艺检索、基于设备智能维护系统提供航空发动机产品试车过程中的故障预测。

7.3　面向航空发动机制造的智能工厂运营优化验证系统

本节以面向航空发动机制造的智能工厂为对象，考虑在互联网与大数据环境下高端产品制造运营模式的转变，在实践层面展开综合性的应用研究。因此，以面向航空发动机制造的智能工厂体系、多层次智能制造单元的优化需求为应用背景，分别结合智能工厂建模、制造知识管理、适应性调度以及设备智能运维理论（本书第 3、4、5、6 章内容）构建相应的单元级运营优化原型系统并验证理论模型或方法的有效性。再结合面向航空发动机制造的综合应用案例实现多类型优化过程的有机融合，综合验证本书研究提出的高端装备制造智能工厂运营优化方法的实用性。

7.3.1　智能工厂多尺度、多视图描述模型的有效性验证

（1）验证目标。结合上述民用航空发动机制造案例，构建面向航空发动机制造的智能分形工厂体系，以展示本书第 3 章所提理论与方法的实际应用。智能分形工厂体系以多粒度智能制造单元模型为核心，通过结合 CPS 特性智能分形体多视图模型对不同尺度制造单元建模的有效性分析，以及基于服务的多粒度智能分形体协作方法对跨域跨组织生产优化过程协同建模的有效性分析，来说明相关理论和方法能够为智能工厂中不同类型的运营优化所需信息集成提供模型支持。

（2）验证内容。依照验证目标，设计并构建由离散事件仿真、多智能体仿真、信息展示组成的智能分形工厂验证系统，如图 7.9 所示。离散事件仿真单元基于 Plant Simulation 软件对航空发动机装配过程中关键物理事件进行模拟，并产生相关数据。多智能体仿真单元参考智能分形体的多视图模型定义，对 7.2.1 节中定义的智能工厂中多层次制造单元所包含的关键信息进行集成、处理与优化。信息展

示单元的核心是描述智能制造单元的一组要素视图展示页面，其中包含对多类型信息要素静态属性的介绍，以及体现由智能制造单元之间任务协作驱使的要素信息动态变化。此外信息展示单元还包含负责仿真系统与信息展示页面间数据交互的 Web 应用。

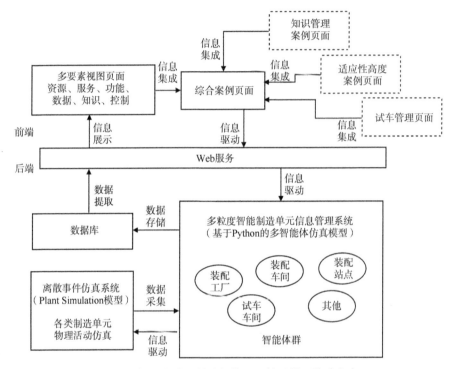

图 7.9　航空发动机制造智能工厂体系模型构建方案

验证系统构建过程分为以下步骤。

首先，根据案例提供的不同粒度、不同类型制造资源信息，进行制造资源抽象和封装；收集原型系统中定义的航空发动机产品订单、发动机原材料等相关信息。

其次，用上述制造资源实例化智能分形体的多视图模型，借助要素视图中的信息管理对象对智能工厂体系各层级的资源、数据、服务等信息的优化进行集成。

再次，结合基于 Python 的多智能体系统开发框架，将上述多粒度智能分形体的概念模型实现为可运行、可交互的智能制造单元，验证基于制造服务协同来实现面向航空发动机制造的智能工厂中多层次优化任务的协作方法。

最后，构建 Web 应用，设计不同类型视图展示页面的框架，静态信息展示智能工厂的基本运营环境，动态信息展示各类信息要素的运营优化过程。

（3）展示内容。资源视图页面描述特定智能制造单元所含制造资源实例。装配车间的资源列表中包含各类装配站点、物流小车、零配件、装配调度模块，以及与车间存在服务相互调用关系的试车车间。资源属性对静态的资源定位信息、制造功能以及动态的资源状态、性能更新情况进行描述，如图 7.10 所示。

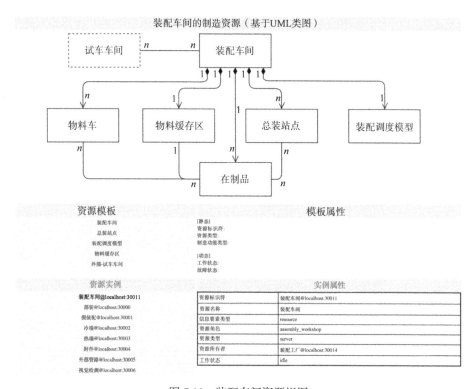

图 7.10　装配车间资源视图

　　功能视图页面描述特定智能制造单元所具有的制造功能实例。装配车间具有的制造功能包含发动机产品的装配、部装或总装中的各项独立装配操作过程。制造功能的属性包含在制造工艺语义中定义的功能类型、功能执行过程涉及的输入与输出数据项以及执行该制造功能的制造资源实例信息等，如图 7.11 所示。

　　服务视图页面描述特定智能制造单元实例所提供的制造服务实例。装配车间主要提供产品的部装以及总装过程服务，还可以只提供装配过程调度优化类型的信息服务。服务属性包含制造服务请求与响应属性以及制造服务信息的实时更新情况，如图 7.12 所示。

　　数据视图页面描述特定智能制造单元实例所处理的制造数据实例。装配车间中的产品装配服务数据、装配站点资源状态数据以及各类装配过程数据都是支持制造过程智能化执行的基础。数据属性包含数据的要素类型、存储类型以及数据内容等，如图 7.13 所示。

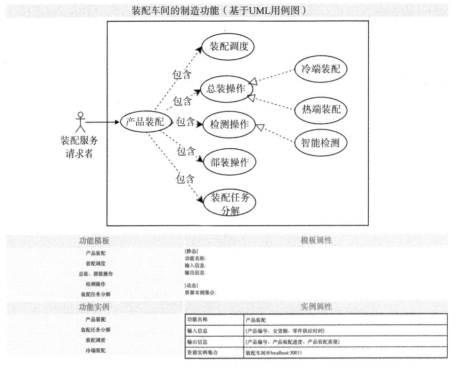

装配车间的制造功能（基于UML用例图）

功能模板	模板属性
产品装配	[静态]
装配调度	功能名称:
总装、部装操作	输入信息:
检测操作	输出信息:
装配任务分解	[动态]
	资源实例集合:

功能实例	实例属性

产品装配	功能名称	产品装配
装配任务分解	输入信息	[产品编号、交货期、零件供应时间]
装配调度	输出信息	[产品编号、产品装配进度、产品装配质量]
冷端装配	资源实例集合	装配车间@localhost:30011

图 7.11　装配车间功能视图

装配车间的制造服务（基于UML类图）

装配车间
+ 产品总装服务()
+ 部件装配服务()

服务模板	模板属性
产品总装服务	[静态]
部件装配服务	服务请求者:
	服务需求:
	服务约束:
	[动态]
	服务响应状态:
	服务进度:

服务实例	实例属性

product_assembly of C11	服务名称	product_assembly of C11
product_assembly of C12	信息要素类型	service
product_assembly of C13	关联功能	product_assembly
product_assembly of B24	服务请求者	装配工厂@localhost:30014
product_assembly of B25	服务执行者	装配车间@localhost:30011
product_assembly of B26	服务状态	finished
product_assembly of A11	产品编号	C11
product_assembly of A12	物料供应时间(天)	0
product_assembly of A13	预计交货时间(天)	140
product_assembly of B37	实际交货时间(天)	
product_assembly of B38		

图 7.12　装配车间服务视图

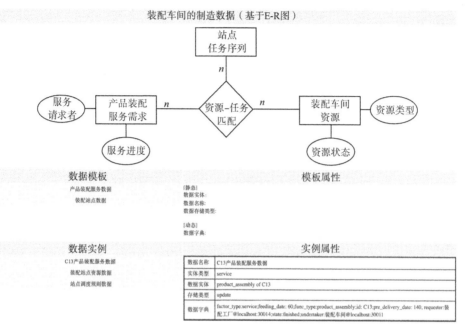

图 7.13　装配车间数据视图

　　知识视图页面描述特定智能制造单元实例所掌握的制造知识实例。装配车间涉及的信息优化过程包含装配任务生成、自适应的装配调度，但后者由调度优化服务器负责运行。因此，制造单元内部可只封装制造工艺相关的机理知识或经验，以辅助制造任务的高效完成。制造知识的属性包含知识表示模型类型、知识参数以及应用过程中的效用评价等，如图 7.14 所示。

　　控制视图页面描述特定智能制造单元实例所运行的制造过程控制实例。装配车间需要实现数据驱动的多类型制造任务运行调控，如装配任务分解、装配过程调度、装配操作执行以及装配信息更新等。过程控制的属性包含关联服务、关联功能、关联资源、任务状态、触发信息以及任务执行时产生的信息输出，如图 7.15所示。

7.3.2　航空发动机制造过程知识发现与推理验证

　　（1）验证目标。以零部件加工工艺领域的知识发现为例，验证本书第 4 章所述知识管理方法在整个航空发动机制造体系中的应用。由于航空发动机制造过程涉及知识管理环节众多，本节所叙述的验证案例只是一个局部场景展示。

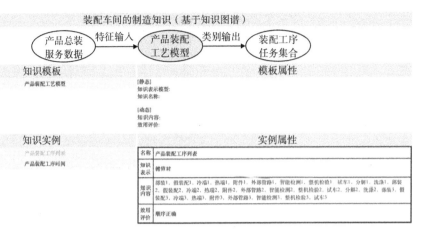

图 7.14　装配车间知识视图

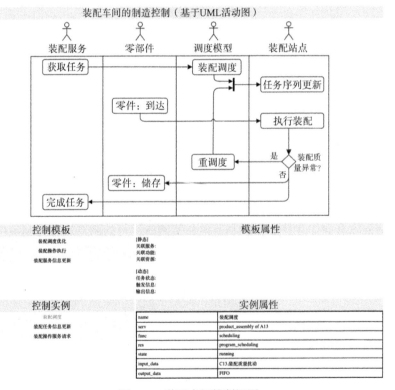

图 7.15　装配车间控制视图

（2）验证内容。知识服务是以知识的搜寻、组织、分析、重组为基础，以用户需求为中心，提供知识内容或解决方法的服务。本书介绍一种面向高端装备制造领域的云平台知识服务模式，提供了基于知识的决策支持和创新活动，帮助企业在一定程度上缩短产品的制造周期，加快企业的生产效率，降低企业运行与维护成本，为智能工厂的优化运营提供基于知识的决策支持和创新活动。

（3）展示内容。随着制造智能化的推进，知识为产品全生命周期内各个环节提供决策和创新服务，在设计生产中承担越来越重要的作用，而领域知识的多源性、异构性以及碎片化为知识的组织和管理带来了困难。为解决这一问题，提出一种面向高端装备制造贯穿产品全生命周期的云平台知识服务模式，包括三维知识分类标准，基于本体的知识表示以及知识集成，通过知识导航、知识检索以及知识推理实现知识共享。在航空制造相关领域，从设计工艺和性能指标到航空发动机的制造参数的应用表明，该模式可以为产品生命周期提供有效的知识支持，加强了制造上下游企业间的生产协作，为航空发动机的制造产业链提供全方位的保障。

针对产品的全生命周期设计一种知识服务模式。产品全生命周期包括产品的生产计划的制订，产品的外形结构参数设计，个性化创新产品的研发，在柔性生产车间内的产品制造、零件装配以及成品试验，产品的市场销售以及产品交付后的运行维护。提供的知识服务包括知识组织和管理、知识导航、知识检索以及知识推理，基于知识识别与分类、本体构建、概念映射、语义扩展、知识推理等技术支持，在云平台上部署知识服务系统，实现企业知识的集中管理、降低企业生产管理成本。

通过聚类分析、文本识别及知识专家对知识特征进行分析和提取，从而实现知识的分类与识别，为航空发动机的知识属性及关系提供定义。利用开源本体编辑平台 Protégé 的工具构建知识表示本体。用户通过客户端的知识服务接口访问系统，根据需求获取知识和相应服务。

随着航空发动机生产过程中蕴含的知识日益增多，亟须创建统一的知识服务模式进行知识组织和管理。设计的航空发动机知识服务系统主要界面如图 7.16、图 7.17 所示。

随着新兴信息技术（如云计算、人工智能、机器学习等技术）的发展，未来的知识服务系统的研究方向将更加广阔，研究人员可以应用更加先进的信息技术和科学方法进行高端、复杂制造场景的故障诊断和质量预测。在实际生产环境的背景下，供应商、设备、产品用户以及专家的数据越来越庞大，构建人–机–物–信息融合的基于人工智能知识图谱的知识服务系统将为企业带来更为可观的经济效益和社会效益。

图 7.16　航空发动机零部件知识导航界面

图 7.17　航空发动机知识检索界面

7.3.3　航空发动机装配过程自适应调度优化验证

（1）验证目标。通过对航空发动机产品装配过程的调度优化案例，进行本书第 5 章所提出相关方法在一个智能工厂中应用的场景展示。

（2）验证内容。以航空发动机整机装配车间为对象，集成验证智能车间的适应性调度方法，该方法主要包含两大功能模块：在线扰动识别和在线调度策略调整。

围绕上述项目案例验证需求，设计了如图 7.18 所示的案例验证方案，以及如图 7.19 所示的验证流程。①装配车间对象设计及仿真建模。根据调研资料，设计装配车间对象，并在 Python 平台上搭建装配车间仿真模型。②装配车间仿真模型的数据交互接口及调度控制搭建。数据交互接口指的是仿真模型与扰动识别、离

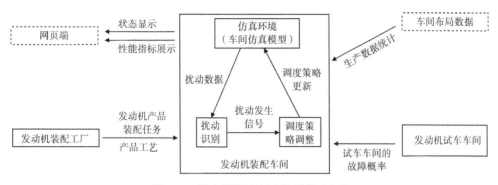

图 7.18　适应性调度方法案例验证方案

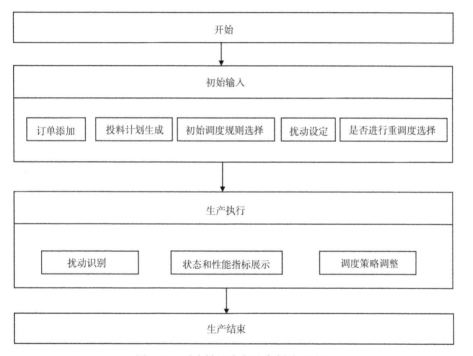

图 7.19　适应性调度方法案例验证流程

线数据采集模块、离线调度训练文档、在线调度模块和展示界面之间的生产状态/性能指标数据传输接口。调度控制指的是调度规则的实现，如 FIFO、EDD 等。③装配车间仿真模型的扰动识别及在线调度模块搭建。扰动识别模块可根据生产线状态数据在线识别扰动发生与否，若扰动发生，则进一步调用在线调度模块，从而调整调度规则，以适应动态的生产环境。④扰动识别和调度策略调整方法。考虑产品经试车过程（第二次试车）后得出的装配质量评估结果，将产品不合格因素作为一个扰动事件输入至仿真模型，仿真模型选择 KNN 分类算法作为调度算法，根据发生扰动后的生产状态选择最优调度决策，输入至车间，从而实现调度规则的在线调整。

（3）展示内容。适应性调度方法案例验证界面对扰动发生、订单完成进度、生产性能指标、调度规则等信息变化进行展示。设计 Python UI 界面展示，如图 7.20、图 7.21 所示。

图 7.20　原型系统模型主界面

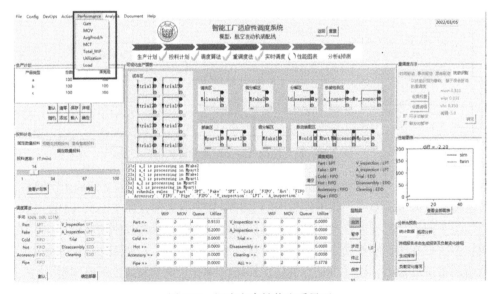

图 7.21　调度方案性能查看界面

图 7.20 展示的是原型系统主界面。主界面具有包含"File""Config"等选项

的菜单栏，点击相应的菜单项按键可以进行添加投料计划、选择投料方式、训练网络模型等操作。主界面居中靠上部分可以显示当前时间（系统时间），点击"开始仿真"按钮后，原型系统开始仿真，点击"×2"或"/2"按钮，可以加快或减慢系统运行速度。点击"停止/继续"按钮可以控制系统的运行进程。主界面左半部分可以查看当前系统的投料计划以及投料方式，右半部分可以查看当前系统的运行进展。主界面中间部分是系统运行的动画展示部分，通过灯光的变化可以看到系统的动态运行情况。主界面下半部分是状态显示部分，可以实时观察各站位的 WIP（在制品数）、MOV（总移动步数）、Queue（排队队长）和 Utilize（平均利用率）等状态的具体数值变化情况。图 7.21 展示的是原型系统调度方案性能查看界面。在菜单栏中点击"Performance"选项，可以弹出包含"MOV"（移动步数）、"Gatt"（甘特图）、"AvgProd/h"（平均生产率）、"Total_WIP"（总在制品数）和"Utilization"（设备利用率）、"Load"（负载）的下拉框，选择相应的按钮，即可弹出对应的性能图或性能指标值。

7.3.4　航空发动机产品试车运行管理方法验证

（1）验证目标。通过试车环节的运行监测和运维管理的应用案例，展示本书第 6 章所提基于数据的故障预测方法的一个应用场景。

（2）验证内容。智能监测系统平台基于传统物联网的三层架构进行延伸，构建涵盖感知层、网络层、服务资源层和应用层的在线监测系统，通过设备在线监测系统与 MRO 管理系统，对设备关键零部件的状态参数进行实时采集与在线监测，实现设备、备件、物料的智能管理，从而优化设备的维护和检测流程，实现智能运维。验证包含设备关键零部件的状态监测、设备故障诊断和预测以及设备维护检测策略等智能运维方法的有效性。

验证步骤如下：①状态监测。将航空发动机运行时的状态在三维场景中按照对应关键零部件标注出来，通过对传感器数据调用，收集被检测零件状态的实时信息，实现感知设备的管理和感知数据的检测。感知设备的管理主要通过设备资源的创建与删除操作来实现，对感知数据的监测主要包括对感知数据的实时监测显示、历史数据的查询、异常数据的查询等功能。②故障预测。通过基于神经网络模型的故障预测方法，对航空发动机及其关键零部件的实际运行情况进行评定、预测，以及确认其剩余使用寿命。③故障诊断。对航空发动机关键零部件的异常情况进行检测，包含故障类型、故障部位及原因。可通过对异常数据的查询来帮助分析设备出现故障的时间和偏差值，以进行故障诊断。④维护管理。通过对设备运行状态的实时监测，基于诊断信息、预测信息、可用资源以及使用需求，做出智能的维护和维修任务决策，给出解决方案并展示。

（3）展示内容。采用 B/S 架构，前端浏览器面向用户基于 HTML、JavaScript、CSS 设计，后端服务器基于 Java 和 Python，图 7.22、图 7.23 分别为当前系统的发动机运行监测界面及运行异常分析界面。

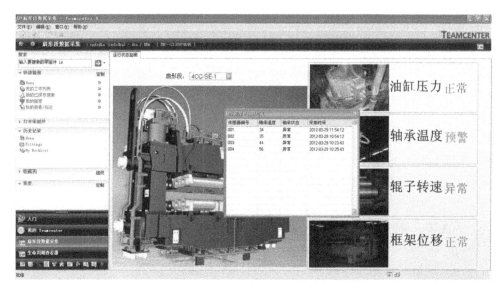

图 7.22　运行状态监测界面

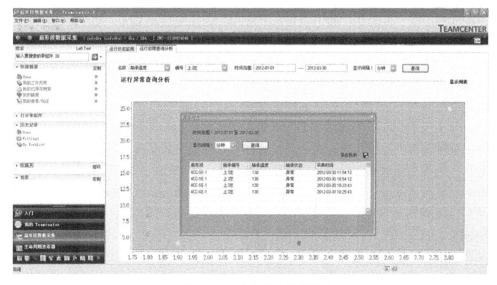

图 7.23　运行异常查询分析界面

图 7.22 为设备运行状态监测界面，实现了感知设备的管理与感知数据的监测。

感知设备的管理主要通过设备资源的创建与删除操作来实现，感知数据的监测主要包括对感知数据的实时监测显示、历史数据的查询、异常数据的查询等功能。

图 7.23 是运行异常查询分析界面。通过异常数据的查询可以帮助设备维护人员分析设备出现故障的时间和偏差值，方便了解故障的起因和进行设备故障出现频率的统计。

7.3.5 综合案例运行展示

面向航空发动机制造的智能工厂运营优化综合验证系统以 7.3.1 节至 7.3.4 节中设计并开发的多类型运营优化原型系统为模型基础，以多类型典型航空发动机的混合制造过程为主线，通过对各类型关键制造信息的动态展示来系统地、充分地描述航空发动机产品在智能工厂中的制造过程优化。

运营优化验证体系由智能工厂多粒度建模系统、航空发动机知识管理系统、设备智能运维系统、适应性调度系统组成，如图 7.24 所示。多粒度建模系统由零件供应商、装配工厂、试车车间、装配车间、装配站点等智能制造单元的 CPS 模型组成，提供多类型制造信息集成、优化、统计以及制造过程仿真等功能。知识管理系统由专业领域知识的检索、发现与推理模块组成。设备运维系统由故障预测、故障诊断等模块组成。适应性调度系统由扰动识别、调度过程优化等模块组成。系统功能层面，多粒度建模系统负责数据驱动的制造过程推进，其中涉及的若干运营优化任务的执行将通过实时地调用相关原型系统 Web 服务来实现，体现对多类型制造过程优化的协同。

以上述模型为基础，面向航空发动机制造的智能工厂运营优化典型展示流程细分为 10 个阶段，分别为制造任务分解、零件加工工艺检索、零件供应仿真、装配任务分解、装配过程自适应调度、装配操作仿真、试车操作仿真、产品故障预测、装配进度统计、制造进度统计，如图 7.25 所示。

运营优化验证系统的运行以多类型航空发动机的投产为开始，其间经过上述 10 个阶段的制造过程运行，关键信息将不断动态地展示在页面上，如图 7.25 所示。

7.3.6 应用验证总结

为了验证本书中提出的面向高端装备制造的智能工厂运营优化理论，本章节选择航空发动机产品的智能制造过程为背景，定义了用于航空发动机产品的协同制造体系，将运营优化需求分解到多粒度智能制造单元中，设计了以多类型航空发动机混合制造过程为主线的综合验证案例。

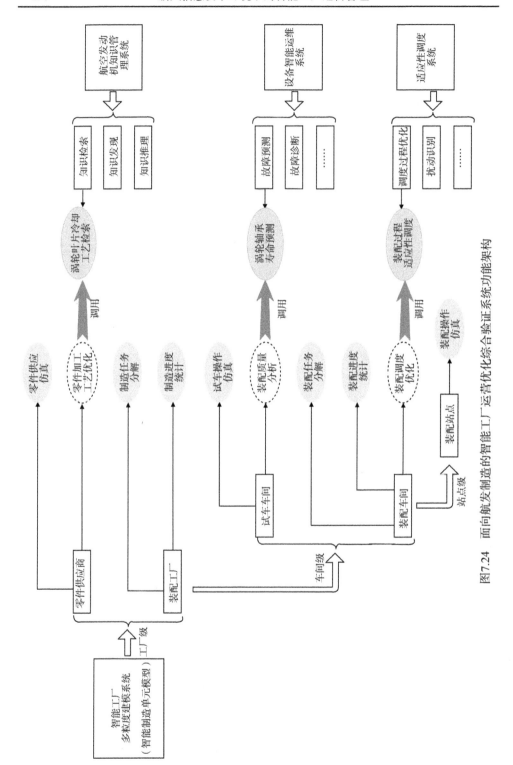

图7.24　面向航发制造的智能工厂运营优化综合验证系统功能架构

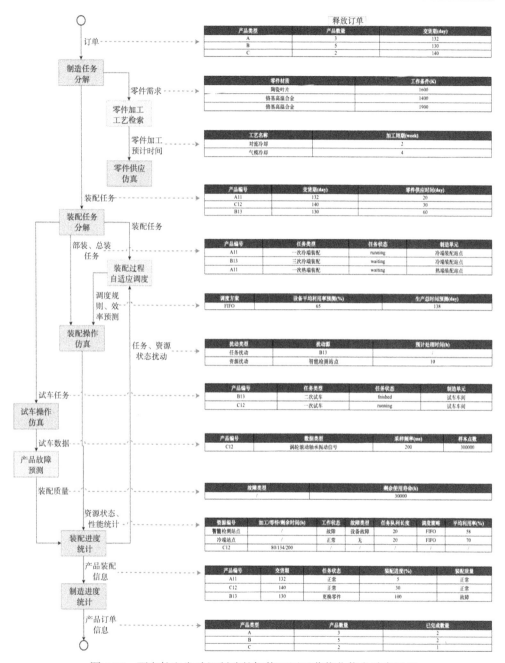

图 7.25 面向航空发动机制造的智能工厂运营优化信息动态展示

通过在上述运营优化案例背景中部署本书 7.3.1 节至 7.3.4 节中分别提出的智能工厂建模系统、航空发动机知识管理系统、适应性调度系统以及智能 MRO 管理系统，验证了各自理论方法的可行性。基于综合验证案例，将各原型系统进行整合，构建了基于制造服务、制造知识的多粒度智能制造单元驱动的高端装备智能制造体系，对航空发动机产品装配过程中的关键环节进行实时优化与协同，综合体现了面向高端装备制造的智能工厂运营优化方法在实际应用中的可行性。

参 考 文 献

[1] 焦健, 齐哲, 吕晓旭, 等. 航空发动机用陶瓷基复合材料及制造技术. 航空动力, 2019, （5）: 17-21.

附　　录

部分中英名词缩略语对照表

序号	缩略语	英文全称	中文释义	首现章节	首现页
1	3D	three dimension	三维	1.1.3	4
2	AI	artificial intelligence	人工智能	1.1.1	3
3	ALD	approximate linear dependence	近似线性依靠	5.4.3	204
4	API	application programming interface	应用程序编程接口	3.3.2	76
5	ARIS	architecture of integrated information system	集成信息系统结构	3.1.1	48
6	AUC	area under curve	ROC 曲线下的面积	5.3.3	189
7	BPEL	business process execution language	业务流程执行语言	3.3.2	75
8	BPNN	back propagation neural networks	BP 神经网络	4.4.1	138
9	CAD	computer aided design	计算机辅助设计	1.3.2	18
10	CAE	computer aided engineering	计算机辅助工程	3.1.2	52
11	CAM	computer aided manufacturing	计算机辅助制造	3.1.2	52
12	CART	classification and regression tree	分类和回归树	5.3.4	193
13	CBM	condition based maintenance	基于状态的维护	6.3.1	240
14	CEP	complex event processing	复杂事件处理	6.3.4	254
15	CIM	computer-integrated manufacturing	计算机集成制造	1.2.2	7
16	CIM-OSA	CIM open system architecture	计算机集成制造开放体系架构	3.1.1	46
17	CIMS	computer-integrated manufacturing system	计算机集成制造系统	3.1.1	45
18	CM	corrective maintenance	故障维护	6.3.1	240
19	CNC	computer numerical control	计算机数控	2.2.2	28
20	CNN	convolutional neural networks	卷积神经网络	6.3.1	241
21	CPM	collaborative production & management	协同生产与管理	1.3.2	13
22	CPPS	cyber physical production system	信息物理生产系统	1.3.2	15
23	CPS	cyber physical system	信息物理系统	1.1.3	4
24	CRI	compositional rule of inference	合成推理规则	4.5.1	143

续表

序号	缩略语	英文全称	中文释义	首现章节	首现页
25	DAML	DARPA agent markup language	DARPA 代理标记语言	3.3.2	77
26	DCS	distributed control system	分布式控制系统	3.1.2	52
27	DESS	discrete event system simulation	离散事件系统仿真	2.2.1	26
28	DM	data mining	数据挖掘	2.2.2	28
29	DTS	digital twin shop-floor	数字孪生车间	2.2.3	33
30	ED	event diagram	事件图	3.1.1	49
31	EDD	earliest due date	最早交货期	5.1.1	168
32	eEPC	extend event-driven process chains	扩展事件驱动过程链	3.1.1	49
33	eERM	extend entity relationship model	扩展实体关系模型	3.1.1	49
34	ELM	extreme learning machine	极限学习机	5.3.4	194
35	EOQ	economic order quantity	经济订货批量	6.3.2	245
36	EPC	event-driven process chains	事件驱动过程链	3.1.1	49
37	ERM	entity relationship model	实体关系模型	3.1.1	49
38	ERP	enterprise resource planning	企业资源计划	1.3.2	14
39	FAD	function allocation diagram	功能分配图	3.1.1	49
40	FBM	failure based maintenance	基于失效的维护	6.3.2	247
41	FIFO	first in first out	先进先出	5.1.1	168
42	GFS	Google file system	Google 文件系统	4.2.1	124
43	GIM	GRAI integrated methodology	GRAI 集成建模	3.1.1	49
44	GRAI	graph with results and activities interrelated	带有结果和相关活动的图表建模	3.1.1	49
45	HCPS	human-cyber-physical systems	人-信息-物理系统	2.3.2	36
46	HDFS	Hadoop distributed file system	Hadoop 分布式文件系统	4.2.1	122
47	HPC	high-pressure compressor	高压压缩机	6.4.1	255
48	HPT	high-pressure turbine	高压涡轮	6.4.1	255
49	HTTP	hyper text transfer protocol	超文本传输协议	3.3.2	77
50	IaaS	infrastructure as a service	基础设施即服务	2.2.2	32
51	ICAM	integrated computer aided manufacturing	集成计算机辅助制造	4.2.2	127
52	IDEF	ICAM definition method	集成计算机辅助制造定义法	4.2.2	127
53	IMS	intelligent manufacturing system	智能制造系统	1.3.1	9
54	IMT	intelligent manufacturing technology	智能制造技术	1.3.1	9

序号	缩略语	英文全称	中文释义	首现章节	首现页
55	IoK	Internet of knowledge	知联网	6.2.1	229
56	IoP	Internet of people	人联网	6.2.1	229
57	IoS	Internet of services	服务互联网	2.4.1	39
58	IoT	Internet of things	物联网	1.1.1	3
59	JSON	JavaScript object notation	JavaScript 对象表示法	3.2.2	63
60	KADS	knowledge acquisition documentation and structuring	知识获取的文档化与结构化	4.1.2	118
61	KDD	knowledge discovery in database	基于数据库的知识发现	4.1.2	116
62	KNN	K-nearest neighbor	K 最近邻	5.4.1	199
63	MA	multi-agent	多智能体	2.2.1	26
64	MAS	multi-agent system	多智能体系统	2.2.1	26
65	MBD	model based design	基于模型的设计	1.3.2	18
66	MBE	model based enterprise	基于模型的企业	1.3.2	18
67	MDP	Markov decision process	马尔可夫决策过程	6.3.2	251
68	MES	manufacturing execution system	制造执行系统	1.3.1	11
69	Methontology	ontology method	本体论方法	4.2.2	127
70	MLP	multi-layer perceptron	多层感知器	6.3.1	242
71	MOM	manufacturing operation management	制造运营管理	3.1.2	52
72	MRO	maintenance，repair & operation	维护、维修和运营	6.3	239
73	MSU	manufacturing service unit	制造服务单元	6.1.2	227
74	NN	neural networks	神经网络	2.2.1	27
75	OPC-UA	open platform communications-unified architecture	开放平台通信通用架构	3.2.2	63
76	OS-ELM	online sequential extreme learning machine	在线极限学习机算法	5.4.3	204
77	OWL	Web ontology language	网络本体语言	3.3.2	78
78	OWL-S	Web ontology language for services	网络服务本体语言	3.3.2	75
79	PaaS	platform as a service	平台即服务	2.2.2	32
80	PCA	principal component analysis	主成分分析	6.4.3	268
81	PCD	process chain diagram	过程链图	3.1.1	49
82	PCS	process control system	过程控制系统	3.1.1	48
83	PdM	predictive maintenance	预测性维护	6.3.1	240
84	PERA	Purdue enterprise reference architecture	普渡企业参考体系架构	3.1.1	47

续表

序号	缩略语	英文全称	中文释义	首现章节	首现页
85	PHM	prognostics and health management	预测与健康管理	6.3.1	241
86	PLC	programmable logic controller	可编程逻辑控制器	1.1.1	1
87	PLM	product lifecycle management	产品全生命周期管理	1.3.2	13
88	PM	preventive maintenance	预防性维护	6.3.1	240
89	QMS	quality management system	质量管理体系	3.1.2	52
90	RAE	relative absolute error	相对绝对误差	5.3.4	196
91	RBNN	radial basis neural network	径向基神经网络	6.4.3	268
92	RDF	resource description framework	资源描述框架	3.3.2	77
93	RDFS	RDF schema	资源描述框架模式	4.2.2	126
94	RFID	radio frequency identification	无线射频识别	1.1.1	2
95	RMSE	root mean square error	均方根误差	5.3.4	196
96	ROC	receiver operating characteristic	接收者操作特征	5.3.3	187
97	RRSE	root relative squared error	相对平方根误差	5.3.4	196
98	RUL	remaining useful life	剩余使用寿命	6.3.1	241
99	SaaS	software as a service	软件即服务	2.2.2	32
100	SAS	service allocation system	服务配置系统	6.3.3	252
101	SCADA	supervisory control and data acquisition	监控与数据采集	1.3.2	16
102	SCM	supply chain management	供应链管理	1.1.3	4
103	SD	system dynamics	系统动力学	2.2.1	26
104	SMP	service management platform	服务管理平台	6.3.3	254
105	SMTP	simple mail transfer protocol	简单邮件传输协议	3.3.2	77
106	SOA	service-oriented architecture	面向服务的体系架构	2.2.3	33
107	SOAP	simple object access protocol	简单对象访问协议	3.3.2	76
108	SOM	self organizing maps	自组织映射	4.1.2	117
109	SoS	system of systems	系统之系统	3.2.3	67
110	SPC	statistical process control	统计过程控制	5.4.2	200
111	SPT	shortest processing time	最短加工时间	5.1.1	168
112	SVM	support vector machines	支持向量机	2.2.1	27
113	SWRL	semantic Web rule language	语义网规则语言	4.1.2	119
114	TBM	time-based maintenance	基于时间的维护	6.3.1	240
115	TOVE	Toronto Virtual Enterprise	企业建模法	4.2.2	127

续表

序号	缩略语	英文全称	中文释义	首现章节	首现页
116	UDDI	universal description，discovery and integration	通用描述、发现和集成	3.3.2	76
117	UML	unified modeling language	统一建模语言	3.4.2	93
118	URI	uniform resource identifier	统一资源标识符	4.2.2	127
119	WS-CDL	Web service choreography description language	网络服务编排语言	3.3.2	75
120	WSDL	Web service description language	Web 服务描述语言	3.3.2	75
121	XML	extensible markup language	可扩展标记语言	3.2.2	63